粤港澳大湾区文化艺术观察报告

广东省文学艺术界联合会 编

人民出版社

目　录

序

以热忱讴歌新时代,续写更多春天的故事

　　文艺是地域文化的表征,最能反映一个地域的特质,最能凸显一个地域的风情。粤港澳大湾区位于得风气之先的岭南,在长期的交流互鉴中,形成了务实、开放、包容、进取的文化特质。其文艺接续今古、融通中外,在优秀传统的滋养和外来文化的交融中发展,通过文学、美术、书法、音乐、舞蹈、戏剧、电影、电视、曲艺杂技、民间文艺等形式,表现出博大精深的文化积淀和兼收并蓄的鲜明个性。

　　《粤港澳大湾区发展规划纲要》提出"人文湾区"建设理念。"人文湾区"不仅是一个多维度、多层次、开放性并有着巨大生命力的新理念,更是一个富于实践性的可持续发展战略。建设"人文湾区",就是要牢牢把握文化的传承性、融合性和创新性,对标世界一流湾区,先行先试,为新时代文化创新发展赋予新思路。纵观世界一流湾区,它们不仅是全球经济发展中心,也是文化艺术中心。把粤港澳大湾区建成"国际一流湾区""世界级城市群",必须有丰富且高质量文化艺术的生产与供给,有强大的文艺生产能力和消费流通能力。这是激发粤港澳大湾区发展的精神动力,也是提升粤港澳大湾区在全球影响力和吸引力、增强中华文化软实力的重要支撑。

　　自2018年开始,广东省文学艺术界联合会、广东省文艺研究所组建专家团队,通过实地走访与研究对接的方式,深入一线、扎根基层,调研粤港澳大湾区各个地区的文艺发展状况,对粤港澳大湾区艺

术创作和文艺发展的现状、趋势进行系统梳理和剖析研判。调研结果显示,粤港澳大湾区已具备构建世界性文化艺术中心的基本条件。具体表现为:

文化消费力与供给力相得益彰。现有的 7000 万人口规模和经济发度程度,使得粤港澳大湾区具备了强劲文化消费力的基础性条件,催生文化供给力持续快速发展,成为"文化供给侧"创新发展的典范。据统计,2019 年,广东省的电影票房收入为 89.51 亿元人民币,连续 18 年位居全国榜首;全省影院总数达 1398 家、银幕总数达 8424 块,均位居全国第一。落户广东的酷狗音乐已入驻音乐人 12 万+,已上传作品 200 万+,成为音乐作品的"产地"和传播平台。

艺术市场相对成熟。在粤港澳大湾区,香港是世界上重要的艺术品交易中心之一;深圳在高端和专业艺术品交易活动中渐趋活跃,总体上已具备成为国内重要艺术品交易中心之一的条件;广州、东莞的艺术品交易活动及市场化发展,也日益走向成熟。

文化"双创"能力凸显。近年来,粤港澳大湾区涌现众多文化产业园区或艺术园区,在资本、技术和人才集聚的基础上,规模化的文艺创作能力蓄势待发。广州羊城创意产业园聚集了酷狗音乐、荔枝FM、北影广东培训中心等 100 多家艺术设计和文化传媒企业。深圳大芬油画村、观澜版画原创产业基地和鳌湖艺术村等艺术村落,聚集了一批美术、戏剧、电影等领域的艺术工作者,形成了一个个活跃的艺术产业圈,融合发展为艺术高端产业链条。

公共文化服务体系趋于完善。多年来,粤港澳三地文化主管部门及民间艺术机构的交流合作不断深入,交流合作的形式、范围和内容等也不断拓展、丰富。2020 年,中国文学艺术界联合会香港会员总会成立,为内地与香港的文化交流合作及文艺人才发展提供了更加广阔的平台。

这些振奋人心的发展成果,让我们看到粤港澳大湾区对标世界一流湾区的文化基础和发展前景。为了让更多的优质文化资源、优秀文艺人才参与到"人文湾区"建设中来，编辑出版一部系统反映粤港澳大湾区文化艺术发展现状的图书尤为必要。《粤港澳大湾区文化艺术观察报告》就是在这个背景下编辑的，它记录了粤港澳大湾区文艺发展的重要现象和成果，既是对大湾区文艺发展的系统梳理、详尽解读和理性剖析，更是解码大湾区文艺创新发展路径的研究报告。全书涉及文学、美术、书法、摄影、戏剧、电影、电视、广播、音乐、舞蹈、曲艺杂技、民间文艺及文艺批评共 13 个文艺门类，按照"现状概述、问题与不足、建设性的建议与对策"的逻辑展开。在编辑过程中，尽可能尊重作者的写作风格、观察视角。当然，从严格的学术角度来看，本书还有诸多不足之处，但它探究了大湾区文艺在一个时期以来的发展状况，反映了大湾区文艺工作者厚德敏行、敢为人先的文化特质。这一点特别值得嘉许。

热切期待越来越多的文艺工作者共同致力于"人文湾区"建设，以饱满的热情、务实的精神进行创作，为赓续大湾区文脉，讲好广东故事、大湾区故事、中国故事，打造更多文艺扛鼎之作。让我们努力续写更多春天的故事，共同迎接文艺繁荣的美好明天。

是为序。

广东省文学艺术界联合会党组书记、专职副主席 王晓

2021 年 9 月

跨域共融，和而不同

——粤港澳大湾区文学观察

杨 胜 刚

　　随着粤港澳大湾区建设各项工作的全面展开，"粤港澳大湾区文学"呼之欲出。作为粤港澳大湾区建设的题中应有之义，大湾区文学繁荣及融汇创新能力的加强，必将极大地发挥"诗可以群"的作用，充分拉近人心，增进大湾区文化融合的族群认同感，提升粤港澳三地的文化软实力，对于粤港澳大湾区建设国际一流湾区、世界级城市群的发展定位具有重大意义。

一、粤港澳大湾区文学发展的体制机制创新

　　为了配合粤港澳大湾区发展战略，广东文艺主管部门部署、策划和举办了一次次文学、学术盛会，谋求大湾区文学的共建和共融。2017 年 12 月，由中共深圳市委宣传部、深圳市文学艺术界联合会主办，深圳市作家协会承办的首届粤港澳大湾区文学发展峰会在深圳举行。来自北京、上海、香港、澳门及深圳本地的专家学者齐聚一堂，对文学意义上粤港澳大湾区共同体建构的可能性展开探讨，为粤港澳大湾区文化建设和深圳文化发展建言献策。这类高规格的官方活动无疑使得"粤港澳大湾区文学"这一概念，以及建立共融共享的大湾区文学共同体的认知产生了广泛的社会影响力。2018年 6 月，澳门特区政府文化局局长穆欣欣率团到广东省作家协会交流。粤澳双方代表追溯粤澳同根同源、血脉相连的文化系连，阐述两地开放性、包容性与创新性的文化特质，提出开展多方位合作、共同促进两地文学交流和

文化发展的设想,并就两地建立规范、全方位、长久的合作机制,进行了深入探讨,议定充分协商后将共同签订粤澳文学交流合作框架协议,营造团结互助、和谐共荣的健康文学生态,开辟粤港澳大湾区文学繁荣兴盛新气象。

大湾区内地 9 市与港澳民间的文化、文学交流一直相对频繁,这种沟通多是自发和随机性的。自粤港澳大湾区建设上升为国家战略,珠三角 9 市与港澳两地的文学活动,渐有统一在大湾区文学这一主题之下的趋势。比如,2017 年 3 月 21 日,香港文学促进协会特邀广东省部分作家、诗人到港举办春茗活动。这次港粤两地文友的文学交流盛会并无特定主题。到了2018 年 6 月 29 日,由《香港文学》杂志社、《作品》杂志社、《特区文学》杂志社在深圳共同主办的文学活动,开始以"大湾区文学"为主题展开对话,来自香港、广州、深圳的多位知名作家、期刊主编及学者参加了座谈。他们就粤港澳三地的文学和文化如何借助大湾区的建设发展,进一步深化交流合作,共同发展,建立"湾区哺育文学,文学优化湾区"的良性机制,进行了热烈而富有成效的交流。从当前一些以"大湾区文学"为主题的文学交流活动来看,"大湾区文学"这一概念的提出,不仅为粤港澳大湾区(即"9+2")的文化与文学交流指明了一个确切的方向,也使这一地区的文学活动有了一个有力的抓手,成为融合各方面文学力量的核心理念。这必将促进大湾区内部文化与文学力量的聚合,对大湾区文学格局和独特个性的形成产生重大影响。

当然,当下的"大湾区文学"还更多地处在一个酝酿和探索阶段,种种以"大湾区文学"为主题的活动主要以务虚、尝试为主,形式比较单一,次数也不频繁。

2018 年,粤港澳大湾区的文学主要以搞好自身建设为主,这方面的成绩也尤为突出。近年来,广东文学界各方面的力量集体发力,逐渐改变了广东文学缺乏亮点的局面。2017—2018 年,"文学粤军"再出发,在中国文坛进一步擦亮了"文学粤军"的名号,唱响了文化强省的"广东声音"。其中,广东省作协及广东各地市作协充分利用组织优势,引领大湾区内地各市文学事业迈向新高度。为了实施广东文学攀登高峰战略,大湾区内地各市加快推进作协组织体制、运行机制、服务方式的改革,探索并建立区别于党政机关、符合群团组织和文学工作特点、充满生机和活力的内部机制,通过推动广东文学院和广东各地市作协改革等重大创新举措,着力破解制约文学事业繁荣发展的关键环节。广东各地也充分意识到文学人才和文学队伍建设对振兴文学事业的关键作用,纷纷制定并完善人才培养、引进、选拔、激励和评价政策,探索和创新"引、用、激"相结合、相促进的人才发展机制,努力营造稳定人才、吸引人才、发挥人才作用的政策环境。这些举措使大湾区内地9市的文学发展有了更明确的目标和更为良好的制度生态,为广东文学再创新局提供了坚实而有力的支撑。

这一年多的时间里,在抓好作协建设、促进文学事业发展常规工作的同时,大湾区内地各级作协重点做好以下几方面的工作:其一,积极探索文学精品创作扶持的新机制。广东省作协就组织了广东文学攀高峰重大选题论证会,策划创建广东文学创作"题材库",并聘请一批全国文学名家与名刊名编为"文学导师",以结对方式对广东文学院50名签约作家骨干进行文学创作指导;还在充分发挥广东省重点文学精品专项扶持资金作用的同时,拟推出霍英东文学基金扶持项目,重点扶持一批反映广东改革开放时代变迁重大现实题材的创作。其二,推动网络文学进一步发展。广东省作协适应互联网快速发展的实际,深刻把握网络文学发展的特点和规律,以实施"网络文学金盘工程"为抓手,鼓励推出更多优秀的网络文学原创作品,推动新兴文学类型有序发展。2017年4月,推出了中国第一份网络文学学术期刊《网络文学评论》,还联合佛山市南海区文联、起点中文网、创世中文网等9家单位举办了广东网络作家高级研修班。在2017年南国书香节上,举办了首届"书香好年华,网文勤耕读"广东网络作家签售会等活动。2020年8月,创办《粤港澳大湾区文学评论》杂志,为本土作家、文学评论家提供文学评论平台。其三,广东省作协和广东各地方作协为多位作家在粤或在京举办作品研讨会,加大广东文学作品宣传推介力度,切实提升"粤派批评"影响力。例如,2017年5月,举办了2017年度广东散文创作研讨会,集中研究推介詹谷丰、塞壬、耿立、李清明、黄灯的作品。同年11月,举办了广东省作协首届签约文学评论家签约仪式暨"粤派批评"座谈会,正式聘请10位文学评论家为签约评论家。其四,探索文学培训和文学普及的新模式,大力提升文学创作水平,扩大文学的社会覆盖面。2017 年 6 月,广东省作协举办了广东诗歌创作高级研究班;9 月,联合珠海市文联、珠海市作协举办广东(珠海)文学创作骨干培训班,推荐相应老师以"一对二(或一对多)"方式定向授课,培训效果显著。广东各地作协还推荐多名作家,参加中国作协鲁迅文学院第 32 届中青年作家高级研讨班、第 2 期鲁迅文学院浙江作家高级研修班、鲁迅文学院少数民族文学创作培训班学习。其五,大湾区内地各市作协扎实推进"深入生活,扎根人民"主题实践活动,逐步形成常下基层、常在基层的长效机制与常态机制。这方面工作体制的成型和稳健开展,既能拉近广东作家与社会、与时代的距离,也能使他们的创作更加贴近时代,唱响粤港澳大湾区建设的时代之歌。

大湾区内地各市在文学事业上的踏实工作,为粤港澳大湾区文学发展营造出良好的局面。2017—2018 年,粤港澳大湾区内地 9 市文学成为"文学粤军"中最强劲的力量,也使粤港澳大湾区内地 9 市成为中国新锐作家成长的沃土。2017—2018 年,从"国刊"到省刊,粤港澳大湾区作家基本处于"霸刊"状态,实力很强的青年作家更是大量涌现。他们不仅佳作迭出,还逐渐形成了自己鲜明且日趋成熟的文学风格。他们的作品持续发表在各大文学期刊,获得除了茅盾文学奖之外几乎所有的中国文学重要奖项,甚至在国际上产生了较大影响,这些都大大提升了粤港澳大湾区文学的影响力。

2017—2018 年上半年,粤港澳大湾区作家在广东省外获得的主要奖项有:杨黎光获中国作家出版集团奖优秀作家贡献奖;陈启文的报告文学《田里的雕像》获第 27 届中国新闻奖(报纸副刊类);张欣的《狐步杀》、钟二毛分获第 17 届百花文学奖中篇小说奖、小说新人奖;杨黎光的报告文学《横琴——对一个新 30 年改革样本的 5 年观察与分析》、丁燕的散文《东天山手记》、王威廉的小说《绊脚石》,分获第 9 届《中国作家》鄂尔多斯文学奖大奖、优秀奖、新人奖;陈诗哥的童话《列国志》获第三届《儿童文学》金近奖;程鹏的散文集《在大地上居无定所》获首届孙犁散文奖;存朴的散文《我一生都在祈求安宁》获第 17 届百花文学奖散文奖;晓雷的寓言《东施美容》获中国寓言文学专著金骆驼奖铜奖;李逸轩的网络小说《邓家铺子》获第 2 届海峡两岸网络原创文学大赛铜奖;魏微、黄金明和王威廉分获第 6 届花城文学奖杰出作家提名、新锐作家提名；卢卫平获首届草堂诗歌奖年度实力诗人奖；陈雪获第 8 届冰心散文奖；余乔梅获首届李清照文学奖一等奖；安小橙获冰心儿童文学新作奖；王国华获冰心散文奖单篇奖。

二、小 说 创 作
——先锋、写实、科幻、本土文化的多元拓展

小说是拥有读者最多的传统文学样式，由此也吸引了众多作者在这块园地中耕耘，这使得一个地方小说的实绩往往成为该地文学成就的集中体现。广东小说历来在"怎么写"亦即艺术形式的探索上比较薄弱。一年多里，以粤港澳大湾区内地 9 市为代表的广东小说，在先锋性的探索上拿出了亮眼的成绩单。粤港澳大湾区内地 9 市在 2017—2018 年上半年的小说创作方面形势喜人，小说作者佳作频出，不仅"霸刊"国内各大文学期刊，荣获各项文学大奖，而且在艺术水准上也达到新的高度。

（一）实验性写作

王威廉一直是广东现代主义实验写作的代表人物。他之前的代表作品《非法入住》《内脸》《暗中发光的身体》《没有指纹的人》等，一直试图在现代主义层面进行激进的思想探索和形式实验。他在 2017 年出版的短篇小说集《倒立生活》讲述一对年轻恋人想要倒立着到天花板上去生活的故事，延续了一贯的现代主义探索，充满奇思妙想，展现着他对人类现世状态与精神世界的凝思。此外，《辞职》刻画了对辞职充满期待的小人物，在辞职后又面临着过多自由的无所适从。《市场街的鳄鱼肉》更加充满想象的激情，人与鳄鱼在实验室中不小心换了大脑，他们将怎么开展各自的生活？《铁皮小屋》《信男》则反思着我们的文化困境：物质上的富足能否保证精神上的自足？在信息时代，人与人之间是否还有深度交流的可能？这些小说既有引人入胜、不拘一格的故事性，又有内心思辨与探索的现代感，充分展现了王威廉通过其作品实现从生活世界到诗性世界跨越的艺术追求。

同样因现代主义色彩浓郁而知名的作家陈崇正，在 2018 年推出了《折

叠术》。这部集子由 12 部中、短篇小说构成,都以碧河镇作为故事的发生地,从不同维度展现个人对内心欲望的克制和对理想的追寻。与陈崇正之前小说中分身术的设定不同,折叠术更多的是一种生存感觉。陈崇正借助亦真亦幻的叙述手法,试图探索一代人内心深处埋藏的爱与痛;并在分身与折叠的魔幻想象中,依然保有对时代、家国等大命题的凝望和忧心。

实际上,王威廉、陈崇正于"异端"性小说实践的道路上并不孤单。在粤港澳大湾区成长的"90 后"小说作者一登上文坛,就以先锋的姿态吸引着众多眼光。

李衔夏就是其中的一员。他于 25 岁完成的长篇处女作《人类沉默史》出版于 2017 年,小说讲述侦探杨锦程接手一宗特殊的案件,调查"女人是什么"。侦查过程中,杨锦程发挥超凡的想象力,不断造势,也遭遇了一些令他匪夷所思的人和事。然而,这部小说并没有局限于情节的发展,而是把重点放在对各阶层人物的描写上,试图在不同的人群里挖掘出人性的一些共同点,并探索人类之所以出现集体沉默的原因,即沉默的历史。这部小说有情节的展开,也有杂文的因子,还有哲学的思辨,显示出"杂语文本"足够的复杂性和开放性,也体现了李衔夏对传统小说创作模式的否定性反思,以及在小说基本观念和写作方式上自觉的尝试与开拓。他的《人类灵魂工程师》叙事中杂糅议论、把现实与虚构打通、魔幻和象征交叠的写法,同样在展示他作为一个先锋性写作者的异质性创新。另外,李衔夏经常在一篇小说里同时触及残酷的青春、生存与成长、生活与命运、生命与灵魂等多个终极性主题。从这一点来看,他有很大的雄心,也有非常强大的写作能力,他的写作也有走向更加宽广世界的可能。

周朝军的小说一开始就冲着先锋性而来。像以前创作的《山东毛驴和墨西哥舞娘》《抢面灯》等小说一样,他在 2017 年发表的小说《雁荡山果酒与阿根廷天堂》从颠覆故事的权威性开始,取了一个不太像小说而更像是随笔甚至是论文的题目,还在小说中设置种种迷雾与隐喻,将多种文献资料、历史神话与神秘故事相结合,在虚幻中试图抵达另一种真实。周朝军的长篇小说《九月火车》通过双线叙事,刻画周鹿鸣、周剑鸣这对兄弟的成长之路,着重呈现青年在理想与现实之间的焦灼,显示出作者对精神分析的擅长。

目前活跃于粤港澳大湾区的"90后"先锋性作家，还有索耳、路魆、黎子、黄宇等人，个人风格迥异。索耳的小说始终只呈现冰山一角，而将阅读体验指向文本背后的暗潮汹涌。路魆的小说则善于构建一个属于"我"的封闭世界，以灰暗笔调呈现荒凉、阴郁、恐怖的世态。不过，这些"90后"的先锋写作技巧与思想深度，大多还略显稚嫩，缺少足够丰富的阅历和经验支撑。他们的小说时常会有闪烁的睿智，但总体叙事结构还处在松散的状态，未聚合在自己完整的世界观之中。期待这批"90后"先锋作者以新质为基础，逐渐建构起一个属于自己的整体性的文学世界。

（二）写实小说

写实历来是粤港澳大湾区文学乃至中国文学的主流，这种状况在这段时间没有改变。广东作为中国改革开放的前沿，在城市快速发展的同时，一些乡村的沦陷显得非常突然。城乡差异在现代化进程中的此消彼长，让身处其中的人们面临"留不住的城市，回不去的乡村"的共同困境。近一两年来，粤港澳大湾区以写实为主的小说，主要以乡村的崩塌和城市的迷失为中心内容。致力于书写转型下深圳的老作家邓一光，仍关注城市的扩张给人带来的精神影响。他的中篇力作《坐着坐着天就黑了》以由内陆迁徙来深圳的麦冬和杨铿锵的不同生活轨迹，以及他们最终在深圳这座"大熔炉"得以交汇碰撞，来表现城市的日益发展给期望在城市安身或华丽转身的人们带来的肉体和精神扭曲，城市注定要把他们变成另外的人，"爱"与"信仰"在城市中被解构，这是城市化最为残酷的现实。邓一光的《香蜜湖漏了》同样写出了城市特有的现代化进程和速度感，以及繁华发展和极致速度下人们的疲惫与孤独、困惑与向往。叶清河的城市小说《衣人》，彰显城市人在日常无意义事物中的精神损耗，深刻地刻画了现代人的精神虚无：现代城市一切看上去坚固而美好的东西，都在对生存和自我的双重怀疑中坍塌了。擅长写市井俗世男女情爱的马拉在2016年出版了《未完成的肖像》《金芝》《东柯三录》三部长篇小说。随后，他又有《凋碧桐图》《地鼠》等小说问世。《地鼠》写了一个借腹生子的故事，写出了市面上庸常人物貌似波澜不惊、实则暗流汹涌的正常生活。马拉没有把生活写得多么生猛酷烈，而是力图通过叙事提供一种新鲜的体验和情绪，以开发我们的感受力，让我们成为更丰富的人。蔡东的《照夜白》与叶清河的《衣人》类似，描写"擅长说话"的老师谢梦锦，变得对上课无比厌倦、无法忍受。因为她意识到，她正在过着的，是一种与她的心性相抵触的生活，是一种非本真生活。然而，作为一个社会人，她无法拥有完全的自由意志。她甚至开始感到某种吊诡：她越是"成功"地施展"说话术"和"社交术"，就越是觉得本真的生活——她真正想过的生活，离她越来越远。这篇小说真切地写出了城市人的非本真生存，以及他们对世界和人本来的样子、世界和人如其所是的存在的渴望。寒郁的《待婚关系》试图写出中年人群体各自的困境；而他的《逃笼鸟》则描写遭到家暴的女子于小凤的忍耐、抗争直至逃离，都抵达了人性隐秘的部位，揭示出人心内在的真实。南翔的《檀香插》以中学教师罗荔的视角，叙述了作为小企业负责人的丈夫被突然"带走"给一个家庭主妇带来的致命性心理打击。该小说更关注的是反腐败斗争中的个体，对人物心灵的发掘极为突出，提示任何对道德与人性简化的判别都有违生活的正义。这篇小说中，檀香不言，却包蕴对人生的洞察、审视与反讽。从以上的陈述可以看到，粤港澳大湾区作家的城市题材小说不局限于对现实的表面再现，它们源于现实却不局限于此，着力于在虚实相生中创造出可以和现实世界平行存在的文学世界，显示出作家对世界的发现和再创造的塑造能力。

与众多的作家从局部去表现城市不同，张欣把眼光投向城市商业文明的整体。她的长篇新作《黎曼猜想》以发生在广州家族企业三代人之间的故事为中心，笔涉公号大V、时尚快消等种种角色和行业，充满南国商业风情。因儿子/丈夫早逝，互相怀有怨意的婆媳；年少轻狂、不懂珍惜的夫妻……他们各自在痛楚的修炼中升华，完成一个心安的自我。这部小说传递着与自己相处、与生活相处的智慧，尽管生命里充斥着种种无奈、悲痛、失舍，但是人们依然可以成长，可以破茧飞翔。张欣敏感地揭示了商业社会人际关系的玄妙，始终关怀着人在市场经济文化语境中的灵魂安顿问题。

粤港澳大湾区作家同样在乡村题材的创作上进行着拓展。叶清河的新作、中篇小说《农耕记忆馆》以"我"所在的家庭,去写整个村庄的发展走向,通过乡村、城市的衰败与发展,农耕、商业的碰撞与交融,人们在其中的选择和挣扎,反映出这个时代的变迁,包含着作者对农耕文明过去的、未来的可能性的思考。《农耕记忆馆》再次把乡村沦陷的严峻现实摆在了读者面前,显示了作家"不愿放任般迷茫下去,拿起笔,发出我们这个阶层的声音"的勇气和担当。来自大凉山的彝族写作者阿微木依萝的小说集《羊角口哨》,收录了六部浸润着陌生异质性的中、短篇小说。她以其无法归类的直觉性写作,展现大凉山农村的人们在生与死的界限中不可摆脱的困境。故事中的人物徘徊在阴阳两界,向死而生,向生而死。在命定的道路上,亡灵依然无法摆脱自己的影子,那是荒凉的苦痛、混沌的爱恋、莫辨的是非。她笔下的人物全都活在人性的荒漠里,试图在尘土和石头之间寻找存在的意义。她的写作与女性的温情无关,比更多写底层生活的作品更残酷、更深入,也有着大西南山区正在消失的神巫色彩。《青面鱼》是陈再见的首部中篇小说集,作品脱胎于他的故乡,并被他用"湖村""北斜村"重新定义了自己的家乡,重建了一个文学的故乡,写出了一群小人物的生存境况:他们都有自己的不幸,各自在不幸中挣扎,寻找最终的归宿。作者关怀的并不仅是底层群体的生存现实,他也对身处底层者在既定生存环境中的精神现实进行着探寻。陈玺的《一抹沧桑》可视为当代乡村小说的新代表。这是一部深入书写中国农村的全景式小说,一代代人耕耘不已、一个个家庭悲欢离合在这部作品里得到了全面展示。陈老五、马九、智亮、麻娃、宏斌、志发……诸多人物构成了典型的中国农民群像。他们的隐忍、勤劳、善良,代表了中国人的生命底色,体现了中国人的命运认知。他们以汗水、眼泪和血,在这片土地上,缓慢地行过几十年,留下一抹沧桑。

可以看到,粤港澳大湾区以城市和乡村作为题材的现实写作,试图在当中找出一条属于自己的创作之路。在这些小说中,对城乡并没有谁比谁更合适的价值判断,不管是乡村还是城市,都存在着自己的问题。这些小说中的人物似乎都遭遇了一种困境:一种无从选择的艰难,一种漂泊无根的苦闷。正是这种真实的焦灼使这些小说中的人物具有强烈的时代感,他们见证着我们这个时代的巨大变迁,也吐露着现代人心中那份苦涩的情感。

（三）科幻小说

近几年,中国的科幻小说创作渐成气候,科幻文学也成为文学热点。粤港澳大湾区的科幻文学原本影响不大,这两年却有知名作家开始进入科幻小说领域。著名作家王十月自 2017 年以来,相继拿出堪称惊艳的科幻佳作。其中,《如果末日无期》是以思考如果人类永生,世界将会怎样这一问题为根基,描写人类终于实现了永生的梦想,太阳都变黑了,月亮也不再发光,但人还活着。站在末日世界的废墟上,人该何去何从?《我心永恒》描写机器人有了情感,人工智能时代真正来临。《莫比乌斯时间带》描写以脑联网、蜂巢思维矩阵来裁决生活,未来可以决定今天的奇幻世界。《胜利日》描写游戏战胜了现实,病毒统治了世界,芯片裸露了真相。《子世界》想象生命是一串可以改写的代码,我们生活在计算机的虚拟世界,虚拟又会创造虚拟,于是,爱情在中间穿梭,分不清前世今生。虚拟现实、VR 技术、生命代码、异度时空、天地不仁、庄生梦蝶、精神分析、灵魂轮回……大量诸如此类的梦境与幻想、离奇烧脑的故事情节,在王十月的科幻小说中混杂。每一个故事,都在"未来现实主义"的统照下,散发着神奇、鬼魅和人文的光芒,想象力、逻辑和人性在这些作品中水乳交融。王十月的科幻小说,充分显示出他在科技方面丰厚的知识储备和浓郁的个人兴趣。但王十月毕竟是一位纯文学作家,不过是借科幻之酒,浇自家块垒,这充分显示出他作为一位热心社会、政治的作家的清醒。他的这组披着科幻外衣的小说,都在表达着他对生活、对世道、对人心的自我发现。陈崇正的中篇小说集《黑镜分身术》,有着与王十月的科幻小说异曲同工之处。这部集省思、传奇、科幻于一体的三相小说,用先锋写法和婉曲表达使得特色鲜明。它以分身术系统作为洞察世相人心的一面镜子,用极具跳跃性的一个个人物故事编织出一幅荒诞的乡村图景,充满对现实的指涉与隐喻,并给人以无限思考空间。对《黑镜分身术》可以当成严肃文学进行剖析,也可以作为一部传奇故事或科幻小说来闲读。它通过对现实的折射和隐喻,去完成城市人对于乡村怪史的神奇想象,也蕴含了作者对于残破世界的一声哀叹。

（四）地域文化题材小说

在广州，有几位作家致力于岭南文化题材小说的书写，梁凤莲、卢欣、彤子等作家这两年都有这方面的力作问世。

继《西关小姐》《东山大少》之后，梁凤莲沉潜多年，很"走心"地写出了《羊城烟雨》。她在书中追溯广州的昨日，探讨这座城市过去生活的构成与肌理，在想象和回忆中体验广州不同人的层次与维度，对广州人的生命品格进行描述，不仅展现了革命时期的广州风貌，还在革命与日常中升华了广州精神，提升了广州城市故乡的精神品格，真正实现了对广州记忆的重现。这部小说还讲述了隐藏在时间背后的柔韧故事和个人的心灵成长史。这蕴含在城市风貌后的广州人的柔韧美学，是很"岭南"的，而其人生思考又不局限于"岭南"，表明这部小说已经超越了本土题材的某种局限，具备进入文学公共空间的特质。

卢欣的《华衣锦梦》是广府文化题材小说的又一力作。这部小说以戏服制作世家陈家四代人的命运为主线，描述了陈家世代继承和丰富戏服制作工艺的故事，展示了戏服艺人为传承手艺经历的悲欢离合、人生沉浮、坚守和创新。这部小说以一个行业的兴衰为经线，展现了广州近百年的民间生活图景；以戏服文化发展为纬线，描述了祭祀、饮食、交往等文化现象，反映了岭南地域不同时期的民俗文化。卢欣有长达 10 年的对广州文史、广府文化，特别是对非遗普查和保护工作的深入研究，这使她对广州戏服制作技艺和历史的书写妥帖而鲜活。她在作品中大量使用"白话"、粤语俗语，作品的语言与地域文化高度契合。

彤子在之前就创作出《玉兰赋》《水上人间》《逝去的瓜》等以岭南水乡为大背景的系列小说，新作《岭南人物志》描写了同树村 8 个性格不同，命运、际遇迥异的人物，桂尧的坚持、八叔的偏执、家言四的孤独、玉兰的柔肠和燕颜的爱情，还有老指婆、阿英婆及锴锴，他们的人生或漫长或短暂，但命运殊途同归。陈述者玉丫以童年最清纯的目光打量，以最单纯、质朴的语言讲述他们的故事。但他们更是南粤人的故事，这里没有波澜壮阔，只有真实而粤味十足的粤人故事。

粤港澳大湾区作家的本土题材小说创作,体现出他们在这个城市化和城市面貌同质化越来越严重的时代,对本土文化的独特性和人们共有的精神家园的一种追寻,而他们拘泥于日常琐碎的叙述对象和地方志式的书写方式亦有待提炼。

回顾2017—2018年的小说创作,各种类型的小说门类争奇斗艳,通过丰沛的题材与多元的艺术形式来映照生活、拥抱时代,在广阔的社会生活和激烈的矛盾中书写时代与人性,建立了家国、时代与个体微小生活之间结实的连接。

三、诗 歌 创 作
——放低姿态的精神飞翔

诗歌是中华文化的瑰宝,是中华民族精神的结晶,不自觉地渗透进中华儿女的血脉之中。它凝聚起中华儿女的情感,加强了中华儿女的文化认同和身份认同。发挥诗歌的纽带作用,以促进粤港澳大湾区文化融合,对粤港澳大湾区建设发展和粤港澳大湾区文学繁荣意义重大。

(一)诗歌活动和平台拓展

在粤港澳大湾区建设发展进程中,用诗歌搭台来推动粤港澳大湾区文学繁荣的活动,在各方努力之下开展起来。

2017年是中国新诗萌生100周年。1月8日晚,由中山市政协委员学堂、广东省作协诗歌创作委员会、广东省朗诵协会为指导单位,中山市文学艺术界联合会、中山广播电视台主办,中山市朗诵学会承办的"新诗百年,诗梦同行"——粤港澳台2017年新年诗会,在中山广播电视台演播大厅举行,粤港澳台的诗人联合发布"中国诗歌年"倡议书,共促中国新诗健康发展。倡议书除建议发起中国新诗百年大讨论、召开中国新诗百年纪念大会、编辑出版中国新诗百年大系等活动外,还倡议开展中国新诗百年"一带一路"行。这表明,诗歌领域在建构粤港澳大湾区文学繁荣方面已经先行先试。

2017年11月15日，为积极响应国家"一带一路"倡议、助推粤港澳大湾区城市群建设，由中国作协诗歌委员会、广东省作协为指导单位，中山市政协委员学堂、中山市火炬开发区、中山海事局联合主办的"粤港澳大湾区文化行"之"新诗百年：2017粤港澳大湾区海洋诗会暨魅力湾区诗如画·秀美西江博爱情"活动，在伶仃洋中山水域举行。大湾区内地9市的诗歌学会和香港、澳门特区政府文艺机构，派出诗人代表参加。这一旨在以诗歌为媒介，促进粤港澳城市之间文化交流合作的诗歌活动的成功举办，说明诗歌活动开始有意识地在粤港澳大湾区这一时代主题下凝聚。

2017年11月19日，在中山市南朗镇，由粤港澳大湾区"9+2"城市群以及广东省内外各诗歌协会、学会、诗社等15个团体发起的"中国大湾区诗汇"正式成立。仪式举办地点和诗汇的诗歌创作基地，设立于南朗镇榄边村青青农场。这是第一个以粤港澳大湾区命名、汇聚"9+2"城市群诗人的民间组织，它的成立必将对粤港澳大湾区诗歌创作乃至文学融合产生良好影响。

2017年12月7日，举办了中国(宝安)国际诗歌论坛。论坛回顾了"中国新诗百年的辉煌与梦想"，讨论了"一带一路"、粤港澳大湾区的诗歌发展方向，发布了"一带一路、大湾区诗歌宣言"，展示了"深圳宝安现代主义诗群"的创作成果。这个诗歌论坛发表的"大湾区诗歌宣言"，就粤港澳大湾区诗歌融合发展的路径问题提出了建设性意见。

以上活动的举办，足见诗歌界已积极参与到粤港澳大湾区建设发展的整体战略中来。当然，广东的诗歌活动也不都是呼应"粤港澳大湾区"这一主题。在广东经济社会发展的助推下，政府、社会的各种资本投入到诗歌之中，广东各地几乎每天都有诗歌活动在举行，称得上热闹非凡。其间一些重要的诗歌活动有：

2017年、2018年"广州新年诗会"在广州图书馆举行。这个至今已连续举办10届的诗会由广州著名诗人黄礼孩发起，由艺术家担纲，通过不同的群体来完成。它在每年新年伊始，为爱诗的读者提供了一个富有南国特色的诗文化公共交流平台。

2017年11月21—26日，由香港中文大学文学院和香港诗歌节基金会主办的第 5 届"香港国际诗歌之夜",在香港多所大学的校园举行。该届诗歌节的主题为"古老的敌意",参加嘉宾包括阿多尼斯、谷川俊太郎、北岛、平田俊子、哈维尔·贝略、田原、柯夏智等著名诗人。诗歌节期间,还举办了"诗歌与敌意""诗歌世界:欧洲视觉"等讨论会。

2017 年 12 月 1 日,首届南方诗歌节新闻发布会在北京大学中国诗歌研究院举行。中国诗歌学会会长黄怒波宣布,由中国诗歌学会、北京大学中国诗歌研究院主办,广东省肇庆市德庆县政府承办的首届南方诗歌节,将于德庆县拉开帷幕。此后,南方诗歌节将每两年在德庆举办一次。12 月 20 日,以"新诗百年,情系德庆,走进新时代"为主题的首届南方诗歌节开幕,德庆县官圩镇被中国诗歌学会正式授予"中国诗歌小镇"称号。

2017 年 9 月 7 日,由黄礼孩创办的"诗歌与人·国际诗歌奖",颁给了有"德语世界的鲁迅"美誉的德国诗人汉斯·马格努斯·恩岑斯贝格。2018 年 9 月 18 日,第 13 届"诗歌与人·国际诗歌奖"颁布,由两位世界顶尖的诗人分享,分别是澳大利亚诗人莱斯·马雷和叙利亚诗人阿多尼斯。通过这个由中国诗人独立创办的诗歌奖,一些并不为中国诗歌界所熟知的世界级诗人的诗歌被引进中国。黄礼孩坚持了 13 年的"诗歌与人·国际诗歌奖",逐渐形成了自己的品质和影响力,对中外诗歌的交流和相互滋养发挥了重大作用,并在国际上赢得了很高的声誉。黄礼孩也因其诗歌创作,于 2017 年 4 月获第 5 届"中国赤子诗人奖"。

2017 年 11 月 17 日,第 4 届"东荡子诗歌奖"系列活动在广州图书馆举行。罗羽获诗人奖,敬文东获评论家奖,谭雅尹、陈坤浩、戴建浩、谢洋、杨曾宇和吴子璇获高校诗歌奖。"东荡子诗歌奖"是为了纪念英年早逝的广州诗人东荡子,以诗歌和友谊的名义,弘扬他纯粹的诗歌精神和写作理想。这项诗歌奖于 2014 年创设,在国内有重要地位,提高了广东诗歌的影响力。

可以看到,广东近几年的诗歌活动并不局限于内部建设,而是开始更多地立足于粤港澳大湾区的融合并面向世界。广东诗歌对外交流的增多显示出,广东诗歌早已不是一个封闭、独立的系统,而是粤港澳大湾区诗歌乃至世界诗歌的一部分。

（二）诗歌创作的探索与新作

近两年来,广东的诗歌写作秉承岭南文学根植于现实和时代土壤的优良传统,又不断寻求对现实的超越,坚持诗歌独立的审美品格,积极锻造富有岭南特色和艺术魅力的作品,使广东诗歌成为广东文学崛起的重要代表。广东地处中国改革开放前沿,改革开放带来的并不只是繁荣,还有转型的阵痛。

数量庞大的"底层人群"如农村进城务工群体,承受着最大的转型压力和阵痛,这让"打工诗歌"在广东崛起成为必然。今天,"打工诗歌"仍然在广东诗坛占有一席之地。流水线工人出身的步缘,是真实的"打工诗人"。步缘在 2017 年出版诗集《夜桥》,其中有他回望底层务工的酸楚,有对城市与村庄生活的惦念,有执教育人的儒雅,有家庭担当的奋斗,也有攻读学历求知的渴望。他用质朴的诗句尽情地触碰生活中蕴藏的诗意与灵性,有一股爽朗、干净的气息。像"我随后在一本书的旋律中睡去/梦见了破碎阳光散落满地的冬天"这样的诗句,大都透出底层人群简单的乐观。从打工者成长为媒体人的谢湘南,出版了《深圳时间:一个深圳诗人的成长轨迹》。其诗歌像一个城市的语言镜像,对深圳城市化进程中特别是社会转型期发生的变化和变异,进行了真实的现场呈现,最大限度地保留了深圳这座城市的底层精神样本、粗犷的生存经验与情感,传递出正直的声音。另外,把诗歌写到国际诗坛的"打工诗人"郭金牛、"工地诗人"程鹏、仓库管理员阿鲁、快递小哥冉乔峰等人,也以新作丰富着扎根现实的"打工诗歌",表达着普通劳动者的梦想、喜乐、思念、向往和真实的伤痛。

从打工妹升任《作品》杂志副社长的郑小琼,在 2017 年出版了与家族记忆相关的主题诗集《玫瑰庄园》,书写一个地主庄园的兴衰和家族的世纪变迁。在虚构和真实之间,时间里消逝的记忆、生命、万物在诗中重现。诗人哀痛于人之尊严的被践踏,伤悼于时代对人之命运的席卷,通过这样的方式,为这样的一段历史,提供一个切片。这些诗歌以抒情和叙事的方式,奉上了诗人对那个时代的哀悼、愤懑和批判。《玫瑰庄园》在技术和细节上是考究的,有精巧的构思和叙事布局。80 首短诗各自的行数是相等的(均为

24行),节数也一致(均为6节),大体上呈现出一种整饬感。它们基本以意象、抒情来驱动叙事,但叙事又不是按照常规的线性时间来进行,而是互有穿插、跌宕和融合。经营这样的结构,需要很好的控制力,也很考验作者对诗歌气息的把握。这样的书写显示出,"打工诗人"是有能力创作出别样的诗歌的,也有能力从"打工诗歌"中实现突围。

黄礼孩也在寻求突破,新近所写的诗《情非所愿的沉默》相对于此前诗歌的"小",开始变得意境阔大,追求智性上的力量和拓展,把现实和理想进行融合,超越了平淡无奇,超越了具体理念,带来叙述的、寓言的、抒情的、预言的意味。另外,像《新年重温少年的日子》《生活的门外》《无法喊出一个人的名字》等诗,多了色彩的对峙,也多了对尘世生活比较复杂的感受和批判,内心的冲突在增加,诗人与现实的隔阂在加深,虽然也有光芒,却是从生活的"伤口"散发而出。可以看到,黄礼孩新诗持久的突破力,来源于他对诗的热爱和灵魂的不安。

陆燕姜(丫丫)是岭南诗坛升起的新星,新诗集《空日历》是她的第四本个人诗集。这些诗,基本上是个体生命的本真展开,包容着诗人的个人化经验、奇思异想和自由性情。她在自发和自觉之间保持了一种活力,既有相当程度的精审,又有着"即兴"般的鲜活感。陆燕姜很自觉地通过字词和物的关系,构建了个人的精神史。由于她的诗歌源自自我本真的生命,所以,即使她表达虚无、分裂、精神的对峙、自我的幻想,也不至于坠入空幻,带有明显的女性创作痕迹和时代特质。

卢卫平凭借组诗《一万或万一》,获得草堂诗歌奖"年度实力诗人奖"。这组诗歌从平常生活的细节和眼前事物的某个瞬间去捕捉诗意,以独到的眼光发现"真相大白"的事物内部仍有"新的秘密"。诗人的心灵直指生活日常,在处理日常经验的时候表达了诗人对细节力量的自信。自然性、社会性和个人的诗歌洞察力生发出来的民生关怀,以及现实题材的历史追问,使卢卫平的表达更具有情怀的力量。

旻旻的诗集《他世界》于2018年出版。她的诗歌超出肢体的病疾,与自我生命进行对话,但她又在诗中多次提到自己那"泥泞的身躯",表达着她面对身体的无奈感以及人与身体的和解。生命的过程在诗中,呈现出既残酷而又温情的状态。因此，旻旻的诗歌写作是一个生命体验的过程，是对生命的安慰和扩张。

王晓波的《雨殇：王晓波诗歌选集》，让读者感受到诗人爱与美的创造。他在苦难的泥土中播撒美的种子，使之成长为诗美之花，在苦难的大地放飞理想，让平凡的生命闪耀出别样的光辉。他的另一部诗集《骑着月亮飞行》被誉为"新世纪爱情诗集"，收录爱情诗歌100首，表达着诗人对一种理想爱情的向往。这两部诗集都在表明，爱是王晓波创造诗美的驱动力量。正是由于他的心中充满对亲人、对故乡、对自然、对人类博大的爱，王晓波才能勃发出不竭的诗情，创造出不同形态、不同格局、不同风格的诗美。他的诗歌是真挚、诚恳、热爱生命的内心歌唱，语言朴素、准确，感情的传达充满动感，显示出这个时代难得的温情和肯定的力量。

限于篇幅，这里不再列举粤港澳大湾区诗人在一年多时间里的诗歌收获。可以肯定的是，不算长的时间里，诗人们在语言、想象力与诗歌的可能性上，都作出了自己的探索，为当代诗歌的多样化提供了一批优秀文本。人性在退却，诗需要前行。粤港澳大湾区诗歌不追求绚丽浪漫的无边际想象，也不沉迷于个人迷幻、错综的精神花园，而是从脚下的现实出发，紧贴地面，寻求着个人化的艺术创造，呈现出"低姿态的精神飞翔"的特征，释放着诗歌应该有的温度。

四、散文创作
——踏进现实，望向远方

广东是散文创作大省，散文作者多，散文作品在中国文坛占据比较重要的位置。广东散文的成就，很大程度通过大湾区内地9市散文作者的写作体现出来。近年来，大湾区不少作家的散文作品备受关注。他们细致观察并记录生活，有对时代和民众的深度观照，有对自然的切身感悟，有对人文的深入体察，有对自我的追问求索，有对传统风物的深情回眸……这些情态各异的散文作品，立足于中国大地和岭南城乡，是新时代世道人心的真切回响。

（一）文明转型的时代抒写

吾土吾乡是作家的心灵依托，是写作的起点、情感的终点。大湾区许多作家虽栖身城市，但很多来自乡村。他们离开了农村的故土，却仍然有着回首的意识和勇气，并以其写作承担起对乡村和农民应尽的责任，写出多部触及时代痛点并产生广泛影响的优秀作品。黄灯的散文名篇《一个农村儿媳眼中的乡村图景》，曾在2016年春节引发了全国性乡村问题大讨论。她于2017年出版的《大地上的亲人》是一部非虚构散文作品，仍以农村和自己生活在乡村的亲人为观照对象，讲述自己生命里无法分割的农村亲人的境遇。黄灯通过对亲人生存故事的书写追问着大地上她的亲人如何才能在自己的土地上，体面而且有尊严地活着。另外，黄灯借由亲人的遭遇，试图展现出身为农的亲人与命运抗争的复杂图景，追问中国村庄的来路与去向，也借此袒露内心的不解与困惑。在黄灯笔下，乡村不再是寄寓乡愁的载体，而是知识分子倾其智识、关怀于其中的"问题的场域"——凸显真相、直面问题、寻找可能。这充分显示了黄灯作为一个人文知识分子具备的思想的力量和承担的勇气。《大地上的亲人》也因此荣登多家好书榜，拥有众多的拥趸。

散文集《被掏空的村庄》的作者周齐林，是万千进城务工农民中的一个。他从身边最亲近的人入手——父亲、哥哥、姑父以及自己，每个人都从熟悉的村庄来到陌生的城市，辗转在逼仄的出租屋、恶劣的厂房，爬行在城市无人知道的角落，过着辛苦的生活。周齐林还以亲历者的身份，描绘了村庄的人和事。祖父、祖母、母亲、哥哥、瞎娘、三婶……都被他真实地记录下来。他们都是普通的老百姓，从这个时代走过，没有留下任何痕迹，一旦离开，根本不会有人知道。但周齐林以灵魂之笔，记录下他们的付出，让他们永远留在时光的河流之中。这部作品用素朴的文字，记录了一个时代的变迁。洪湖浪的《哀我苍生》同样以人物志的方式，记录着底层的卑微生命。在"城中村"长大的少年志恒之死、中国式母亲隐忍而艰辛的一生……有催人泪下的写实力量。耿立的《消失的乡村》，既有对故乡风土人情、历史文化、道德伦理的田园牧歌般的描绘，又有对现代都市自然环境不断恶化和亲情日益淡薄的反思，饱含了作者浓厚的原乡情节，也彰显着作者对农民的悲悯。以上这些扎根乡村的书写，摒弃了常见的对田园牧歌式乡村生活的诗意想象和轻飘飘的追怀，直抵时代的症结和坚硬的真相。

（二）散文寄托个人意趣

散文不仅是记录时代真相的利器，也是作者驰骋文人情怀、舒张文人情趣的传统文学领地。大湾区很多散文作家，也以散文书写个人生活和风神意趣。这样，作者的生活痕迹和生命记忆，本土文化和地域风情，游迹所及之地的人文历史、山光水景及风土人情，作者对人生的感悟和阅读思考，都被写进了散文，也让大湾区散文呈现出蔚为大观的丰赡。像卢锡铭的散文集《水云问渡》以描写行走山河的行迹为主，笔力纵揽宇内，思接千载，深究思理之妙，舒卷风云之色。"游"中有"思"，"思"中有"游"，或颂扬祖国河山，或关心底层民瘼，承韩愈、范仲淹之正脉，并具有新鲜的现代感。自然与人文、历史与现实深度融合。在他的笔下，山有魂，水有韵，物有语，人有文，山水、阳光、风情、人物都有其独特意味和深刻内涵，都可悟出其中生活的哲思，并挖掘出其中人文的底蕴。融报告与文学、历史与现实、自然景观与人文景观于一体。杨克的《我说出了风的形状》则更为丰富，其中，有对文学活动的回忆，有对诗歌艺术的探索，也有作者的文化立场和人生体悟，大到世界文化潮流，小到一个生动的文学关键词，读来充满诗意。许石林的《清风明月旧襟怀》游刃于历史人物掌故之中，上到帝王，下至文官武将、黎民百姓，皆不在话下；小到个人的慎独功夫，大到社会建制，提笔即成；钩沉绵密得当，语言敦厚诙谐，有《世说新语》的韵味。许锋的《小城与大城》有100余篇，闲情逸致、人情世故、慈悲尽善、隽永气息，精心呈现给读者一块本质、清新、静谧、快意的天空，将睿智与思考的火石擦亮。盛祥兰的《童年春秋》则回溯故乡和童年的美好，奉献给读者一方心灵的净土。文体在小说和散文之间轻盈地跳跃，从时光中定格活泛的精彩瞬间。类似的作品，还有李美玉的散文集《追影寻梦》等。

（三）地域文化的散文呈现

一方水土养育一方人，大湾区散文作家也大量书写滋养自己的故土和地域文化。惠州市作协主席陈雪创作的《时光印格》获第八届冰心散文奖。这部文集中,有很多刻下作者童年记忆、融入深刻思考的文章,但其挖掘本土历史、弘扬地方文化的文化自信和自觉担当,亦从作品中流露出来。文集的大部分作品描写东江流域文化,带有浓厚的文化散文"印格"。这充分显示了作者做本土文章、立足惠州、立足东江流域的可贵坚持。刘妍的《花城印记》写花城广州的花、花城的人、花城的生活,写花城的前世今生,写游走其间的感受,写生活在花城的居家体验。作者的脚步在广州的大街小巷游走,感受这个亚热带城市的风情和市民的生活乐趣。处处表现她对花城的热爱和处于这方都市里的思考。南海青年作家吴璧庄的《穿越历史的时空》,长达1万多字。全文引经据典,字字有依据,句句有着落,通过大量史实和民间传说,像资深的历史学家那样,要穿越历史的时空去追溯故土悠长的历史;像考古学家那样,要把故乡一草一木的来龙去脉弄个水落石出,追问这里为何叫"九江"而不叫"十江"或者"八江"。这充分表达了作者对故乡南海九江深沉的爱恋,也显现了作者充分的知识储备和良好的文学素养。

中山文化人曾毅峰和吴娟夫妇合著的《飞鸟相与还——南方城市观鸟笔记》,绝对是近年来大湾区散文的一份别致收获。这本书以中国古代诗词中的鸟为线索,串联起了作者3年多观鸟旅行中的点滴感受,记录了中山市辖区常见的120多种野生鸟类,笔涉它们的形态特征、生活习性和主要分布状况等,是一本非常有趣的博物类书籍。因为有中国古典文学的深厚修养,作者有意识地在古典诗歌、古典文化的精神场域激活现实的观鸟活动,凸显观鸟与博物学及古典文化的关系,并致敬古人,把观鸟、观自然变成贴近灵魂的精神活动。

(四)报告文学佳作迭出

改革开放以来,报告文学在广东快速发展,原因在于报告文学最能得广东改革开放风气之先。广东报告文学把风起云涌的时代风云形诸文字,能牵动时代敏感的神经,引发热点。近年来,杨黎光、陈启文、李兰妮等广东报告文学作家的作品,在国内产生极大影响。

2017—2018年,广东报告文学同样佳作迭出。华南理工大学新闻与传播学院新闻系主任谢勇，花了近一年的时间深入佛山南海丹灶镇，创作出《丹灶创新密码》。这部作品首次系统地解密了丹灶这一曾经的"中国日用五金之都"，如何以"珠三角制造业创新小镇"为抓手，走出一条振兴实体经济的新路。作者重点访问了丹灶的"力合星空·728创域"，还访问了奋斗在丹灶的各种年龄、操各地口音的企业家，探究一个有清华大学背景的高科技企业孵化与服务机构，如何将各种创新资源汇集小镇、催化了整个小镇创新的深层原因，回答了"再造丹灶成什么、再造丹灶有什么、再造丹灶怎么办"这三个关键问题，并指出：一切具有顽强生命力的经济形态，都生长于官员与企业家互相尊重、互相学习的良性互动中，这也是改革开放40多年来，珠三角地区为整个中国经济发展提供的最宝贵经验之一，揭示了正是怀揣梦想、敢于追求梦想的"少年气"，才使丹灶能够迅速形成现有的创新氛围。

徐肖楠的《护卫尊严：无悔生命与无限忠诚》直达广东"扫毒"现场，以2013年12月29日"雷霆扫毒"汕尾收网行动为中心，表现在前后两年，延伸达760个日夜的时间里，当时的广东公安边防总队汕尾支队官兵奉献大量的精力、心血、青春和时光，换来了汕尾地区、中国以至世界更纯净和更安宁的生活。作品真实再现了边防官兵日复一日，艰苦、危险、单调、疲累、充满压力和紧张的生活，表现了他们在普通和平凡中作出的特殊奉献，以及他们的牺牲给社会带来的幸福和价值。

为人民抒写，为时代放歌，在讴歌时代的同时，大湾区报告文学也在关注时代的问题。曾以"工人作家"著称的谢友义，出版了报告文学《你看，你看，那美丽的安居房》，书写上海援疆的建设者、劳动者和当地基层干部的风采与精神品格。詹文格的报告文学《谁来拯救中医》在书中追问：中国是中药大国，是中药的发源地，但是，这么多年发展下来，现在中国的中药在国际市场上只占3%—5%的份额——是我们中国人不行，还是中医药不行？在当代社会，中医既遭受各种争议和排斥，也有令人振奋的复兴和进步，可它发展至今，到底是什么现状？遇到了怎样的瓶颈？它的未来又在哪里？

刘深的《寻找沙飞——一个战地记者的影像战争》则把眼光投向历史，再现了著名记者沙飞传奇的一生，以沙飞的摄影实践为主脉络，逐一寻找沙飞的足迹,探寻他主要作品的拍摄实地,走访他工作、生活的诸多现场,试图向人们有依有据地讲述沙飞短短 38 年的生命历程,揭示他成功的奥秘,让后人更好地理解沙飞所拍摄珍贵影像的来之不易。

总之,2017—2018 年,大湾区散文面对新时代的新现实,越过事象,透视时代精神,调用各种艺术手段,讲好广东乃至中国的故事,追寻本土文化和传统文化的精神与血脉,在把现实转化成一种文学品质,使之成为文学的内在力量方面,取得了不俗的成绩。

五、儿童文学
——异军突起带来的惊艳

这些年来,在广东特别是在珠三角城市,儿童文学异军突起,在不知不觉中成长为中国儿童文学领地中不容忽视的力量,并昂首阔步地走在全国儿童文学前列。2017 年以来,大湾区儿童文学保持着良好的发展势头,儿童文学作家群体越发壮大,并收获了堪称惊艳的佳绩。

(一)儿童文学受到重视

文学界极为重视儿童文学的发展,各方力量纷纷对儿童文学进行扶植。一年多来,广东文学界在助推儿童文学方面所做的几件大事有:2017 年,广东省作家协会和深圳市龙岗区平湖街道办事处,联合设立广东省有为文学奖第 1 届"平湖杯"儿童文学奖。有为文学奖是广东省规格最高的文学奖,设有小说、诗歌、散文、报告文学等奖项,但一直未设儿童文学奖。广东省作协和深圳市平湖街道共同设立了广东省有为文学奖第 1 届"平湖杯"儿童文学奖,填补了广东儿童文学奖的空白。2017 年 11 月 5 日,第 1 届"平湖杯"儿童文学奖在平湖颁奖,深圳"80 后"儿童文学作家陈诗哥的作品《童话之书》荣获金奖。这一儿童文学奖的设置和颁发,标志着广东省为推动深圳乃至全省儿童文学创作作出全新的探索。2018 年 3 月 11 日,深圳市文学艺术界联合会与中国作家协会儿童文学委员会共同主办的深圳儿童文学作家群研讨会,在中国作家协会举行。陈诗哥、杜梅、郝周、袁博、关小敏、郑枫等 6 位作家,代表正在崛起的大湾区儿童文学作家群精彩亮相。2018
年 8 月 11 日,首届"广东好童书""广东优秀点灯人""广东文学新苗"评选
活动启动仪式暨"书香小记者主题采访日"活动,在广东省作家协会"岭南
文学空间"举行。本次活动,是广东省作协继创新性成立"1+3 广东儿童文
学大联盟"后,具体落地及推动广东省儿童文学繁荣发展的又一创新举措,
亦是让众多"点灯人"和他们的优秀精神成果走进校园、家庭与广大读者的
一种新方式。

(二)儿童文学佳作频出

多方面的助力和儿童文学作家的努力,让大湾区的儿童文学佳作频出,
儿童文学作家纷纷获得各项大奖。陈诗歌的表现无疑最为亮眼,他所获奖
项主要有:被评为第 3 届广东省中青年德艺双馨作家,作品《列国志》获第 3
届《儿童文学》金近奖,作品《我想养一只鸭子》获第 14 届《儿童文学》擂台
赛铜奖,作品《童话之书》获第 10 届广东鲁迅文学艺术奖,并获广东省有为
文学奖第 1 届"平湖杯"儿童文学奖金奖。袁博凭借其作品《内伶仃岛上的
猕猴》获广东省第 10 届精神文明建设"五个一工程"奖,作品《狮子的心》获
广东省有为文学奖第 1 届"平湖杯"儿童文学奖优秀奖、第 9 届深圳青年文
学奖。杜梅、关小敏、郝周同时获广东省有为文学奖第 1 届"平湖杯"儿童
文学奖优秀奖。郑枫的作品《梦旅行·念头集》获冰心儿童文学图书奖,安
小橙获冰心儿童文学新作奖。另外,吴依薇的作品《升旗手》获辽宁省第 14
届精神文明建设"五个一工程"奖,周思明的作品《共建儿童文学美丽家园》
获全国优秀理论成果一等奖。

大湾区儿童作家的共同努力,使这一地区成为中国儿童文学创作的重
镇,一个有规模、实力可观的儿童文学作家群体已然形成。可喜的是,大湾
区这群儿童文学作家大都教育背景良好,有学养,对生活保持着一颗纯朴之
心,有思考能力,因而,他们的创作起点高,不盲目跟风,有一方自己的文学
天空。而且他们的作品在表达童心、以童心重新命名和再造世界的同时,也
不放弃对现实和社会的关注,使他们的作品既能驰骋于奇幻、曼妙而童真的
想象,又不至流于清浅,有了人性的温度和丰厚的精神内涵。

　　陈诗哥在2008年才真正接触童话,在近10年的阅读和写作童话过程中,他形成了自己完整而深刻的童话观。在他看来,童话不仅是一种文学,更是一种本源性的精神形式,它是对世界的重新解释和重新命名。正是基于对童话有自我独特的认识,陈诗哥创作的童话才能别开生面。他的长篇童话《我想养一只鸭子》,是一部关于鸭子的"野史"。作者以一只鸭子的视角观察、创造世界,重新命名万物,以"鸭头""鸭脖""鸭心""鸭翅""鸭脚""鸭蛋"等进行谋篇布局,凸显了一个孩子成长的过程;最后,"我想养一只鸭子,而鸭子想养一位作家",彼此相互驯养、相互创造。这种想象,新颖而不落俗套,意味深长。陈诗哥这一年多出版的童话作品集,还有《一个故事的故事》《如果上帝是个孩子》等。

　　杜梅出版的长篇新作《风吹过的夏天》,讲了一个地道的深圳故事:主人公仔仔和他的朋友在社区附近探险时发现了一片荔枝林,荔枝林里住着从乡下来度暑假的智深,三匹帅气的马搭起了他们之间友谊的桥梁……故事充满了对同龄人的爱、对城市建设者的爱、对身边一草一木的爱。《风吹过的夏天》与杜梅另外四本再版的旧作《男孩阿不》《女孩范贝西》《爱我的人请起立》《钢是钢　铁是铁》,构成了"总有一天会长大"系列。此外,杜梅还创作了长篇童话《噼里啪啦班的兔子》。

　　郝周的书信体长篇故事《神秘的袋鼠叔叔》出版后,入选广东省重点出版物扶持项目专项资金《童心树华文原创》系列。作品以柯小可为主角,用书信方式展现他在家庭、学校生活中面对的一些问题。40封充满成长困惑的书信,展现了小男孩与未曾谋面的作家——袋鼠叔叔之间友好及平等的交流。作者以一种看似轻盈的笔触,刻画了一个顽皮却又喜欢钻研自然、有着鲜明个性的小学男生成长中的忧愁喜乐。另一部长篇小说新作《黑仔星》,是郝周经过多次采访、细读大量资料后,以活跃在广东和香港地区的抗日英雄刘黑仔为原型创作的。作品讲述深圳大鹏湾的少年发仔志愿参军,成了黑仔哥的小跟班。在一次战斗中,他们遭到消极抗战、积极反共的国民党军偷袭,队伍七零八落。在南粤茫茫大山之中,7个人组成的临时队伍开始了一场艰苦卓绝的丛林行军。一路上,敌人围追堵截,队伍艰难前行,断粮缺水,出现生存危机,甚至开始互相猜忌……在黑仔哥的带领下,他们相扶相携,走向山外……发仔见证了这一切,并收获了人生中宝贵的精神财富——关于战争、关于英雄、关于成长。这是一个扎根岭南大地、融入南粤血脉的故事,不仅仅是一首英雄的赞歌,也是一首和平的赞歌。

袁晓峰的绘本新作《今天我可以不上学吗》写出了儿童真实的心理特点,表达了对孩子的理解、尊重和包容。郑枫推出的《梦旅行·念头集》共两册,这套书的灵感源自作者记录儿子的童言和绘画,并与儿子互相讲故事的启发,以及曾经旅居各地、放逐山野的乐趣和自由状态。这些故事往往由一个天马行空的小念头引起,因此称之为"念头集"。与传统童话相比,该书的童话更像小散文,充满了崭新、灵动的想象和童趣。严爱慈推出了长篇新作《非常宝贝》,讲述深圳小学生龙多多学琴、学鼓的故事,致力于建构与弘扬儿童心灵世界中的主体意识,内容贴近小学生校内校外的学习、生活,表现孩子的童心、童真、童趣,是真正洋溢着鲜明地域色彩的"深圳制造"。古净推出两部长篇童话《快递员洛克》《小壁虎啵啵的故事》,讲述了神奇的童话王国里的精灵故事,风格轻盈,笔触温暖。一苇的《中国故事》是作者历时10年,整理、重述中国传统童话故事的结晶。一苇的野心是,既要完全保持童话故事的原初面貌,又要以今天的儿童观和价值观重新阐释,形成自己的内核与灵魂。陈唯新创作的童话《肩膀上的黄大仙》,是以广州为背景的现代神话故事。其中采用广府悠久的五羊仙传说,展开了一个小女孩对梦想真谛的领悟过程,以深入浅出的方式,引导少年儿童思考梦想的价值、思考应该依据什么来树立梦想、思考实现梦想是为了什么。

与众多儿童文学作品的趣味不太一样,陈华清的长篇小说《海边的珊瑚屋》讲述了一群住在珊瑚屋的留守儿童、留守老人的故事,反映了海边留守者生活的艰难、心灵的孤独,以及精神的成长,也从侧面反映了中国农村社会及基础教育的现状,表达了作者的深切忧虑。小说以雷州半岛为背景,写出了独特的海边风土人情——古老的珊瑚屋、赶海拉网、漂在海上的疍民等,为读者生动展现出我国东南沿海特有的海洋文化。席笛海的长篇小说《村庄安静地躺在月光下》,采用现实和构想结合、真实和魔幻交叉的童话写作方法,来描写当代农村留守儿童的生活情形、心理状况、成长中不断滋生的内心梦想和对梦想的追求。这部童话小说不仅形式新颖独特,而且饱含作者的悲悯,又充满向上的朝气。以上两部写出了生命之重、时代之痛和少年之梦的作品,有一种特别的滋味,也呈现了儿童文学写作的不同路向。

从大湾区儿童文学的现状来看,这个地区的儿童文学,除了具有一般意义上儿童文学具有的童心、童真、童趣等共性外,在内质上还具有"本土叙事"的特征。岭南的海洋、江河、水乡、屋舍、花街等地域风物在话语营造的物象里被呈现,岭南丰富的文化、生活的传承与变迁也在叙事细节中次第展开,岭南人的性情和精神面貌同样在作品人物性格的曲折中慢慢凸显。就这样,岭南"本土生活"的气息在叙事中弥散,岭南与时代共振的脉搏也在其中跳荡。所以,无论是以城市为背景的《风吹过的夏天》《非常宝贝》,还是乡土新童话《海边的珊瑚屋》《村庄安静地躺在月光下》,抑或是革命历史题材的《黑仔星》,都有浓郁的岭南地域特色,具备鲜明的岭南文化印记。这种儿童文学写作方式表明,珠江文化完全可以在儿童文学中延续和传承。儿童文学作家可以通过"本乡叙事"来拓展自己的文化空间,彰显对大湾区文化的理解,并取得与其他地域儿童文学对话的可能性。

六、港澳文学
——根植本土、吸纳异域的"我城"书写

现在,人们通常习惯把港澳放在一起来谈,似乎港澳没有什么大的区别。但实际上,香港和澳门在各方面的差别还是比较明显的,两地的文学差异也比较大,甚至两地的文学交流并不像我们想象的那么多。有鉴于此,这里还是把香港文学和澳门文学分而述之。

(一)在多元化、世界化、杂糅化中迸发活力的香港文学①

2017 年,香港的文学活动主要围绕香港回归 20 周年纪念活动来展开。

---

① 这部分的内容主要参考了凌逾:《香港文坛:共同记忆与共生时空》,《华文文学》2018 年第 144 期;凌逾:《2017 年香港文学扫描》,《苏州教育学院学报》2018 年第 6 期。

中央人民广播电台、香港特区政府驻京办联袂推出《香港名人访谈录》,访谈对象涵括政界、商界、教育界、文化界的名人。同时,无论在香港还是在内地,不少专栏、庆典书籍和报章杂志都刊发纪念文字,还特设"香港文学及其研究"专栏,对香港回归后的文学现状乃至百年香港文学的历史与变迁进行梳理和总结,以示纪念。香港最重要的文学刊物《香港文学》杂志,在2017年7月号所做"当代香港文学作品评论专辑"是这些香港文学纪念活动的重头戏。这一专辑发表了一系列重要文章,它们或追溯香港文学的前生今世(如赵稀方《伴侣》之前的香港白话文学)等,或对香港回归以来具体文体(如散文、小说)的创作情况进行概括,或对具体作品的精神气质进行解读,抑或从作品出发去分析和发掘香港文学的特质。另一场香港文学的纪念活动,则由香港文学的评论重镇《文学评论》发动。该刊于2017年6月出版的第50期,开设"《香港文学大系1919—1949》评论专辑"。杨宗翰、潘步钊、马辉洪、区仲桃、颜讷、邹芷茵、卢伟力等知名学者共同发声,呼吁全面书写香港文学史。在同年8月出版的第51期,香港《文学评论》再发力,"文学香港论坛"专栏刊发7篇文章,对香港新老作家(如陶然、黄河浪、卢文敏、陈锦德、西西、葛亮、钟晓阳等人)的作品展开讨论。另外,还有《香港文学》杂志增刊主办的回归20周年香港短篇小说展,52篇香港各时代的小说再次集中亮相,港人港味的记忆扑面而来。这些基于庆祝香港回归20周年由香港本土文学人士发起的诸多纪念性文学活动,深刻反映了香港社会在急速变动中对快速变幻的生活的精神反映,以及在时代变动中期待打捞正在消失的本土记忆、建构相对稳固的本土品质的努力。

与这些文学活动背后隐藏的香港社会深层情况相一致,香港文学研究专家凌逾认为,香港本土文学也有类似的表达。香港城市发展的节奏快,快速拆迁,让港人熟悉的码头、渡轮、骑楼、木屋、小店、街招吊牌、二楼书店等可能会一夜消失;再加上制度变迁,让香港的消失美学兴起。Stella So《粉红都市》云:"香港有趣的事物总是长出脚来远走高飞。"严飞慨叹,最早的公屋"石硖尾邨"消失了。潘国灵的首部长篇《写托邦与消失咒》于2016年问世,《消失物志》又在2017年随之而至。《字花》于2016年第62期推出"我消失,但难以割舍——潘国灵小辑",写作者有黄爱华、洛枫和邓正健。

梁文道的《一个终将消失的香港》，重新审读西西在 1995 年出版的《飞毡》，飞毡会飞，浮城会升，经自障叶覆盖的肥土镇的一切人事也会隐形。2017 年的香港书展上，各行各业关于"消失"的书籍在台面绽放。消失，成为香港文学乃至近年来香港文化传递出来的共同主题。港人发现消失、关注消失，其实在寻找和凝聚本土记忆，力图形塑港人的精神共同体，为港人构筑共有的精神归宿。这种共同心理的传达，既与香港特殊时期的社会转型直接相关，也显现出城市文明在高度发展后无可避免地带来某些深层次问题。

在凌逾看来，"港漂"的文学写作成为香港文学的新现象。据统计，进入 21 世纪以来，大批来港求学、求职的年轻新"港漂"已达 15 万人，占香港人口的 2%。这些赴港的新一代"港漂"大都教育背景良好，生活优越、现代。他们当中的写作者，把自我在香港自在漂移的经验融入到自己的写作中，构成了香港文学的独特风景。2015 年，被称为"漫游者"的作家周洁茹在香港文坛上，创作成果丰硕；2017 年，又发表 17 部中、短篇小说，2 篇微型小说，15 篇散文，接受了 5 次访谈。她的小说集《到香港去》收录了近年来的十几个短篇小说，书写故乡小人物的生活与梦想，描述生活的无情挤压与撕裂、生存的无奈与不甘。她的另一部小说集《香港公园》以单元小说的形式构成，刻画了三个"港漂"女子，不仅细致地描写她们在生活、感情中的挣扎和无奈，还以外来者的身份观察香港人，以细腻的文字描绘香港百态。周洁茹的散文集《一个人的朋友圈，全世界的动物园》，记述与故人重逢，追忆往事和爱情，又笔涉美食、电影、风物。作为一个从内地漂泊到香港，又在香港定居的写作者，周洁茹从现代"港漂"的无根状态出发，诉说香港新人类漂移不定、变动不驻的凌乱故事。年轻"港漂"严飞新虽非港人，却居港多年，所著《城市的张望》共 24 篇文章。第 1、2 辑细描社会众生相、人情风土、市井日常，阔论书写者身份，以及香港的建筑变迁、制度建设、风水生意经、成功标准、拱廊街、专栏文化、电影镜头等，写来潇洒从容，有浓郁的专栏风。第 3 辑为访谈录，访谈 8 位香港的年轻艺术家。全书以整体眼光分析港城、港人、港声的特性，捕捉香港城市文化的特征。"港漂"文学在香港的兴起，表明内地文化被新移民带入香港，正在丰富乃至反哺香港的文化，香港文化单向辐射内地的盛况不再。

当然，一年多来，香港文坛仍然保持了一如既往的多元化、世界化、杂糅化，新老作家从不同的渠道发声，充分显示了香港本土文化的丰富、驳杂，以及在频繁的对外交往中形成的自我创新能力。2017 年 7 月，花城出版社推出"香港文学新动力"丛书，包括唐睿的长篇小说《脚注》、麦树坚的散文集《琉璃珠》、谢晓虹的短篇小说集《雪与影》和陈苑珊的短篇小说集《愚木》。唐睿的《脚注》描写 20 世纪 80 年代生活在"安置区"这个香港底层社区的各色人等的生活，曾获第 10 届香港中文文学双年奖。麦树坚的散文着意于城市风物的地志式考辨，文章里隐藏着他的抽离与观察，从文学角度回看生活。《雪与影》是谢晓虹的短篇小说集，以香港城市生活为题材，以身体的异化表现现代社会的荒诞性。陈苑珊的短篇小说集《愚木》运用魔幻现实主义，描绘现代社会的病态和荒诞。这 4 位青年作家的风格不尽相同，但作品中透露出的香港社会图景、语言习俗、文化氛围，都构成了万花筒似的香港城市文化。陈浩基的推理小说《网内人》荣获亚洲周刊 2017 年度十大小说奖。《网内人》借用网民凡事无限上纲的现象，抽丝剥茧般还原了一个少女自杀的真相，探讨普通人的平庸之恶如何纵容罪犯、如何扭曲人性。《香港文学》总编辑陶然既是扶植香港文学力量的园丁，也是香港文坛辛勤的耕耘者。2017 年 4 月，陶然的散文集《旺角岁月》问世，比之前的文集《风中下午茶》在选文数量上有所增多，特别是增加了出国行走的随笔，视野更加广阔，精神容量广大。自 2017 年 5 月起，他应香港《文汇报》邀约，撰写专栏"昨日纪"，已发表的文章集中回忆与学者交往的趣事，文笔生动，摇曳多姿。潘步钊的散文集《读书种子》收录阅读随笔，显示出作者深刻、精微的文学见解。陈国球的散文集《香港·文学：影响》收录随笔短文、读书笔记、谈论笔录，清淡雅致。廖伟棠出版的诗集《樱桃与金刚：诗选 2013—2016》，以香港为基点，省思个人和时代的命运浮沉。香港三联书店出版的赵雨乐的《近代南来文人的香港印象与国族意识（三卷合订本）》，以时间为线索，综述晚清至现代文人及其相关社群来香港以后的国族观念，透视近代香港与内地的地缘文化关系。

香港一年多来的文学生产，更多地局限于"我城"的想象，缺乏大作品。然而，香港文学的开放、多元，对内地文学仍是一个有益的补充；香港文学的异质化存在,对内地文学的发展也是一个重要的参照。

(二)"小城文学"的澳门书写

相对于香港文学的驳杂,澳门文学要单纯很多。澳门地域小、人口少,但其文化版图并不狭小、封闭。澳门开埠400多年来,一直与整个世界相通连,长期接受西方文化的熏染,与西方文明有着深度的联系,在文化上又与中华文明血脉相连,形成了自己独一无二的文化方式。再加上澳门长期稳定快速发展,使澳门的作家可以在闲适、宽容、自由的社会与文化环境里去感受和书写,让澳门文学有一种沉静和从容的气象。澳门文学不似内地文学追求磅礴气势、抒写时代风云变幻,也不似香港文学的敏感,而洋溢出自在、随性的惬意感。长期以来,澳门文化和澳门文学就在这种悠然的格调中、在澳门相对狭窄的文化空间里延绵。但从20世纪80年代以来,澳门文学开始日益走出澳门,特别是向广阔的内地回返。20世纪80年代,澳门迎来内地移民潮。从此,澳门与内地、香港的文学互动开始频繁。曾敏之、刘以鬯、饶芃子、潘亚暾、陶然、潘耀明、许翼心、傅天虹等名家,是文学和文化交流的重要推动者。

近年来,随着粤港澳大湾区的建设发展,澳门文学回返内地的步伐进一步加快。2017年,澳门文学融入内地的第一件盛事是,1月21日,第六届"我心中的澳门"全球华文散文大赛颁奖礼暨第3批《澳门文学丛书》新书发布会,在澳门科教文中心举行。这项活动,由澳门基金会、《人民日报》文艺部、散文选刊杂志社、《上海文学》杂志社、作家出版社、中华文学基金会及天津开意文化交流中心等单位联合举办。"我心中的澳门"全球华文散文大赛设立于2004年,通过连续6届大赛活动,充分展示出海内外文学家心中的澳门印象,使澳门的文化形象更加鲜明。《澳门文学丛书》由澳门基金会与作家出版社、中华文学基金会合作出版,迄今已出版56部,涵盖澳门老中青三代作家,一直是澳门作家集中亮相内地的最重要舞台。第3批丛书包括散文、诗歌、小说及评论,共13册。《澳门文学丛书》已经成为凝聚澳门作家、集结澳门作品的一个重要平台,必将加快澳门文学进入内地、融入内地的节奏。

澳门规模最大的年度文学盛事——"隽文不朽"澳门文学节，于2017年3月4日至19日举办，再度为澳门带来众多国际知名作家、诗人、电影人、音乐人及视觉艺术家。澳门文学节自2012年开始举办，规模、内容及区域影响力都在不断上升。主办方在继续专注华语文学和葡语文学的基础上，开始放眼来自世界各地的知名作家及文学创作人。澳门文学节已然成为区域内重要的文化活动之一，亦是全球首个汇聚中国与葡语系国家文化艺术工作者的文学交流盛会。这一盛会加强了澳门文学与内地的联系，促进了澳门文学对内地的进入和参与。

为改变内地文坛和普通读者对澳门文学知之不多、澳门地区的作家和作品在内地知名度不高的状况，《上海文学》杂志社与澳门《艺文杂志》，于2017年年底合作推出一期"澳门文学特刊"，精选了22位澳门作家的作品，这一活动将澳门文学的新现象和新热点集中推送到内地读者面前，也使澳门文学集中亮相，对扶植与鼓励澳门文学的成长和发展有重要意义，让澳门文学集体回归内地的文学现场。

在成功推出"澳门文学特刊"的基础上，2017年12月，《艺文杂志》成立中国艺文出版社；2018年1月，又成立非牟利社团澳门艺文传播学会。旨在搭建文艺平台，竭诚为广大文学家、艺术家和艺术工作者服务，主办或承办各种展览，组织雅集、作品研讨会进行学术交流。中国艺文出版社和澳门艺文传播学会的创办，必将成为澳门文化艺术成果推广的平台，在增进内地与澳门的文化交流方面起到重要作用。

澳门的稳定、安详和自在的小城气息，给作为"小城文学"的澳门文学，染上了一种休闲生活的情调和春风化雨般的"温和性"。这年来，澳门文学仍然保持着"小城文学"的基本步调，创作以海阔天空、娓娓道来的散文和随笔为主。收录在《上海文学·澳门文学特刊》中的，两位澳门前辈作家邢荣发、林中英的散文《飞沙走奶+广府面》《山好还是园好》《陈皮日月》等散文，从最简单的澳门吃食开始，描写澳门人点滴平凡而又富有情趣、带着深远记忆的生活细节，让读者感受到澳门与内地文化之间的血脉联系。穆欣欣的《当豆捞遇上豆汁儿》一文中，作者以长居北京的澳门人身份，以澳门眼看内地、以中国心思澳门，以得天独厚的经历和比较文化视角作文，形成小中见大、举重若轻、平实中见机杼、沉静中显灵动的独特文风。杨开荆的《图书馆人孤独时》，书写作者作为一个在图书馆工作10余载的文化人，在孤独中面对自我时，思考自身行业和人生的丰富感悟。悬壶济世的谭健锹写出《炉石塘的日与夜》，来记录自己行医、写作之路的坎坷，吐发对现实和历史的思考，并分享自己观影、观展、读书的心得。学者李嘉曾的《且行且悟》书写人生记忆和行迹，怀念亲友，追思历史，视角独到，文字精美。吴淑钿的《还看红棉》同样以文字来承载在作者心灵刻下的印记，以此纪念作者在澳门小城成长的单纯的日子。资深媒体人贺越明的《海角片羽》，囊括了对于生活现实的描述、社会现象的思考、历史故实的钩沉、前辈文人的缅念，不时闪现出古今交汇、中西碰撞的思想火花，显示了作者广博的见闻、开阔的视野、灵动的思绪。

与散文相比，澳门作家这年来在诗歌和小说方面的写作相对"弱势"，重要的作品集有：著名诗人太皮在2017年推出的诗集《一向年光有限身》，既抒发对生命中消逝的人和事的哀伤与纪念，同时也表达对眼前人、眼前事的珍惜。卓玛的诗集《我在海的这边等你》则飘溢着明媚的格桑花香，散发着清清的荷花气味，尽显细腻柔情，唯美走心。何贞的小说集《你将来爱的人不是我》再现了澳门底层和其他不同族群在同一座小城中的生活，描绘出了澳门不同阶层丰富的生存图景，人物性格描写生动。陈志峰的小说集《寻找远方的乐章》中的几篇成长小说，致力于探讨年轻人在成长过程中付出的种种代价和可能的人生收获；其他几篇小说则以澳门某一历史时期作为背景，尝试勾勒出澳门人的独特共性——善良、温情、包容、和谐，为澳门人塑像。

这年多的澳门文学收获不一定是特别丰赡的，挖掘澳门深处的文化积淀、加快回返内地速度、从纵深的文化母体吸收更多营养，或许是澳门文学走向厚重的可能道路。

七、建构粤港澳大湾区文学的待解问题

2017—2018年，大湾区内地9市和港澳文学界凭借粤港澳大湾区战略

的东风，相互之间的文学交流逐渐找到了共同主题，打造"粤港澳大湾区文学"的构想未来可期，但粤港澳大湾区文学的形塑仍存在诸多问题，主要有：

（一）如何确立"粤港澳大湾区文学"的内在规定性

大湾区内地 9 市虽然在地理位置上相近，在文化上同根同源、人文相通，在属地人口的社会关系上血脉相牵、人事相连。但由于历史的原因，大湾区内部特别是内地 9 市与港澳在许多现实的层面又存在极大差异，文学的形态和内在气质更是大相径庭。面对千差万别的文学事实，"粤港澳大湾区文学"相对统一的内在规定性如何去获得？又如何去寻找乃至建构起"粤港澳大湾区文学"的内涵和意义边界呢？这是亟待思考的。是利用行政的力量，强力将三方的力量糅合到一起，以标准化、政府化的模式，去打造和形塑具有符号化、象征性的示范文艺作品，并以此为方向，把文学生产导入一个统一的机制？还是尊重当下的差异，积极搭建平台或拆除三地之间人为的阻隔机制，让因差异而导致的冲突和焦虑得以缓解，日益转化为港澳对内地的文化归属感，让大湾区各地在长期的共生互补之后形成相对一致的精神认同，再在此基础上，去建设和确认"粤港澳大湾区文学"的内在规定性呢？

（二）如何突破"粤港澳大湾区文学"建设的制度障碍

粤港澳大湾区建设发展虽风生水起，但实际上还未真正进入落地阶段，因为大湾区建设存在多方面的制度障碍。制度的藩篱，同样也对大湾区城市间文学交流造成限制。比如，文学期刊、文学出版物不能自由流通，文学网络也未相互对接，这使得读者无法自由而便捷地读到异地的文学作品。另外，文学界人士的交流和文学活动的开展，受限于内地的审批制度。文学和文学人士都无法在大湾区实现自由流通，文学的深度交流和融合也就无法达成。真正突破制度障碍，还有赖于务实而有远见的顶层设计，这需要更大的智慧。

就大湾区内地 9 市而言，要建设互通共生、富有活力的"粤港澳大湾区文学",必须提升自身文学的品质,让自己变得强大。这既需要内地 9 市的作家苦练内功,也需要排除自身体制中可能会干扰文学发展的因素。文学艺术界内部的改革,的确能在某种程度上减少文联和作协机关化、行政化等脱离群众的问题,但在改革中,一些纯文学期刊被完全推向市场,期刊工作人员完全脱离体制,完全失去了财政拨款和体制庇护,使一些文学期刊的生存遇到很大困难。比如,曾经是我国文学重镇、在中国文学界有相当引领作用的《特区文学》,就因为没有任何缓冲地被推向市场而失去了吸引人才和优质稿源的优势,从而陷入困境。另外,文学界内部的改革让一部分作家需要身兼数职,承担更多非文学的工作,以致影响了对文学写作的专注和投入程度。还有就是,作协的工作在服务作家,特别是服务基层作家、未成名作家方面存在机制上的缺陷,对于文学的奖励或扶持很多时候仅限于"锦上添花"而不是"雪中送炭"。文学艺术界的改革应该怎样避免并解决这类问题,也是需要做进一步探索的。

八、粤港澳大湾区文学的新进展

2018 年下半年到 2019 年,广东文学依旧稳健地"攀高峰"。各种体裁、各种风格的文学创作作品百花绽放,在中国文坛展示着大湾区文学独特的魅力。

小说创作方面,这年来,一些中坚作家写出了极具影响力的长篇小说。邓一光出版的长篇小说《人,或所有的士兵》荣登第 4 届长篇小说年度金榜,被誉为"中国当代战争文学的新收获"。张欣的长篇小说《千万与春住》、吴君的小说集《远大前程》和长篇小说《万福》、马拉的长篇小说《余零图残卷》都注目都市,书写都市风情和内在的伤痛。鲍十的长篇小说《岛叙事》聚焦于一个边缘岛屿,勾画出无节制发展对传统生活和生态环境的吞噬。青年小说作家也奉献出了佳作,像陈崇正的小说集《遇见陆小雪》、蔡东的小说集《星辰书》、林培源的短篇小说集《神童与录音机》都极有代表性。另外,一批年轻作家则继续在先锋性的道路上做着默默探索,路魆的《无神论者最后的晚餐》《圣保禄教堂的夜神》《最后的尖叫》自有其独特风格。其他青年作家如曾铮、梁宝星、陈润庭等，也拿出了有一定影响力的新作。

诗歌创作方面，郭金牛获《诗歌周刊》"2018年度诗人奖"、陈东东凭《海神的一夜》获得第17届华语文学传媒大奖年度诗人，彰显了大湾区诗人的实力。杨克的《我的中国》《南海海眼》、蓝紫的《扶贫干部》汇入时代主旋律，黄礼孩的《燕子之歌》、卢卫平的《把握》《萤火虫》、小琼的《模具》等新诗作则在关心小事物过程中灌注深思。冯娜、林馥娜、丫丫、阮雪芳、谭畅、施施然等女性诗人集体发力。以写小说见长的李衔夏在《诗歌月刊》"先锋栏目"发表系列抒情诗作，罗德远的《黑蚂蚁》以打工者为书写对象，表现出鲜明的个性。

报告文学历来是大湾区文学的强项。这一年多来，报告文学收获丰厚。曾平标的《中国桥——港珠澳大桥圆梦之路》入选2018年度中国好书榜单，陈启文的《中华水塔》荣获第15届精神文明建设"五个一工程"图书特别奖。知名非虚构作家丁燕创作的非虚构作品《你却带不走珠江》、南翔的非虚构作品《徘徊最爱深红色——八宝印尼传人杨锡伟》和青年作家郭爽的非虚构作品《我愿意学习发抖》贴近时代。散文创作和出版也成绩喜人，王小妮出版散文集《安放》，熊育群出版文化散文集《一寄山河——大地上的迁徙》，艾云发表系列散文《吴趼人的夜与昼》《烟岚：林则徐与广东》等。魏微的散文《诗文、运河与扬州》、王威廉的散文《夜宿松山湖》、陈崇正的散文集《人世间的水》，则是他们在小说创作之外的新尝试。

相信粤港澳大湾区文学在三地文学艺术界共同努力下，会在中国南方构筑更加绚丽的文学版图。

潮平两岸阔,风正一帆悬

——粤港澳大湾区网络文学观察

刘 卫 国

进入 21 世纪以来,随着互联网的蓬勃发展和网民规模的不断扩大,网络文学迅猛崛起,成为信息时代的一大奇观。在网络文学兴起之前,纸媒文学曾一统天下。但纸媒文学门槛较高,有着投稿、审稿、改稿的烦琐程序,不是所有文学爱好者都能跨过这个门槛、走完这个程序的。换言之,纸媒文学必然会将相当一部分文学爱好者拒之门外。而网络文学在纸媒文学之外另辟文学发表空间,这个空间几乎没有门槛。在互联网上,只要愿意,任何人都可以上网写作,并且将作品发表于网络空间,文学创作实现了便捷化和全民化,再加上跟帖的及时与互动的频繁,网络文学空间更具有平等性、开放性,因此,吸引并集合了一大批文学爱好者,成为文学生产的重要园地。目前,网络文学与纸媒文学已经两分天下。而随着新一代人群阅读习惯的转变,纸媒文学可能日趋式微,网络文学可能代表着文学的未来趋势。因而,对网络文学发展状况进行观察和评述,已经成为当务之急。由于种种原因,本书未能完成对港澳地区网络文学的整体"观察",这里的观察报告仍以"粤"(即大湾区内地 9 市)为主,并依据需要实际上对广东省的网络文学进行观察,"港澳"部分则付之阙如,不算是标准的"粤港澳大湾区网络文学"观察,这是要请大家谅解的。

一、发 展 概 况

广东是中国网络文学的重镇。据统计,2010 年,广东已有 13 万多名网络文学作家，数量居全国第一。至2017年，广东注册的网络作家占全国总数的12%以上，仍居全国第一。在这些作家中，有些已成为各个文学网站的"大神"，其作品已获得各种奖项。比如2011年，广东网络作家菜刀姓李的小说《遍地狼烟》入围第8届茅盾文学奖81强名单，成为第一部入围"茅奖"的网络小说。2013年，阿菩的网络小说《山海经密码》获得第9届（2009—2011年）广东省鲁迅文学艺术奖。这是广东省鲁迅文学艺术奖首次颁给网络作家。2017年，广东网络作家丛林狼的小说《最强兵王》成为第二部获广东省鲁迅文学艺术奖的网络文学作品。在中国作协重点联系的全国网络作家中，广东有撒冷、蚕茧里的牛、罗森、阿菩、丛林狼、了了一生、唯易永恒、风青阳、求无欲、搜异者、过路人与稻草人、激光飞舞、无意归、乱异等50多人。毫无疑问，这些作家已经得到文学界的认可。

广东网络作家中，有一些已实现了作品的IP开发。IP是英文Intellectual Property的首位字母缩写，译为"知识产权"。网络文学作品出版纸质本，改编成电影、电视剧或漫画，输出到国际网站，或者被翻译成外文出版，都属于IP开发的内容。早在2009年，广东网络作家玄雨的《小兵传奇》就出版了韩文版。从2013年起，冷秋语的《妃本无敌》、贡茶的《媚香》、吴千语的《医律》、墨武的《纨绔才子》、求无欲的《诡案组》等作品被输出到东南亚，分别出版了越南文、泰文等版本，甚至在一定程度上影响到所在国网游市场的内容开发选择。近年来，不少由网文转化的影视IP相继出现。这是网络文学发展的一个新动向、一大新趋势。例如，却却的《战长沙》被改编为同名电视剧，收视率不俗。还有不少网络作家的版权被影视公司买断，等待影视开发。

广东的网络文学在国际上也受到欢迎。2017年5月，"起点国际"正式上线。广东网络作家蚕茧里的牛的《真武世界》、风轻扬的《凌天战尊》等，成为该平台最受海外用户欢迎的优质内容。

总的来说，广东网络文学在2017—2018年的形势十分喜人，网络作家队伍不断发展壮大，网络文学的质量有一定提升，网络文学的辐射力和影响力进一步扩大。形象地说，广东网络文学可以说是"潮平两岸阔，风正一帆悬"，处于一帆风顺的好时期。

要描述广东网络文学发展的状况,有各种各样的角度。本书则聚焦于作家,因为作家是文学生产力的主体,检阅网络作家的阵容,即可对网络文学的发展大势有一个基本了解。只是由于作家数量太多,必须分类介绍,但如果按知名度、居住地、创作题材等分类,既不大方便,也不大可靠。本书按照性别进行分类,这是目前最为简便,也最为可靠的分类方法。需要说明的是,由于在调研中未能掌握全部作家的名单,不可能对所有作家一一点名,因此,下面的介绍难免会挂一漏万。

二、男性作家群

在广东网络文学阵营中,活跃着众多男性作家。这里列举十八位,姑且称作广东网络文学界的"十八条好汉"。需要说明的是,"十八条好汉"的排名不分先后。

丛林狼,原名廖群诗,原籍湖南郴州,现居深圳,是阅文集团"白金作家"。2010年,他开始从事网络文学创作,擅长军事题材,代表作有《丛林战神》《最强战神》《最强兵王》等。其中,《丛林战神》在中国移动和阅读基地的总点击率达4亿多次,并在历史军事类作品销售榜周榜、月榜、总榜蝉联第一。《最强兵王》荣获腾讯文学2014年度最佳作品奖和广东省鲁迅文学艺术奖。丛林狼的小说有着鲜明的"硬汉"风格、刚健的男性气质,能唤起并满足读者的"英雄崇拜"情结。2017—2018年,丛林狼相继推出《战神之王》和《最强狙击手》。《战神之王》已经完结,这篇小说写的是边境少年牧民李锐成长为兵王的故事。世界排名第九的雇佣兵小队潜入中国边境牧区,杀害牧民。李锐亲历劫难,眼睁睁看到父老乡亲被害,立下血誓复仇,后来历经重重磨难,终于成为国家最神秘的"龙牙部队"中的一员,为使命和血海深仇而战,谱写出一段英雄传奇。《最强狙击手》写的是,在一次军校毕业考核中,秦天和战友惨遭强敌偷袭。为了替死去的战友报仇雪恨,营救被绑架的战友,秦天迅速成长,奋起反抗。这两篇小说保持了丛林狼的一贯风格,洋溢着英雄豪情。

菜刀姓李,本名李晓敏,原籍湖南邵阳,现居深圳,代表作有《遍地狼烟》《我的民国》等。《遍地狼烟》曾入围茅盾文学奖，又被改编成同名电影及电视连续剧。菜刀姓李的创作信条为"故事是王道"，其作品大都故事精彩、悬念丛生、结构完整、布局严密，并且没有玄幻色彩，因而较为真实。2017—2018年，菜刀姓李推出长篇小说《代号创奇》，讲述特种兵路扬的传奇故事。在回家探亲的火车上，路扬意外地卷入一场追捕恐怖分子头目的行动中。他凭借着过硬的军事素养和非凡的勇气抓住凶犯，引起一支神秘特种部队的注意，但同时也遭到恐怖组织无穷无尽的报复和追杀。而后，他经历了重重磨难和考验，在对抗邪恶的过程中，逐渐成长为神秘特种部队的兵王。这部小说正在连载，从已经刊载的部分看，不仅艺术水准较高，而且对社会现实的描写和反映也有一定的深刻性。

天堂羽，本名赖长义，现居深圳，主要作品有《现代赖布衣传说》《控电少年》《貌似纯洁》《女总裁爱上我》《上古传人在都市》《史前入侵》《佣兵之王都市行》等。天堂羽作品的故事设计非常用心，文字轻松愉悦，对人心和人性的描写较为深入。2017年，天堂羽的《佣兵之王都市行》完结。这篇小说的人物形象非常鲜明，主角和大多数配角都塑造得栩栩如生，人物对话非常出彩，是一部十分优秀的作品。同年，天堂羽还推出小说《第一强者》与《超级状师》。前者写的是，沈浪在读高三之际觉醒了前世记忆。靠着前世记忆中的众多功法，他从零开始，再次修行。前世留下的痕迹和宝藏需要他去探索，他要重新登上人生的巅峰！后者写的是，在一次意外中，陆羽穿越回古代。他没有绝世的武功，也没有超级的异能，选择了当状师，凭着现代人的口才，忽悠了古代人，惩治了贪官，告倒了恶霸。

阿菩，原名林俊敏，现居广州。2005年，他创作了长篇历史神话小说《桐宫之囚》。它以《史记》中关于夏末商初的历史记载为基础，以屈原的《天问》中关于上古巫术与神话形象的描写为人物原型，重现了那个时期的政治斗争、军事斗争与神话传说。这部作品后来经过重新润色、加工，改名为《山海经密码》，借助一系列神话形象和人文、地理风俗，对《山海经》中的蛮荒世界进行重现和解密，成为玄幻小说的代表作。2013年，阿菩凭借《山海经密码》获得第9届广东省鲁迅文学艺术奖。阿菩还创作有《边戎》《东海屠》《陆海巨宦》《唐骑》等。2015年，阿菩推出新作《寄灵》。这篇小说以历史上的苻坚攻晋、胡汉恩仇为背景，讲述道教内部门派之间的斗争。阿菩的作品善于呈现地理知识，《寄灵》也围绕"桃花源"和"山海图"展开宏大的想象。可惜的是，这篇小说已经断更。

了了一生，本名欧阳富，广东河源人。处女作《赤脚医生》于2006年在17K文学网上传。之后，他又创作了《欲医天下》《医世无忧》《天生神医》《近身特工》等作品。了了一生曾做过医生，对这一职业比较熟悉，因此，不少作品的男主角都是医生。2017年，了了一生在阿里文学网推出新书《妙手小村医》。这部小说仍在连载中，写的是神秘少年林昊的故事。林昊出现在粤省羊城的农村，应聘于一个诊所做小医生。他的绝世医术加上刚强个性，打破了小诊所的冷清萧条。林昊给驴友做手术，给村长治癌症，给瘾君子戒毒，给村民们医治各种奇难杂症，名声不胫而走。无数身份背景雄厚却身患病痛的患者慕名前来，小村医因而风生水起，演绎出一段人生传奇。这部小说还在连载中，就已获得由阿里文学颁发的至尊人气奖。

打眼，本名汤勇，江苏徐州人，现居东莞，是"起点白金作家"。2010年6月，他在起点中文网连载处女作《黄金瞳》；2012年，推出《天才相师》；2013年，推出《宝鉴》。打眼的创作涉及风水、相面、赌石、武术、修真等，擅长在现实背景中写传奇故事，书中经常出现当下社会中的真实人物，增添了传奇故事的真实感。特别是《天才相师》，故事情节精彩生动，人物形象栩栩如生，对人性、人情的描写细腻感人，显示出不凡的创作潜力。2015年年底，打眼推出《神藏》。这部小说写的是道士方逸下山，入世修行，结识好友，立业成家，在红尘中炼心，后来通过传送阵进入秘境，在里面修真。

求无欲，本名王普宁，广东东莞人，擅长刑侦题材小说。2008年，他开始创作《诡案组》，迅速火爆。《诡案组》写的是，省公安厅有一个鲜为人知的神秘小队，专门处理全省范围内的超自然事件，其处理的案件均匪夷所思、骇人听闻。《诡案组》集灵异、惊悚、推理于一身，被称为中国版的《X档案》，对后来的悬疑惊悚类小说产生了较大影响。《诡案组》全套10册已经出版，并被拍摄成电视连续剧。

撒冷，本名付强，现居深圳。代表作有《迷途》《苍老的少年》《星语者》《YY之王》《艳遇谅解备忘录》《天堂之路》《无忧王》《诸神的黄昏》等。撒冷擅长都市题材，主要讲述主人公在现代大都市中奋斗成功的故事，颇有励志功能。新作《纨绔》写的是，高中生赵天佑收到一个神秘人送来的玉佩快递后，三国时期吕布的元神附着到赵天佑身上。从此，赵天佑开启了一段注定不平凡的人生。撒冷原来的作品较少玄幻色彩。比如，《YY之王》中的男主角吴世道，完全是凭着自己的勤奋和努力，实现了屌丝逆袭的人生梦想。但是，《纨绔》多少受到当下流行的玄幻风的影响。

蚕茧里的牛，本名石夜明，曾用笔名薛定谔牛，毕业于华南理工大学，是阅文集团的"白金作家"，代表作有《魔兽多塔之异世风云》《神偷化身》《武极天下》等。2015年，蚕茧里的牛推出《真武世界》，目前仍在连载中。在这部小说中，大学生易云外出旅游，在山洞中找到一块紫晶后，莫名其妙地穿越到异时空。这个时空野兽横行，人类还处于原始部落时期，弱肉强食，崇拜强者，以武为尊。易云来到这个时空，变成了一个12岁小孩，体质孱弱，面临严峻的生存危机。这篇小说写的就是易云的成长史。

南朝陈，本名陈王军，广东茂名人，擅长仙侠题材，代表作有《谁与争锋》《穿入聊斋》等。2017年，南朝陈推出仙侠小说《斩邪》，在起点中文网连载，广受好评，并于2018年完结。这部小说写的是弱冠书生陈三郎的人生传奇。陈三郎原为废材，但在救下龙女后迭逢奇遇，变得能文能武，先成为状元，后在乱世中成为一方诸侯，平定天下。小说洋溢着儒家的正气精神，有一定的文化品位。

十喜临门，现居深圳，擅长异术超能题材，代表作有《至高战帝》《九项全能》《都市之巫法无天》等。十喜临门的小说，语言风趣诙谐，人物极有个性，对话非常精彩。比如，《都市之巫法无天》描写超能力者李简重回25岁这一人生关键点，消除隐患于未然，弥补前世的人生遗憾，快意恩仇，探索人生新道路，情节引人入胜，语言生动活泼。

甲鱼不是龟，本名袁选，广东汕头人，是阅文集团的作家。2014年，他在起点中文网发表处女作《大泼猴》，2017年年初完结。《大泼猴》讲述了现代青年偶然穿越成为猴子，因熟知《西游记》的故事，努力成长为齐天大圣的故事。这部小说对读者耳熟能详的《西游记》进行重新演绎，从人性的角度展示大泼猴与命运抗争的过程。2018年，甲鱼不是龟又在起点中文网推出《大妖猴》,讲述在妖国内斗背景中石猴和白骨精的成长故事。

沙中灰,本名兰仲尧,现居广东惠州,擅长灵异和二次元题材。2017年,沙中灰完成《阴阳鬼医》,讲述有着阴阳鬼医传承的欧宁的成长故事,悬念设置较好,读来颇紧张惊险。他的新作《调教水浒》正在连载中。这篇小说写的是民警李猜穿越到宋徽宗时期阳谷县之后发生的故事,完全改写甚至反写了《水浒传》中的人物和故事,给人一种后现代式的荒诞感。

风轻扬,本名吴帅伟,新一代玄幻小说代表作家,代表作有《盛世暖婚之一世倾情》《网游之最强力驱》《凌天战尊》。风轻扬的作品风格热血澎湃,表达的是坚忍不拔、自强不息的精神。《凌天战尊》于2014年上传,仍在连载中。这部小说写的是兵王之王凌天穿越到另一时空,成了废柴。而这个时空以强者为尊,凌天必须迅速提升实力,才能生存。《仙武碎空》于2017年推出,虚构了一个大乾王朝,描写少年李静的修行成长。

荆泽晓,本名林涛,广东潮汕人,代表作有《烽火涅槃》《重启大明》《骨魂》《冉闵大传》《违约》《荆秋演义》等,被称为国内最硬派奇幻领军人物。新作《秘宋》写的是男主角穿越回大宋年间,但他前生是一个可怜的文科生,炼不了钢铁,烧不了玻璃,造不了枪,也造不了炮。他凭借前生在信息大爆炸年代对于间谍行当的了解,硬是为大宋王朝打造出一个出色的情报网络,重铸华夏锋刃。

厌笔萧生,本名钟波景,现居广东河源,被称为玄幻大神作家。他在2005年开始写作,代表作有《箭穿万里》《血冲仙穹》《仙术魔法》《刀帝九妃》《大力神》等。新作《帝霸》写的是,在宝圣上国,牧羊少年李七夜被仙魔附体,从此开启了不寻常的人生。

禾丰浪,原名朱焕亮,广东东莞人,在2007年涉足网络文学创作,代表作有《一边享受一边泪流》《斗气冤家:美女上司爱上我》《我的上司女魔头》等。禾丰浪擅长职场题材,主要描写小人物的奋斗。禾丰浪的小说吸纳传统文学现实主义的手法刻画人物、摹写细节,同时又吸收了网络文学设置悬念、节奏明快的特点,以吸引读者,但题材、情节有时不免重复。新作《我和极品美女上司》依然是打工者"逆袭"成功的故事。

夜独醉,广东湛江人,是创世中文网的作家,代表作有《至尊男人》《龙在边缘》《贴身医王》《天才霸主》《天才狂少》等。新作有《都市之大仙尊》与《超能小农夫》，前者描写遇劫仙尊附体都市弃少，后者描写残疾农村青年获得法宝，两位男主角从此改变命运。

"十八条好汉"的创作，从题材上讲，有现代军事类、间谍类、历史类、医术类、古代修真类、现代修真类、都市奋斗类、悬疑类、灵异类、神话类、穿越古代类、穿越异时空类等，探索了各种不同的类型小说；从主题上讲，大都表达的是男主自强不息、为国为民的奋斗精神，洋溢着一种热血男儿的英雄豪情。

三、女性作家群

女性作家的成群出现，是广东网络文学发展中一个突出的现象。这里列举十二位女性作家，姑且称作广东网络文学界的"十二钗"。同样，下面的排名也不分先后。

却却，本名王凌英，原籍湖南，现居广东，代表作有《夜芙蓉》《战长沙》《碎玉倾杯》《乱云低水》《乌鸦大神，放过我吧》。近年来，她主要创作抗战题材小说。却却的抗战题材小说，不生造历史，不编抗日"神剧"，而是以历史研究为基础，以口述和各种文史资料为细节的补充，再进行适当的虚构，形成朴实沉郁的现实主义风格。比如，《战长沙》以顾清明和胡湘湘的爱情故事为主线，以胡氏家族对日军侵略的反抗为铺陈，展现战争年代的人性幽微，在社会上取得很好的反响。却却的新作有《战衡阳》和《战西关》。前者以抗战时期的湖南为背景，讲述以衡阳城内巧七和唐东安为首的孩子们不同的成长经历与悲欢离合，以及衡阳巧庄师范艰难的办学历程，反映出抗战期间各大中学校为留存薪火作出的不懈努力，也反映出中华儿女坚忍顽强的斗争精神。后者以广州地区的抗战为题材，描写西关青年和海外华侨众志成城抗击日本侵略者的故事，表现出中华民族不屈不挠的斗争精神。

米西亚，原名赖晓平，现居广州，2010年开始网络文学创作，擅长婚恋题材，代表作品有《军婚如火》《全世界我只想和你在一起》《家有萌妻》《泡菜爱情》《高冷上司住隔壁》《婚不由己：腹黑老公惹不得》等。米西亚善于把握恋爱中男女的心理,能够描写出心理的各种褶皱和细微变化,行文诙谐风趣,读起来轻松惬意。米西亚在 2018 年完结的小说《谁在时光里倾听你》,写的是心理学教授陆加尔和 AI 工程师靳向东恋爱的故事。这是一部心理学加人工智能的轻科幻小说,是米西亚的新尝试。全篇弥漫着温馨、浪漫气息,有一种小资情调,但文风接地气,不乏幽默诙谐的笔墨,读起来清新、愉快。

Loeva,本名杨雯,现居广州,是起点女生网签约名家、穿越生活类写作高手,坚持走精品路线,在读者中有着良好的口碑。其处女作《平凡的清穿日子》开创了生活穿越的先河,随后陆续发表《传说的后来》《春光里》《生于望族》《斗鸾》《青云路》《闺门秀》等作品。2017 年,Loeva 在起点女生网推出《秦楼春》,现正连载中。这篇小说写的是,秦含真穿越回古代,发现新的自己父母双亡,叔婶刻薄,祖父母年迈。秦含真唯一能做的,就是努力让自己过得好一点,没有条件就去创造条件,衣食住行都得自己想办法解决,还有婚姻,更得自己努力。

海的温度,本名徐爱丽,原籍河南洛阳,现居广东肇庆。她于 2011 年开始创作,代表作有《闻香榭》系列 4 部:《脂粉有灵》《玉露无心》《沉香梦醒》《镜花魔生》;《忘尘阁》系列 4 部:《噬魂珠》《玲珑心》《双面俑》《蛟龙劫》。这些作品,情节曲折生动,人物个性鲜明,风格流畅华丽。2017 — 2018 年,海的温度出版了新著《龙隐轩》。这部小说写的是晚唐时期装傻扮痴的皇叔李怡,机缘巧合地结识了秦飞羽兄妹,携手屡破奇幻诡案,阻止惊天阴谋,挽救大唐危局。小说以真实历史为依托,描述了一个奇异志怪与朝野党争并存的奇幻大唐,将志怪元素与宫廷权谋结合,情节设置新颖离奇,想象力丰富,语言华美。

路非,本名李文蓉,现居广东东莞,2012 年开始创作小说,擅长玄幻和女强人题材,代表作有《凤逆天下》《第一狂妃》《凤舞江山》《错把总裁潜规则》等。根据《凤逆天下》改编的漫画,登上中国最畅销的漫画杂志之一《飒漫画》并进行连载,收获超高人气。路非的文笔潇洒大气,又不乏细腻。2017 年推出新作《绝色兽妃逆天下》,写的是东南亚雇佣兵训练基地的女教官重葵,穿越重生到战国时期、搅动时代风云的故事。

　　予方,本名方莎丹,现居广东揭阳,是云起书院的"大神"级作家。她擅长古代言情题材,代表作有《阿莞》《东床》《大清小事》《平安的重生日子》《庶女风华》《御心医女》《轻笑忘》《福要双至》《随喜》《医妃遮天》等。予方的言情小说风格轻松,文笔细腻,人物形象温暖生动,给人温馨甜蜜的感觉。2017—2018年,予方推出新作《嫡女冥妃:魔尊,江山来聘》,写的是平凡侯府嫡女顾徽音被修炼失败的冥灵王附体,从此改变命运的故事。

　　倾咔,本名罗莎,现居深圳,是云起书院的"人气大神"作家,擅长古代言情题材及种田文,代表作有《作威作符》《名门毒医》《福慧双全》《重生不嫁豪门》《带着萌宝去种田》等。《带着萌宝去种田》于2015年年初上架,至今仍在连载中。这部小说写的是,牙科硕士白若竹来到穷乡僻壤,成为一名大肚孕妇,决定靠山吃山、靠水吃水,带着萌宝种田经商奔小康。

　　楼星吟,本名谢雅娜,现居广东河源,2010年开始从事网络小说创作,是云起书院"大神"级作家,代表作有《神医贵女》《废材丹神:腹黑鬼王逆天妃》《帝君盛宠:辣手小毒妃》《医女狂炸天:万毒小魔妃》等。楼星吟的小说情节励志,构架庞大,想象力丰富。2018年,楼星吟推出新作《盛世贵女:暴君的悍妃》。小说讲的是,太师府的嫡孙女香消玉殒,被武林盟主之魂穿越重生,决意夺回本应属于自己的一切。

　　贡茶,本名黄瑞燕,现居潮汕,2008年开始网络创作,代表作有《小户千金》《贺府千金》《蒋门千金》《媚骨之姿》《尤物当道》《娘娘威武》《媚香》《斗玉》等。贡茶小说中的女主,往往拥有独立人格、独立思想,不甘于向现实生活低头。

　　望月存雅,本名石璐,现居广东中山,是云起书院的畅销书作家,代表作有《首席天价逼婚:老婆不准逃》《名门极致宠妻:老公轻轻罚》《腹黑老公圈宠:逃妻抱回家》《腹黑老公溺宠:老婆不准躲》等。望月存雅主要描写现代人的婚恋,文风甜腻。

　　梵缺,本名张秀丽,现居广东阳江,被称为"言情题材大神",代表作有《第一风华》《娶个皇后不争宠》《我的世界只差一个你》《一生一世:青梅难负竹马情》《爆笑宠妃》等。梵缺的作品风格轻松,语言幽默。

　　霞飞双颊，广东阳江人，擅长玄幻题材，代表作有《不死冥神》《九天之子》《神枪无敌》等。新作《一卡在手》写的是，少年李奥重返回15岁"菜鸟"时期，重新修行，换一种方式走上人生巅峰。

　　"十二钗"的小说，题材多样，但大都围绕女性的恋爱与婚姻展开故事，并且站在女性的立场上，表达女性应自立自强的主题。在人物塑造和情节设置上，"十二钗"的小说大都发挥了女性作家独特的优势，比较细腻、真切。

四、年 度 盘 点

　　"十八条好汉"和"十二钗"，当然不是广东网络作家的全部阵容，而只是其中的代表。据调查得到的名单，已有一定知名度的网络作家，还有蒲建知、陈喜伟、吴止、棠之依依、刘小刘、千百度、青烟袅袅、纪默栩心、唐少伟、意千重、猗兰霓裳、冷秋语、霖秋、甘糖、小雨、糯米团子、冰冰七月、无意归、怜心依然、江清浅、罗森、唯易永恒、风青阳、搜异者、过路人与稻草人、激光飞舞、无意归、乱异等人。此外，几乎每天都有新手，加入到网络文学写作的队伍中来。正是有这些作家，正是因为这些作家在创作上大胆探索和尝试，才造就了广东网络文学欣欣向荣的大好局面。

　　总括来看，广东的网络作家所写大都是人物奋斗成功的故事，表达的大都是向上、向善的精神。这种故事和精神，都是符合时代主题和社会主义核心价值观的。

　　在肯定成绩的同时，也应看到存在的不足。以文学标准来看，广东网络文学作品大多数在思想性与艺术性上还存在缺陷，作品虽多，但精品不多。不少作品在故事模式上雷同重复，穿越重生、仙魔附体、屌丝逆袭等桥段，被用得太滥，让读者觉得新意不够。广东是网络文学的发源地，曾先行一步，但后继乏力。当前的网络文学阵营虽然规模庞大，可随着浙江、江苏等省的网络文学异军突起，广东网络文学在质量上已相形逊色。2017年和2018年，年度最火爆的网络小说都不是出自广东。分析"相形逊色"的原因，不得不指出以下三点。

(一)精品意识欠缺

在本书列举的广东网络文学作品中,不少其实有成为精品的潜质。可惜,作者叙事写人的技巧还差那么一点,或者思想主题的提炼还差那么一点,或者语言表达还差那么一点。其中的任何一块短板,都决定了这个木桶的容积,结果浪费了大好的素材和构思。推出精品,关键在于作家要树立精品意识,但目前,不少广东网络文学作家创造精品的意愿还不够强烈。有的作家满足于自己的江湖地位,觉得已经功成名就,有大量读者粉丝,吃老本省时省力,反正不愁发表不愁钱,而且利于维持热度、增加读者黏性,所以不愿意创新了。有的作家似乎已经放弃对作品质量的追求,觉得自己再怎么写也提高不了,能保持现有水准就不错了,就懒得费心费力想着提高了。有的作家则别有追求——著书只为稻粱谋,并非为了出精品,而是为了赚稿费。文学精品的问世,必然需要作家立大志向、发大心愿。如果作家自己都没有这个志向,没有这个心愿,那就绝不会有精品。

此外,还有以下原因:第一,部分作者迎合读者口味和平台导向,重流量轻质量。第二,部分网文由工作室推出,为树立一个 IP,实质上是几个工作人员分工负责,各种题材、桥段像流水线上的电子元件,经几人之手挑选拼装,只求市场接纳,何求思想深度?

(二)作家素质不足

从年龄结构上看,广东网络作家中 70% 是年龄在 40 岁以下的青年,"80后""90后"是这支队伍的主体,因为年轻,在知识积累和生活经验上必然存在一定的短板。而且不少作家都是宅男宅女,有的人以前有过社会职业,但后来也辞去工作,专事写作。他们虽然可以通过看书丰富自己各方面的知识,可毕竟缺少亲身体验。而网络文学又是类型文学,对各方面专业知识的要求较高。大多数作家对各种专业只有书本知识,没有实践知识,写武侠的不懂武术,写军事的没有参过军,写刑侦的没有做过警察,写赌石的不懂玉石,写种田文并非真的种田的,没有生活经验。有些作家知道扬长避短,就凭空虚构,远离现实,写玄幻小说、仙侠小说和穿越小说。有的作家敢于直面现实,但由于生活积累不足,作品的真实性较差。有的作家对自己曾经从事的职业、熟悉的生活,写来比较顺手,写自己不熟悉的职业与生活,就非常别扭,只好草草收兵。

(三)网络政策压力

网络文学创作并不是在真空中进行的,作家会受到政策方面的压力。丛林狼在接受采访时曾说:"当下对网络军事题材小说的限制越来越多,因为涉密等缘故,很多东西不允许碰,可写的东西越来越少。如果可以,希望国家有关部门出台规定,明确该类型小说的写作限制范围,让作者明确地知道哪些能写、哪些不能写,避免踩线。"丛林狼的呼声在某种意义上有一定普遍性。网络文学应以社会主义核心价值观为引领,坚决抵制低俗、庸俗、媚俗,发挥陶冶情操、启迪心智、引领风尚的独特功能,但有关部门在网络文学管理上不够精细化,对情节、背景设置标准和尺度简单地一刀切。这里面确实有一些网络作家触碰法律红线、道德底线,确应严格管理、坚决惩治,但也有因小疵而获大罪,甚至被无辜牵连的。这种文坛生态在一定程度上会影响网络文学创 x 作的探索与创新。

五、发 展 前 景

中共十八大以来,党中央和习近平总书记对社会主义文化发展作出一系列重大部署和重要指示,为包括网络文学在内的新时代文化工作奠定了思想基础、指明了前进方向。广东主管部门也迅速出台一系列配套措施,针对网络文学发展作出了重点部署和具体指导,将网络文学作为拉动全省文化产业发展的重要力量,全力扶持网络文学发展,加快工作步伐,相关措施已渐次落地。

(一)加大宣传力度,推介重点作家

网络文学已成为社会主义文学事业的一支生力军,大张旗鼓地宣传其成绩,将促进其发展。2017 年 2 月 2 日,《南方日报》以《这些"白金级""大

神级"网络小说都是广东"智造"》为题,整版介绍了撒冷、天堂羽、丛林狼和米西亚的创作情况。2017 年 3 月 5 日,《羊城晚报》以《广东网络文学:"四小虎""九大神"来了》为题,详细介绍了蚕茧里的牛、丛林狼、风轻扬、南朝陈、天堂羽、厌笔箫生、十喜临门、夜独醉、霞飞双颊等网络作家的创作情况。2017 年 8 月,南国书香节举办了"书香好年华　网文勤耕读——广东网络作家签售活动",聂怡颖(甘糖)、黄宇(小雨)、李小雷(糯米团子)、赖晓平(米西亚)、徐爱丽(海的温度)、蒋飞霞(冰冰七月)、杨林清(无意归)、温玉兰(怜心依然)、郭少枝(江清浅)等 10 位作家携带新作参加签售,并与粉丝现场交流互动,气氛热烈。

(二)加强组织建设,提升社会地位

网络作家分散于各大网站,处于散兵游勇状态,将他们组织起来,更能提升其社会地位,并发挥集体的力量。2015 年,广东省成立了网络作家协会,网络作家林庭锋(宝剑锋)、林俊敏(阿菩)、王普宁(求无欲)当选为副主席。2016 年 11 月 30 日至 12 月 3 日,中国作协家协会第九次全国代表大会在北京召开,广东网络作家阿菩、丛林狼、梅毅参会,阿菩当选中国作家协会第九届全国委员会委员。2017 年,广东省网络作家协会共有会员作家397 人,其中,广东省作协会员 111 人、中国作协会员 14 人;2018 年 8 月,又发展网络作家协会会员 100 人。部分地级市如佛山、河源、中山,也成立了网络作家协会。

(三)开展培训采风,扩展作家视野

网络作家大都是个体独立创作,个人视野有限。开展培训、采风等活动,可以使网络作家交流创作经验、感受时代氛围、扩展作家视野、开创创作新格局。2017—2018 年,广东省作家协会举办了两期网络作家培训班,邀请网站编辑、"大神级"作家讲述创作体会,传授创作经验。培训期间还举办了网络文学 IP 的价值创造论坛,交流网络文学 IP 价值的开发问题。2018 年 12 月,广东省作家协会、中国作家协会网络文学中心和鲁迅文学院联合主办,深圳市作家协会和东莞市作家协会协办了全国网络作家庆祝改

革开放 40 周年主题采访社会实践活动。安排接待采访团成员 55 人,深入广州、东莞、深圳等改革开放前沿地带采访采风,参观了广州图书馆、广州大剧院、东莞唯美集团、松山湖高新科技园区、深圳莲花山、华大基因等地,认识改革开放 40 年的伟大实践,收集第一手创作素材,感受新时代的新风貌、新气象。这些培训与采风活动,有利于网络作家提高思想与艺术水准,写出更贴近社会现实的作品。

(四)加强文学评论,发挥引导作用

文学创作需要文学评论的引导。为加强网络文学评论,广东省作家协会在 2011 年创办《网络文学评论》杂志,该年出版了第 1 期。2017 年和 2018 年,《网络文学评论》杂志已经连续、顺利出版 9 期。《网络文学评论》杂志是目前国内唯一以网络文学为对象的专业学术刊物,发表了大量评论文章,影响力逐渐从专家学者扩大到网络作家群体和读者群体。2018 年,广东人民出版社出版了西篱主编的《粤派网络文学评论》。该书汇集广东省网络文学研究者的力量,对网络文学的诞生、发展历史进行了梳理和描述,对网络文学的精品力作进行了点评,对网络文学各种类型的叙事规律进行了解析。这本著作的出版,标志着网络文学研究的最新水准,也必然对网络文学创作发挥一定的引导作用。种种措施,为广东省网络文学的发展提供了有力保障。

潮平两岸阔,风正一帆悬。广东网络文学已经扬帆起航,必然走得更稳更远。

国家战略展机遇，联手共建繁荣路

——粤港澳大湾区戏剧观察

张 晋 琼

2017年7月1日，《深化粤港澳合作　推进大湾区建设框架协议》在香港签署，提出共同打造国际一流的粤港澳大湾区和世界级城市群。2017年10月18日，中共十九大报告提出，支持港澳融入国家发展大局，以粤港澳大湾区建设、粤港澳合作、泛珠三角区域合作等为重点，全面推进内地同香港、澳门互利合作。

粤港澳大湾区不仅是一个经济概念，也是一个文化概念。文化交流、文化相融是粤港澳大湾区建设的重要一环，也是保障粤港澳大湾区发展必不可少的重要软实力之一。其中，戏剧创作、演出、交流与合作，一直都是构成粤港澳大湾区独特内涵、彰显岭南文化气质的重要文化活动之一。

粤港澳文化合作会议，是当时的广东省文化厅、香港特区政府民政事务局、澳门特区政府文化局自2002年起建立的合作机制。该会议每年举行一次，由粤港澳三地轮流承办。粤港澳文化合作机制建立以来，在演艺节目和人才、文化资讯、文物博物、公共图书馆、非物质文化遗产传承与保护、文化创意产业等六大方面，搭建了交流合作平台。2014年，粤港澳三地文化主管部门拟订了《粤港澳文化交流合作发展规划2014—2018》。在此发展规划指导下，粤港澳三地达成合作项目近170个，共同打造了"粤港澳粤剧群星荟""粤港澳青少年粤剧艺术交流夏令营""粤港澳现代舞联盟""粤港澳青年戏剧交流计划"等一系列文化交流品牌活动。在《深化粤港澳合作推进大湾区建设框架协议》和《粤港澳文化交流合作发展规划2014—

2018》指导下,粤港澳三地的戏剧创作、演出与交流在中央和地方政策扶持及资金投入下,生机勃发,精彩万千。

一、戏剧盛会,交融生辉

2017—2018 年,粤港澳三地的戏剧盛典一个接一个,令人目不暇接。广东省举办的戏剧盛会有:第 13 届广东省艺术节、"粤戏越精彩"系列活动、第 7 届广州艺术节·戏剧 2017 活动、第 12 届广州大学生戏剧节、首届深圳南山戏剧节、第 2 届当代戏剧双年展(深圳·福田)、全国优秀现实题材舞台艺术作品展演(广东站)等。香港举办的戏剧盛会有:香港艺术节、香港·中国戏曲节。澳门举办的戏剧盛会有澳门国际幻彩大巡游等。通过这些戏剧盛会的举办,粤港澳三地的戏剧交流、互通达到了前所未有的密度与高度。通过这些活动,粤港澳三地与全国戏剧界保持着交流、互通、学习、创新的良好态势。

(一)广东戏剧盛会:交融互通促发展

第 13 届广东省艺术节。2017 年 11 月 14—28 日在广州、东莞、江门三地举行的第 13 届广东省艺术节,是展示和推动粤港澳戏剧创作、交流的重要平台。该届艺术节共有广东全省 34 个市、县、镇级文艺团体以及香港、澳门特别行政区和江苏、黑龙江等省份的文艺院团参演,是不同地域、不同层级、不同体制艺术团体的一次整体亮相。其中,粤港澳大湾区 11 城都有原创剧目参演参评,如:粤剧《还金记》(广东粤剧院)、《疍家女》(珠海市粤剧团)、《浴火凤凰》(东莞市长安戏剧曲艺协会)、《红的归来》(广州粤剧院)、《烟雨丹青》(肇庆市粤剧团)、《航父冯如》(江门恩平市怡艺戏剧发展有限公司),话剧《韩文公》(广东省话剧院)、《穷孩子·富孩子》(佛山市南海区大沥镇文化站)、《铁血道钉》(佛山粤剧传习所)、《邓演达》(惠州市惠城区文化广电新闻出版局)、《县令丁积》(江门市粤剧传习所、江门市文化馆)、《盛夕楼》(广东省友谊文化有限公司)、《我去哪儿了》(深圳市福田区公共文化体育发展中心),音乐剧《烽火·冼星海》(南方歌舞团)、《酒干倘卖无》(东莞塘厦松雷音乐剧剧团有限公司),舞剧《弟子规》(深圳市群众文化学会、香港文化舞剧团),木偶剧《垃圾大战》(广东省木偶艺术剧院有限公司)等。其中,由深圳市群众文化学会、香港文化舞剧团于2017年联合创排的大型舞剧《弟子规》,是该届艺术节30部参评剧目中的唯一一部舞剧。艺术节还邀请广东省内外具有较高艺术水准的特色剧目和港澳地区优秀节目进行展演,比如:澳门基金会出品、根据澳门历史创作的京剧《镜海魂》,澳门中乐团的《澳门变奏——2017蓝色之翼》等。广东省演出有限公司的《粤中大状》、香港中英剧团的《废胎》、澳门戏剧农庄的《乌托邦壹号》等3个剧目,作为粤港澳青年戏剧交流展演(广东站)的主要内容,也在艺术节期间进行了展演。

"粤戏越精彩"——全省优秀地方戏曲剧种汇演。近年来,广东省委、省政府高度重视地方戏曲的传承与发展,在政策、资金、人才培养等方面给予了有力保障。在广东省文化厅的指导下,广东省艺术研究所主办的"粤戏越精彩"活动自2015年启动以来,4年间已举办3届。2017年1月3—8日,由广东省文化厅牵头,广东省艺术研究所在广州举办了"粤戏越精彩"——全省优秀地方戏曲剧种汇演。4天4场展演,11个剧种、29台剧目集中亮相广州,展现了各剧种、各院团的艺术风采和发展现状,促进了广东省各剧种、各院团间的交流互通,营造了地方剧种共同繁荣、共同发展的良好局面。2018年是改革开放40周年,9月18日—12月9日,由当时的广东省文化厅、中国艺术研究院、中共梅州市委宣传部等单位指导,广东省艺术研究所、广东粤剧院、中国艺术研究院戏曲研究所、湛江市文化广电新闻出版局、汕尾市文化广电新闻出版局、梅州市文化广电新闻出版局等单位联合主办的2018"粤戏越精彩"在广州、梅州两地举行。该系列活动一共举行了包含广东优秀现代折子戏展演、西秦戏优秀折子戏展演、雷剧优秀折子戏展演,以及山歌剧《等朗妹》《春闹》在内的6场展演;包含广东戏曲现代戏传承与发展、林文祥编剧艺术研讨会、林奋表演艺术暨雷剧剧种艺术研讨会、吕维平表演艺术暨西秦戏剧种艺术研讨会、客家山歌剧剧种艺术研讨会在内的5场学术研讨会。2018"粤戏越精彩"亮出新"煮意",开创性地将现代戏的经典折子戏、片段等"串烧"起来集中汇演,既与时代贴近,又擦亮了

"粤戏越精彩"这一品牌。主办方从广东省各大院团精心挑选出 13 个现代题材的折子戏或大戏选场、选段参与演出,汇聚了广东全省包含粤剧、广东汉剧、白字戏、粤北采茶戏、乐昌花鼓戏、紫金花朝戏等在内的多个戏曲剧种,名家新秀共聚舞台,充分展示了广东地方戏曲剧种人才辈出的景象。同时,策划举办的以剧种领军人物带动剧种艺术传承与发展的展演暨艺术研讨活动,引起了业界及社会对于剧种代表性人才与剧种艺术发展的关注。

全国优秀现实题材舞台艺术作品展演(广东站)。为庆祝改革开放 40 周年,由文化和旅游部主办,文化和旅游部艺术司、广东省文化和旅游厅承办的全国优秀现实题材舞台艺术作品展演(广东站),于 2018 年 11 月 27 日—12 月 15 日在广州举行。粤剧《风起南粤》《惊蛰》、潮剧《赠梅记》、雷剧《挖宝记》、山歌剧《春闹》、话剧《花好月圆》《广州站》、现代舞《潮速》、情景器乐剧《扬帆大湾梦》、音乐会《致春天》、民族交响诗《粤海风》等 12 部广东原创作品,以及邀请的湖南花鼓戏《桃花烟雨》等 4 部优秀作品,总计 16 部舞台艺术作品,在广东演艺中心大剧院、广东粤剧艺术中心、星海音乐厅、友谊剧院共计演出 27 场。参加这次展演的作品,均为近年来新创现实题材作品。这些作品既注重对传统艺术的坚守,也以创新的发展理念推动现实题材舞台艺术作品的创作。

第 7 届广州艺术节·戏剧 2017 活动。2017 年 7 月 8 日—9 月 10 日,由中共广州市委宣传部、广州市文化广电新闻出版局主办,广州大剧院承办的第 7 届广州艺术节·戏剧 2017 活动,在广州大剧院及广州各大相关剧院举行。这届艺术节以"戏剧"为主题,共上演国内外剧目 22 个,演出 67 场,旨在打造广州"国际戏剧之都"的文化名片,引进国际著名剧目,举办走进大剧院、香港文化展演月、本地优秀剧目展演等系列板块活动。系列演出几乎涵盖所有的戏剧种类,包括歌剧、舞剧、音乐剧、话剧、偶剧、戏曲(粤剧)、儿童剧,以法国兰斯喜剧院的喜剧《吝啬鬼》拉开序幕,以威尔第创作的意大利原版歌剧《阿依达》作为闭幕大戏。恰逢香港回归祖国 20 周年之际,香港文化展演月板块特邀多个香港优秀艺术团体上演多部"港味"精品,如香港话剧团带来的《最后晚餐》和《最后作孽》、香港舞蹈团带来的改编自同名电影的舞剧《倩女·幽魂》。本地优秀剧目展演,包括广州歌舞剧院的音乐剧《西关小姐》、广州杂技团的武侠杂技剧《笑傲江湖》、广州芭蕾舞团的《中外芭蕾精品》、广州话剧艺术中心的《邯郸记》、广州粤剧院粤剧团的《睿王与庄妃》、广州粤剧院红豆粤剧团的《南越宫词》，以及广东省木偶艺术剧院的木偶剧《垃圾大战》等。同时，该届艺术节策划了10余场戏剧艺术普及活动，包括与演员面对面交流的戏剧工作坊、揭开舞台神秘面纱的后台探班、特邀名家主讲的公益文艺讲座，以及常设的文化展览活动等，尽情展现中西方戏剧对话、粤港交流和本土风情。

深圳戏剧：立足本土，辐射全球。一是第1届深圳南山戏剧节。2017年9月1日—10月17日，由中共深圳市南山区委宣传部（文体局）、深圳市南山区文化艺术界联合会主办，深圳市南山区戏剧家协会承办的第1届深圳南山戏剧节在南山区举行。该活动以"人人都是戏剧+"为主题，定位为向深圳市民提供优秀小剧场戏剧作品展演和戏剧活动的大众戏剧嘉年华，吸引了来自内地城市和港澳台地区以及美、法等国家的共40多个剧团（社）300余名职业和非职业演员参演，包括功底扎实的专业剧团、近年来活跃在世界各地的民间社团，以及珠三角20多所高校的表演专业和非专业大学生。首届深圳南山戏剧节以现代城市话剧为表现载体，通过青剧场、心剧场、岸剧场、游剧场4个主题板块，着眼于跨界与创新，将戏剧和其他艺术形式进行有机结合，不断刷新观众的艺术体验。此外，本届深圳南山戏剧节专门设置了南山·大学生戏剧竞赛单元，共有15个大学生创演人戏剧作品进入比赛，《一个女人决定》等7部作品进入决赛，《真心话大餐厅》《我们的故事》《如果爱》等3个剧目最终获得最佳戏剧奖。二是第一朗读者·诗剧场。由深圳市宣传文化基金资助、深圳市文学艺术界联合会等单位主办、深圳市戏剧家协会承办的第一朗读者·诗剧场，自2012年由诗人、深圳市戏剧家协会主席从容发起创办以来，已成为国内最具探索精神和先锋特色的跨界戏剧诗歌品牌，是诗与戏剧传播的一种新模式。诗剧场在中心书城、深圳大学、关山月美术馆、e当代美术馆、胡桃里音乐酒馆等城市属性各异的场所，结合具体的朗诵主题，由深圳新锐戏剧力量在现场以音乐、歌唱、戏剧、影像等形式演绎，展现出诗歌剧场的魅惑。因为融合了读诗、唱诗、演诗，结合了音乐、戏剧、现代舞等表演形式，它的跨界与表演性，不仅引起诗人自身的关注,也吸引了大众的聚焦。2017 年,第一朗读者·诗剧场已进入第 6 季。6 季共演出 66 场,120 余位诗人成为主题诗人参与其中,根据诗人的诗作创作的原创歌曲有 103 首。第 6 季第一朗读者·诗剧场首次邀请"一带一路"倡议沿线国家的诗人参与,充分彰显了深圳这座城市包容、开放、与时俱进、敢为人先的独特文化气息。三是粤秀剧场。为促进深港两地的非遗文化交流及合作,深圳市粤剧团着力打造粤剧交流平台粤秀剧场,与香港剧团开展两地粤剧交流演出。粤秀剧场于 2014 年 11 月 25 日首秀,3 年间已经成功演出百余场。2018 年 6 月 9—10 日,深圳市粤剧团创排的《吕布与貂蝉》赴香港首演,推进了深港文化的交流进程。

大湾区其他地区:立足本土,文化惠民。多年以来,粤港澳大湾区除穗、深、港、澳之外的各地区也都形成了各具特色的戏剧展演品牌,如肇庆的美丽肇庆·周末剧场,东莞的"粤韵金声"粤剧曲艺欣赏晚会、粤剧黄金周、东莞文化四季活动、东莞市儿童戏剧精品惠民行动暨"阳光计划"项目,江门的 10 分钟文化圈广场文化惠民演出之戏曲专场,珠海的珠海文联文艺展示月、珠海大剧院推出的首届"戏剧舞蹈季"等,立足于本土,大力推进文化惠民。

(二)香港戏剧盛会:融汇中西,交流无界

香港艺术节。创办于 1973 年的香港艺术节是一个非牟利性艺术盛典。艺术节在每年 2—3 月间举行,持续 4—5 个星期,邀请世界各地和香港本地的顶尖艺术家及团队前来演出,旨在让艺术爱好者欣赏到国际优秀作品,又能激起大众对艺术的兴趣。香港艺术节的演出类型包括音乐剧、舞剧、歌剧、戏曲、爵士乐等,兼顾现代与古典,融汇中西方不同文化。同时,也有不同领域的艺术家进行跨媒体合作表演。以"此时此地"为主题的第 45 届香港艺术节于 2017 年 2 月 15 日—3 月 19 日在香港举行,超过 1700 名来自世界各地及香港本地的艺术家共演出 180 场,包括 16 部新作及世界首演作品、14 个亚洲首演作品、48 场大型声光装置的免费演出《声光颂》、3 场庆祝香港艺术节 45 周年特备节目《炫舞场 2.0》,以及香港艺术节委约及制作的作品《世纪·香港》音乐会、《香港家族》三部曲等。除常规舞台节目外,主

办方还举办了超过 300 项外展活动，包括"青少年之友"体验活动等，力图将艺术带到社区的不同角落，让大众与艺术的距离进一步拉近。以"真·我角度"为主题的第 46 届香港艺术节于 2018 年 2 月 23 日—3 月 25 日举行，推出了 130 场大中小型演出、超过 300 项相关的外展及教育活动，分涉歌剧、戏剧、舞蹈、音乐与杂技等几大类别。不少世界著名的团体和艺术家参与演出，如美国芭蕾舞剧院演出的《芭蕾小忌廉》、威尔斯国家歌剧院演出的德彪西的歌剧《佩里亚斯和梅丽桑德》、英国国家剧院演出的《深夜小狗神秘习题》、俄罗斯国家剧院演出的《俄罗斯平民风景》、美国俄克拉荷马自然剧团演出的《美国独立宣言之幸福大作战》、伦敦巡回剧团和爱丁堡皇家蓝心剧院演出的《祈愿女之歌》等。在传统戏曲方面，第 46 届香港艺术节推出了尤声普和罗家英同台演出的粤剧《霸王别姬》，也有中国国家京剧院演出的折子戏《红鬃烈马》《打渔杀家》和《凤还巢》等。跨界演出是香港艺术节的一大特色，七指杂技团与哥本哈根共和国剧团联合演出的《博希的奇幻旅程》就是杂技、戏剧和多媒体的融合。

　　香港·中国戏曲节。由香港特区政府康乐及文化事务署主办的香港·中国戏曲节，秉承弘扬戏曲文化的宗旨，不仅是大力推广中国传统戏曲艺术和传播中国优秀文化的重要平台，也是香港民众感知、了解中国传统文化的一个桥梁。该活动自 2010 年推出以来，每年都邀请来自全国各地不同剧种的优秀院团参与演出。第 8 届香港·中国戏曲节，适逢香港回归祖国和香港特别行政区成立 20 周年。主办方精心选调了精彩节目，于 2017 年 6 月 13 日—8 月 13 日在香港进行集中展演。展演剧目包括：国家京剧院与北京京剧院联袂演出的京剧《龙凤呈祥》、国家京剧院的京剧《金钱豹》《大保国·探皇陵·二进宫》《洛神》与《失街亭·空城计·斩马谡》《太真外传》、浙江婺剧艺术研究院的婺剧《穆桂英》《三打王英》《火烧子都》《白蛇传·断桥》、香港八和会馆演出的粤剧《香花山大贺寿》《加官》《天姬送子》、重庆市川剧院的高腔大戏《李亚仙》、陕西省戏曲研究院的经典折子戏（包括秦腔《放饭》《杀庙》《苏武牧羊》《鬼怨》《挑袍》、眉户剧《屠夫状元·定亲》、碗碗腔《桃园借水》《十八里相送》《贵妃醉酒》、关中道情《隔门贤》）、西安易俗社 1915 年首演的剧目《柜中缘》《看女》、上海越剧院一团的经典越剧《红楼梦》和新编越剧《铜雀台》、江苏省苏州昆剧院的新版昆剧《白罗衫》《钗钏记》《义侠记》《贩马记》等。第 9 届香港·中国戏曲节于 2018 年 6 月 14 日至 8 月 12 日在香港举行,共上演 7 台节目、23 场舞台演出,涵盖京剧、昆剧、越剧、粤剧等 8 个不同剧种。除了精彩的舞台表演,戏曲节还举办了艺术导赏活动,包括讲座、戏曲电影欣赏、艺人谈以及展览等,让观众从多个角度欣赏戏曲艺术。上海昆剧团带来的全本大戏《长生殿》为戏曲节揭开序幕。在地方戏曲方面,有浙江省新昌县带来的传统剧目《闹九江》、轻喜剧《挑水伯》,以及福建省莆田市带来的莆仙戏《状元与乞丐》等。值得一提的是,2018 年适逢中国京剧四大名旦之一、著名程派艺术创始人程砚秋逝世 60 周年,中国戏剧梅花奖得主兼程派传人李海燕率领国家京剧院演出了《梅妃》《锁麟囊》及《武则天轶事》三出长剧。

(三)澳门戏剧盛会:国际幻彩,欢乐无限

国际幻彩大巡游是庆祝澳门回归祖国的庆祝活动之一,自 2011 年起举办至今,已成为澳门重要的年度节庆盛事。一年一度的澳门国际幻彩大巡游,包括了戏剧、音乐、武术、高跷、舞蹈等演出门类。2017 年的大巡游,除澳门本地的巡游队伍之外,还有深圳小逗号儿童剧团演出的童话剧及非物质文化遗产潮汕英歌舞、巴西高跷音乐剧、墨西哥户外木偶剧、葡萄牙传统舞蹈、意大利高尖舞、荷兰大型恐龙高跷、立陶宛篮球大联赛啦啦队表演等等。其中,戏剧是大巡游活动非常重要的元素之一。2018 年 12 月 20 日是澳门回归祖国暨澳门特别行政区成立 19 周年的纪念日。2018 年的大巡游以“爱、和平、文化共融”为主题,以中国及葡语系国家文化交汇的构思,串联各地经典神话传说,呈现了一场富有民族文化色彩的回归庆典。共有 76 支海内外巡游队伍,来自内地、澳门和香港,韩国、日本、俄罗斯、法国、阿根廷,以及葡萄牙、巴西、几内亚比绍、莫桑比克等葡语系国家和地区的 1700 多名表演者,带来充满艺术特色和民族风情的演出。

二、携手共进，共创繁荣

在粤港澳文化合作会议、粤澳合作联席会议、广东省艺术节等粤港澳文化合作机制及各类展演活动的推动下，粤港澳三地的戏剧创作、演出、交流活动频繁。

（一）携手创演，佳作频出

粤剧艺术交流，是粤港澳三地合作、交流、演出最为频繁的戏剧活动。2017年是香港回归祖国20周年，也是粤剧成功申报国家级非物质文化遗产10周年。粤港澳三地粤剧界同人举办了一系列粤剧演出活动。6月30日—7月2日，香港八和会馆举办了"经典粤剧庆回归"演出。这次演出首次汇聚粤港澳三地100多名粤剧精英，上演了3部粤剧传统例戏《观音得道》《香花山大贺寿》《天姬送子》。7月11—12日，广东粤剧院应邀参加由香港中华总商会、香港青年交流促进会、香港学生活动基金会联合主办的"优秀粤剧庆回归"活动，演出了粤剧《梦·红船》。11月8日，由澳门教育文化艺术协会主办、广东粤剧院一团演出的澳门古装粤剧《辛弃疾》，在澳门文化中心首演。11月9日，广东粤剧院一团在澳门文化中心演出粤剧《魂牵珠玑巷》。2018年，"粤港澳粤剧新星汇"于1月30日、2月6日、2月11日，分别在广东粤剧艺术中心、香港沙田大会堂演奏厅和澳门永乐戏院举行，演出了《白蛇传》多个精彩选段，大获好评。据悉，从2011年开始，粤港澳三地每两年举行一次"粤港澳粤剧群星会/新星汇"，每地在11—12月间邀请其他两地演员同台演出并于三地巡回上演，进行粤剧艺术交流，已发展成为粤剧品牌巡演活动。

除粤剧外，粤港澳三地的话剧、舞剧、歌剧等交流演出活动也颇引人瞩目。2017年4月15—16日，香港中英剧团创排的话剧《相约星期二》在广东演艺中心剧场演出2场。5月17—18日，广东歌舞剧院携舞剧《沙湾往事》在香港文化中心演出3场。7月15—16日，香港舞蹈团的舞剧《倩女·幽魂》在广州大剧院歌剧厅演出2场。7月28—29日，香港话剧团的话剧

《最后晚餐》在广州大剧院实验剧场演出 3 场。8 月 24 — 27 日。香港话剧团的话剧《最后作孽》在广州大剧院实验剧场演出 5 场。11 月，澳门基金会出品、根据澳门历史故事创作的京剧《镜海魂》，香港文化舞剧团及深圳市群众文化学会联合创作的大型舞剧《弟子规》，参加了第 13 届广东省艺术节的演出，其后又于 2018 年 4 月在香港文化中心大剧院上演。2018 年 5 月，为响应"一带一路"文化先行的号召，澳门乐团受广州大剧院邀请，演出 3 场原创歌剧《马可·波罗》。

在粤港澳三地频繁交流的戏剧活动中，以广州等地为代表的广东省戏剧创作及相关演出交流活动始终走在引领的位置，表现出强劲、持续、厚重、包容的宏大气魄。

（二）联手共培，新人崭露头角

青少年是社会发展的未来，是文化传承的后备军。粤剧传承从娃娃抓起，这是粤港澳三地早在建立粤港澳文化合作会议机制之初就已达成的共识。无论官方还是民间，都面向青少年群体开展了各种各样的交流、熏陶和培训活动。

粤港澳青少年粤剧艺术交流夏令营，是当时的广东省文化厅、香港特区政府民政事务局、澳门特区政府文化局自 2002 年建立粤港澳文化合作会议机制以来，打造的三地文化交流品牌活动之一，多年来一直由广东舞蹈戏剧职业学院主办并实施。2017 年，广东舞蹈戏剧职业学院将粤剧艺术交流夏令营，扩展为戏剧营、舞蹈营、音乐营三营一体的艺术交流夏令营，把营地建在深圳，并精心设计了以基础训练为重点、以大师讲堂为亮点、以巡回演出为落点的课程安排，按层次、分类别、有针对性地进行教学体验和展示，效果良好。夏令营开设的专家课成为一大亮点。夏令营还组织全体学员，在香港明爱元朗陈震夏中学、广州友谊剧院、深圳市少年宫和澳门永乐戏院等重要演出场地，进行庆祝香港回归祖国 20 周年——粤港澳青少年艺术展演，累计到场观众超过 2500 人。通过夏令营这个交流平台，让三地的青少年进行相互学习、相互交流及联合演出，使他们学唱、会唱、爱唱传统戏曲，以此推动三地青少年粤剧人才培养和粤剧艺术发展交流，以粤剧艺术助推大湾区文化建设。

在粤港澳文化合作会议机制的推动下，香港中英剧团、广东省演出有限公司及澳门戏剧农庄三方，在第 17 次粤港澳文化合作会议上签订了《粤港澳青年戏剧节合作意向书》。三方于 2016 至 2017 年期间实施粤港澳戏剧交流计划，内容包括编剧培训课程、编剧比赛及三地戏剧巡演等活动。这是粤港澳三地联手合作培养本土戏剧人才的一次重要尝试，对未来粤港澳大湾区的戏剧合作、交流和发展影响深远。2017 年 4 月 19—28 日，香港话剧团应澳门教育暨青年局的邀请，在澳门文化中心小剧场演出 13 场澳门中学生普及艺术教育计划《体验戏剧·多元感受》。2017 年 6 月 30 日—7 月 2 日，由佛山市青年联合会主办，佛山市青少年文化宫、佛山市第一小学联合承办的"青年同心圆暨庆祝香港回归 20 周年——2017 佛山非遗（粤剧）文化香港行"活动，在香港举行。佛山市第一小学的粤剧小演员，献演了青少年粤剧折子戏《小志的梨园》。2017 年 7 月 10—19 日，由当时的广东省文化厅、香港特区政府民政事务局和澳门特区政府高等教育辅助办公室联合主办的 2017 粤港澳青年文化之旅活动，共有来自粤港澳地区的超过 120 名青年参加，并到香港、澳门、广东及贵州等地进行文化交流。2017 年 11 月 10—16 日，广东舞蹈戏剧职业学院的 29 名师生，参加了由澳门教育暨青年局主办的学生艺术教育普及计划——鉴赏国粹·细味戏曲活动。2017 年 11 月 26 日，香港特区政府康乐及文化事务署举办了第 15 届"粤剧日"，共有 100 多名香港当地新进青年演员、儿童演员及学界粤曲比赛优胜者，参演粤剧折子戏及演唱粤曲，其他活动包括舞台剧、粤剧动画电影、讲座分享会、亲子互动工作坊及导赏团等，吸引了超过 3.7 万人次参与。

（三）联手共创，精彩纷呈

戏曲音乐剧《一代天骄》于 2017 年元宵节在广州中山纪念堂演出。该剧是首部由香港春天舞台制作、粤港两地演员参演、讲述粤剧艺术大师红线女艺术生命故事的，以戏剧、话剧和电影三合一的戏曲音乐剧。它融合了粤、港两地戏曲界、影视界对红线女的敬意，也让粤港两地的观众过足了戏瘾。

《孔子·回首63》是在历史剧《孔子63》2016年版本的基础上,经粤港澳三地合作修订剧本,重新制作而成。该剧由香港中英剧团艺术总监古天农担纲剧目编审,香港资深戏剧人麦秋担任导演并出演73岁的孔子,香港中英剧团第一代演员张可坚饰演63岁的孔子,澳门戏剧农庄的创办人及行政总监李俊杰扮演中年孔子及其门生子渊,广东演员郑敏雄、莫澳欣和李跃辉亦参演其中,与港澳班底携手,为粤港澳大湾区戏剧交流与合作写下了精彩的一笔。

大型神话粤剧《神狐绮梦》由佛山粤剧传习所沿袭与香港一年一戏之约而创排,并于庆祝香港回归祖国20周年之际赴港演出。该剧由佛山粤剧传习所所长、梅花奖得主李淑勤与香港著名粤剧演员龙贯天担纲主演,是佛山与香港合作排演的、李居明编撰的第6套剧目。2017年8月10—13日,这部剧在香港新光大剧场连演4晚,创下该剧场年度最高票房纪录。

三、共培共育,青年可期

戏剧是综合性艺术。"精品"的产生,离不开优秀的主创团队,尤其是优秀编剧创作的优秀剧本。只有催生熟知广东文化的戏剧人才,才能深入挖掘本土文化的内涵,创作出具有岭南特色、符合观众审美需求的戏剧作品来。

(一)人才培养,初显成效

2016年2月出台的《广东省人民政府办公厅关于促进地方戏曲传承发展的实施意见》明确要求:"加大剧本创作扶持力度。健全戏曲剧本孵育机制。""加快培养戏曲创作人才。着力发挥'广东剧作人之家'、'全省青年剧本创作计划'等平台的优势和作用,充分聚集创作人才,形成集聚效应。大力调动年轻编剧参与戏曲剧本创作的积极性,鼓励戏曲爱好者、文化学者、高校戏曲专业师生等参与戏曲剧本创作"。

"青扶计划",专业扶持显成效。广东省青年创作扶持计划的创立和实施,是扶持、培养广东本土戏剧人才的有力举措。2017年12月18—20日,由广东省艺术研究所主办、汕头市艺术研究室承办的 2017 广东省剧作人之家、广东省艺术研究创作联盟双年会在汕头市举行。会上签订了第 2 届广东省青年创作扶持计划三方协议，从广东省内青年编剧提交的众多剧本中遴选 3 个，给予生产扶持经费，委托相关院团排演。这 3 部剧作，分别是由广东汉剧传承研究院排演的广东汉剧《乐羊子》、由梅州市客家山歌传承保护中心排演的山歌剧《客家阿姆》，以及由广东省话剧院排演的话剧《白日梦阿里》。其中，来自惠州市文化广电新闻出版局文艺创作室的曾荣玲创作的《乐羊子》，在第 31 届田汉戏剧奖评选中荣获剧本二等奖。

高校教育，因材施教挑尖子。广东舞蹈戏剧职业学院，是目前广东省唯一在戏剧系中专设粤剧专业、培养粤剧人才的高职院校。2014 级粤剧表演中专班是该学院第一个教学改革实验班，共招收学生 46 人。聘请戏剧表演（导演）艺术家、京剧代表性传承人、中国戏曲学院教授周龙，以及粤剧表演一级演员、梅花奖获得者蒋文端，共同担任该项目的带头人，并打破教学常规，因材施教，借鉴传统的"师带徒"教学方法，聘请一批名家进课堂手把手教学。这种创新的培养模式最终结出硕果，2014 级粤剧表演班的毕业生被广东粤剧院全部接收。这在该学院办学史上是从来没有过的。

"孵化计划"，成果巡演在市场。2017 年 9 月 15 日，广州市文学艺术创作研究院召开 2017 年广州戏剧创作孵化计划专家剧本研讨会，对粤剧剧本《易水寒》《茶楼》、戏曲剧本《唐伯虎》《梦唐》展开研讨，并推出 4 部小剧场戏剧作品——话剧《菜鸟的狂想》《菜鸟的秘密》、粤剧《鹅潭映月》《三生》。其中，小剧场话剧《菜鸟的狂想》在市场化运作中，成功摸索出了"政府立项、专业制作人统筹运营、优秀演出团队加盟出演"的新模式。2018 年 5 月，广州市戏剧创作孵化计划菜鸟系列小剧场话剧《菜鸟的秘密》之广东省戏剧进校园 2018 巡回演出分别走进华南农业大学，华南师范大学（大学城校区）、华南理工大学、广东舞蹈戏剧职业学院等高校。通过戏剧进校园、戏剧进社区、戏剧进企业等一系列戏剧交流活动，广州市戏剧创作孵化计划在市场化道路上实现了创作形式的创新与突破。

"培养计划"，剧院参与促推广。随着话剧《蒋公的面子》在广州大剧院上演，广州艺术节·戏剧 2017 重点部分——青年戏剧培养计划正式启动。

广州大剧院的青年戏剧培养计划作为一项长期计划,主要是充分利用广州大剧院丰富的艺术家资源以及演出平台的优势,让参与其中的年轻人获得学习和实践的机会,通过戏剧指导讲座、工作坊开阔艺术视野、激发创作灵感。广州大剧院与各高校建立紧密联系,共建艺术实践基地,收集一批优秀原创作品纳入"青年戏剧嘉年华"的系列展演中。与此同时,广州大剧院还创立了全国第一个以剧院为依托、针对舞台表演艺术的孵化器"D艺空间",通过孵化器运作模式来发掘优秀演出项目及演艺人才。

社会参与,惠民培训掘新苗。广州粤剧艺术博物馆少儿粤剧培训基地是由政府打造的粤剧文化培训传承基地,以惠民为主,旨在开展青少年的基础素质教育,在培训中发掘人才,为粤剧的传承提供新鲜血液,为粤剧的繁荣发展作出努力。培训基地于2017年暑假开设夏令营特训班,聘请来自中国戏曲学院、广东舞蹈戏剧职业学院和广东粤剧院的优秀指导教师授课。在教学内容的安排上,一是粤剧基本功训练,包括粤剧声腔、形体等方面的提升;二是新节目排练,包括排练大型开场式《行当展示》、折子戏《春草闯堂之"上路"》《投江》,以及粤曲《颂羊城》等。对培训基地的学员进行系统化提高,让学员对粤剧有更直观、更具体的学艺体验,真正爱上粤剧表演。

(二)民间力量,延续梦想

"大戏节"&"青戏节":广州话剧"梦工场"。当下,不少城市如北京、杭州、武汉等都在举办大学生戏剧节,广州的"大戏节"近年来吸引不少外省剧团前来参赛。广州"大戏节"从2013年起引入青年非职业戏剧单元,让大学生和青年非职业戏剧人之间有了联系。广州"大戏节"的口号是"个性、敏锐、实验、开放、纯粹",鼓励原创作品,也鼓励年轻人表达自我。"以戏会友"是广州"大戏节"近年来提出的一个概念。2015年,广州"大戏节"首次建立剧评人制度,并采取现场打分、现场亮分的规则,保证了比赛的公平公正。2016年,首次建立大众评审团制度,在戏剧爱好者中选取9人组成大众评审团,与专家共同打分,投票选出优秀非职业戏剧人。2017年,广州话剧艺术中心启动首届十三号剧院非职业戏剧演出季,选出《呐》(江湖戏班)、《十八年华》(中山大学新华学院艺术团话剧团)、《南柯记》(深圳大学"穷·戏剧工作坊")、《鸵鸟蛋的忧伤》(华南师范大学紫荆剧社)、《Part Time 武林》(广州话剧艺术中心培训部)以及《回家》(荆棘鸟剧社)等 6 部优秀非职业戏剧作品进行展演,售票演出 12 场,入场观众上千人次。

2017 年 11 月 21—27 日,由广州市文学艺术界联合会、广州市文化广电新闻出版局主办,广州市戏剧家协会、广州话剧艺术中心承办的第 12 届广州大学生戏剧节暨第 5 届青年非职业戏剧节大赛,在广州 U13 剧场举行。共有来自广州、珠海、湛江、武汉、西安等城市及新西兰等地的 70 多个团队申请报名。最终,47 个作品入围初赛(其中,大学生戏剧单元剧目 34 个、青年非职业戏剧单元剧目 13 个),18 个作品入围决赛。《你》《白日大道》等 2 个剧目获最具创造力戏剧奖,《神奇大学异闻录》等 6 个剧目获优秀综合表现力演出奖,《不死的金鱼》等 6 个剧目获综合表现力演出奖,《倾城》等 6 个剧目获戏剧追求奖,18 名主创人员获评优秀非职业戏剧人,并向优秀表演者和组织方颁发青年戏剧发展基金。

2018 年 11 月 13—18 日,第 13 届广州大学生戏剧节暨第 6 届青年非职业戏剧节大赛,在广州 U13 剧场举行。共收到 50 个剧社的报名申请。18 个剧目进入决赛(包括大学生戏剧单元 10 个剧目、青年非职业戏剧单元 8 个剧目)。最终,评出《寻山记》《抱枕人》共 2 个最具创造力戏剧奖、《一条流向乌布的河》等 4 个优秀综合表现力演出奖、《明天见》等 6 个综合表现力演出奖、《孤·茧·破》等 6 个戏剧追求奖以及 15 位优秀非职业戏剧人。共有深圳大学旧黑匣子戏剧工作室的《寻山记》、华南农业大学校话剧队的《一桩事先张扬的凶杀案》、中山大学南校话剧社的《一条流向乌布的河》、中山大学新华学院广州校区校艺术团话剧队的《若你喜欢怪人》、梦幻剧团的《超凡之旅 2018》、生白剧场的《抱枕人》、青林剧社的《加餐饻》、空壳戏剧工作室的《一树梨花压海棠》等 8 个剧目,被纳入优秀展演剧目。

"深二代":玩转深圳戏剧市场。除了在广州大学生戏剧节暨青年非职业戏剧节涌现出的一批大学生艺术团体和青年非职业戏剧团体,以年轻人为中坚力量的民间话剧团体也呈现蓬勃之势。从 2015 年开始,爪马戏剧、荔枝青年剧社、甸甸巴士话剧团、胖鸟剧团等一批本土剧团在深圳集中出现,《四根火柴人儿》《王的名义》《老友祭》《同谋》《马桶大爆炸》《市井之徒》《掌柜在此》等一批原创剧目接连上演。自此,一改深圳戏剧演出市场长期以来为国外剧目和外地剧团所占据的局面,为深圳的本土话剧市场带来了勃勃生机。2017 年,首届深圳南山戏剧节上,深圳本土剧团的原创剧目演出更是大放异彩。除了爪马、荔枝青年、甸甸巴士、碉楼剧场 & 邹晓勇戏剧工作室、胖鸟、泽熙传媒等较为专业的职业化剧团的剧目演出外,还有黑匣子、煎蛋剧社、蒲公英剧团等参演。同时,涌现出一批深圳本土企业戏剧社创作的剧目,如北门工人剧社的《打工的人》、华润戏剧社的《群猴》、深圳地铁馨星话剧社的《暗恋桃花源》等,体现了现代戏剧与企业文化、企业团建等相融合的新趋势。而近年涌现的深圳原创剧目,大多出自 80 后、90 后"深二代"剧团之手。得益于创新包容的城市文化、开明的家庭氛围、较好的经济条件和从小开始的艺术熏陶,一大批 80 后、90 后"深二代"考取了国内外各大艺术专业院校。不少人在毕业后回到深圳,投身自己热爱的戏剧艺术,成为年轻一代深圳戏剧的生力军,例如爪马戏剧的李梓诚、荔枝青年剧社的刘子源。这些"深二代"探讨的话题更加关注当下年轻人的生存状态,他们的生存模式一开始就是走市场路线,在艺术理念上也有不少与前辈迥异的想法。虽然"深二代"剧团的风格各不一样,但在创作、演出方面经常会资源共享、相互扶持,坚持做常态演出,共同致力于推动深圳本土戏剧的发展。

四、促进融合,展望未来

粤港澳大湾区文化一脉相承,粤港澳三地文化交流合作平台建设较早并取得丰硕成果。但是,也应注意到,在大湾区 11 城中,戏剧的发展、交流与合作存在着较为严重的不均衡现象。首先是各剧种之间的交流与发展不均衡。粤剧仍是粤港澳三地戏剧交流与合作的主要地方戏曲剧种,其他戏曲剧种、剧目虽然也在三地之间有交流来往,但较粤剧而言仍显余力不足、空间不足。其次是各地区之间发展不平衡。粤港澳大湾区内 11 城虽然在文化上同根同源,但由于经济水平、政治格局、历史演进以及地理位置等因素的影响，戏剧的发展呈现出鲜明的强弱之分。就粤港澳三地的对比而言，以粤剧为例，香港、澳门的粤剧生存环境，包括演出场地、政府资金扶持力度等方面，都不如广东。香港和澳门也鲜有政府专门扶持的专业粤剧团体，港澳民间粤剧团体面临着生存空间被不断挤压的严峻现实。而广东省，近年来各种戏曲扶持政策出台及专项资金资助，使粤剧在创作、演出、人才培养、展演平台建设及面向港澳与海外的文化交流方面，均较为繁荣。大湾区内地9市之间，戏剧发展也是参差不齐的。作为广东省政治和文化中心的广州市拥有最为得天独厚的条件，发展实力在大湾区内地9市中居领先地位。深圳次之，而且以实验话剧的原创别具一格。东莞、佛山则主要依托有着广泛民间基础的私伙局，将粤剧、粤曲发展得红红火火。紧接着是珠海。其他地区的戏剧创作和演出，难以与广州、深圳、东莞、佛山等地形成合力。如何能既保留各地优势，又能不断推动区域间的戏剧创演合作、均衡发展，共同推动粤港澳大湾区的文化建设呢？笔者认为，由政府主导，发挥社会各方力量，构建全方位、多层次、宽领域的文化生成和交流格局，应该是未来粤港澳大湾区戏剧发展所要努力的方向。

粤港澳三地非物质文化遗产资源丰富，尤其是粤剧。但由于在制度、法律和文化构成等方面存在差异，三地仍缺乏更多、更广的专业交流对接平台，更多的是民间基于节日庆祝、神诞日纪念等传统仪式所必需的民间戏剧交流活动。面对未来粤港澳大湾区可能出现的更大范围、更高层次的文化交流合作趋势，粤港澳三地需要尽快建立更高级别的合作机制。比如，三地可在原有基础上建立三地政府主管级别的文化合作联席会议制度，提高合作级别与合作的精准性，破解戏剧创作、交流的合作瓶颈，逐步形成由粤港澳大湾区政府层面主导、民间多方力量参与的常态化互动，包括创演资金的使用、创演人才的流动、演出场地的灵活调度、创新理念的相互启发以及资料资源的互通有无，等等。

如何保证戏剧创作、演出的常态化和延续性？资金和人才问题是粤港澳大湾区11城共同面对、无可回避的现实问题。目前，广东省的专业戏剧院团大多属于国有性质，资金来源主要依靠财政拨款或专项资金资助，通行的资金使用模式是：报审剧目、评审、部分资金到位。这和艺术生产规律在某种意义上来说是相悖而行的。因为"等、靠、要"的心态，会使整个院团面临不可预知的被动困境，不仅对市场缺乏观察、思考、应变能力，并且会在某种程度上导致院团缺乏活力、优秀人才流失的局面。那么，在众多的艺术团体中，该养谁？该怎么养？怎样才能既留住人才又焕发生机呢？这就需要继续加大投入和一定程度的市场化介入。在这一点上，香港话剧团有着较为成功的经验。2001年，香港话剧团为了增添活力，按现代企业制度运作，进行了体制改革，由政府化转向公司化。改制后的香港话剧团有限公司，由香港特区政府税务局局长签署文件豁免缴税，政府投入也没有减少。这些年来，政府拨款仍旧占到60%，其余收入包括商业赞助、票房、外展及戏剧教育收入等。在管理上，公司化后的香港话剧团由政府部门领导改为理事会领导，聘用艺术总监和行政总监，分管艺术创作和行政工作。改制后的香港话剧团，以主流剧场制作为艺术定位，以均衡多元剧目为编排方针，以市场消费导向为营销策略，翻译和改编外国古典及近代戏剧，同时致力推介优秀的中国剧作，推动和发展香港原创剧。从2006年开始，香港话剧团积极拓展中国内地市场和海外市场，足迹遍及北京、南京、上海、杭州、武汉、重庆、广州、深圳、台北、澳门及新加坡、旧金山、纽约、多伦多等地，创演了包括《新倾城之恋》（2006年）、《德龄与慈禧》（2008年）、《最后晚餐》（2013年）、《都是龙袍惹的祸》（2015年）、《有饭自然香》（2016年）、《顶头锤》（2017年）在内的不少广受市场欢迎的精彩好戏。当然，伴随着粤港澳大湾区经济的迅猛发展，有效解决各演出院团的资金保障和人才储备问题，将会有更多、更好的方式方法。

　　粤港澳大湾区兼具深厚的历史传统积淀和勇于开拓的现代意识。在国家层面主导粤港澳大湾区建设发展的历史契机下，以现代科技、互联网为依托，不断寻求大湾区戏剧创作的与时俱进、跨界创新，将是戏剧协同发展的一个重要趋势。尤其是跨地域、跨文化、跨领域、跨形式的跨界创新，将大有可为。例如2017年，广东省话剧院抓住时机，申报了将话剧《后悔药》改编成网络大电影的项目，已被审核通过。2017年8月，在爱丁堡艺穗节这个拥有70多年历史的国际顶级艺术节上，由深圳民间文艺团体打造的、改编自莎士比亚《麦克白》的粤剧《夫人计》备受当地主流观众瞩目。由广州中投文化有限责任公司、广东粤剧院出品的粤剧电影《柳毅奇缘》利用大型LED和特效烘托戏曲表演的尝试大获成功，在戏曲"电影化"的跨界创新上实现了突破。然而，这种跨界创新的"度"如何把握？如何在创"新颜"的同时又不伤其"旧貌"？都是值得业界深思的课题。

大有可为的粤港澳大湾区电影产业

——粤港澳大湾区电影观察

易 文 翔

在国家大力发展文化产业的背景下,中国电影产业近年来持续高速增长。数据显示,2017 年全国电影总票房收入达 559.11 亿元。粤港澳大湾区具备政策、产业、区位、交通物流和文化等优势,整合粤港澳三地资源,加强电影产业的融合发展,大湾区电影产业正迎来前所未有的发展机遇。

一、中外电影在大湾区市场的反响

(一)珠三角电影市场

2017 年,广东电影市场在线上映影片(含复映片,不含举办各类影展的影片)852 部。其中,国产影片 664 部,占广东全省放映影片总量的 77.93%;进口影片 188 部,占广东全省放映影片总量的 22.07%。在电影票房上,从 2002 年至 2017 年,广东电影票房连续 16 年蝉联全国榜首。2017 年,广东电影票房收入为 79.98 亿元,占当年全国总票房收入的 14.30%。其中,国产电影票房收入 39.97 亿多元,占广东票房总额的 49.99%;进口影片票房约 40.00 亿元,占广东全省电影总票房的 50.01%。在广东省各地区的数据统计中,珠三角的票房占比是最高的。可以说,珠三角地区观众的观影选择基本上决定了广东全省电影市场的取向。

在广东省票房统计中,国产片前 10 名合计票房占广东全省国产片票房的 65.1%,进口片前 10 名合计票房占广东全省进口片票房的 52.5%,因此,可以通过国产片、进口片各自前 10 名的票房数据分析珠三角地区电影市场。

表一　2017 年珠三角国产片票房前 10 名

序号	影片名称	珠三角票房 (万元人民币)	广东省票房 (万元人民币)	票房占比	广东省排名	全国排名
1	《战狼 2》	67220.5	86120.5	78.1%	1	1
2	《羞羞的铁拳》	18173.8	23649.3	76.8%	2	2
3	《功夫瑜伽》	15052.0	21823.5	69.0%	3	3
4	《西游伏妖篇》	13532.2	20157.0	67.1%	4	4
5	《芳华》	11144.7	13329.0	83.6%	6	5
6	《追龙》	9968.0	13854.0	72.0%	5	9
7	《乘风破浪》	9271.0	13092.7	70.8%	7	6
8	《杀破狼·贪狼》	8080.5	10685.1	75.6%	8	14
9	《悟空传》	7778.3	9957.5	78.1%	9	8
10	《拆弹专家》	6558.8	8566.2	76.6%	10	18

(根据广东省电影行业协会的资料整理)

　　2017 年,珠三角国产片票房前 10 名与广东省国产片票房排名相比,除了国产片中的《芳华》,在珠三角排名第 5,在广东全省排名第 6,其他票房表现的排名总体一致。从表一可以看出,广东全省国产片票房与全国国产片票房排名对比,排在前 4 位的影片一致;从第 5 名开始,排名出现差异。广东国产片票房前 10 名中,《杀破狼·贪狼》和《拆弹专家》在全国排名中均未进前 10,分别位列第 14 名、第 18 名;而在全国国产片票房排名中的第 7 名《大闹天竺》和第 10 名《三生三世十里桃花》未进入广东国产片票房前十,实际在广东分别位列第 13 名、第 14 名,排在它们前面的两部影片是《英伦对决》和《春娇救志明》。从对比的差异中可以看出广东观众在影片选择上的偏好,即对港产粤语片的偏爱。基于这种偏爱,由王晶、关智耀执导,甄子丹、刘德华主演的港产片《追龙》,全国排在第 9 名,而在广东上升到第 5 名,广东票房收入接近全国票房的四分之一。港产片《杀破狼·贪狼》和

《拆弹专家》在广东也挤进前十,这两部影片的广东票房在全国票房占比均超过20%。而另外两部影片——《功夫瑜伽》和《大闹天竺》,同样是顺应"一带一路"倡议的影片,成龙主演的《功夫瑜伽》比王宝强主演的《大闹天竺》更能赢得广东的市场。除了影片本身的质量原因,广东观众对成龙的喜爱,以及《功夫瑜伽》的"港片"风味也是重要的因素。这同样是成龙主演的《英伦对决》和港产片《春娇救志明》在广东的票房,能胜过《大闹天竺》和《三生三世十里桃花》的原因。

在广东省内,从珠三角票房占比可以看出,不同地区观众的观影选择也存在差异。珠三角票房占比最高的是《芳华》《战狼2》,票房占比最低的是《西游伏妖篇》和《功夫瑜伽》。这说明,在珠三角以外的粤东西北,《功夫瑜伽》的成龙、《西游伏妖篇》的周星驰这两块口碑,较之《羞羞的铁拳》的开心麻花,在粤东西北观众心目中,更有认同感。成龙和周星驰是20世纪八九十年代观众已熟知的演员,是香港最具影响力的电影明星。尤其是周星驰,2016年上映的《美人鱼》刷新国内票房纪录,在广东地区尤其是小城镇的接受度相当高。而开心麻花是2000年以后成长起来的娱乐团队,以舞台剧打造品牌、扩大影响,全国巡演基本上在大城市。粤东西北的观众大多数没有看过开心麻花的舞台作品,群众基础与前两者相比,相去甚远。这就是《羞羞的铁拳》在珠三角和粤东西北形成巨大差异的主要原因。排行榜中接下来的3部影片《追龙》《芳华》《乘风破浪》,数据差异也体现了观影趣味。在广东全省的排序是《追龙》《芳华》《乘风破浪》,在珠三角地区的排序是《芳华》《追龙》《乘风破浪》,而在粤东西北,顺序则变成了《乘风破浪》《追龙》《芳华》。《乘风破浪》以梦境穿越方式讲述生活在小镇的一对父子和解的故事,故事发生环境更贴近三四线城市,梦境穿越对于城镇青年也有一定吸引力,因而,这部电影在粤东西北更受欢迎。在珠三角地区,更具市场力的是《芳华》,说明具有文艺气息和反思意识的《芳华》在经济发达、文娱生活丰富的珠三角更有市场。与粤东西北的观众相比,珠三角观众的选择更为多样化,而不仅仅青睐动作片和喜剧。

表二　2017 年珠三角进口片票房前 10 名

序号	影片名称	珠三角票房 （万元人民币）	广东省票房 （万元人民币）	票房占比	全国排名
1	《速度与激情》	824571.0	47748.0	51.5%	1
2	《变形金刚5:最后的骑士》	18606.7	23579.9	78.9%	2
3	《摔跤吧！爸爸》	17756.9	21620.2	82.1%	3
4	《金刚:骷髅岛》	15802.9	19860.6	79.6%	5
5	《极限特工:终极回归》	13609.6	17900.0	76.0%	7
6	《生化危机:终章》	13331.0	17260.1	77.2%	8
7	《加勒比海盗5:死无对证》	13697.5	17244.8	79.4%	4
8	《神偷奶爸3》	13235.7	16715.1	79.2%	9
9	《寻梦环游记》	12836.7	15453.3	83.1%	6
10	《猩球崛起3:终极之战》	10241.8	12727.9	80.5%	12

（根据广东省电影行业协会的资料整理）

与全国市场对比，广东观众对进口片的选择，在整体上差异不是特别大。全国前 10 名的影片，除了第 10 名《蜘蛛侠:英雄归来》，其余 9 部影片都进入广东进口片票房前十。《猩球崛起3:终极之战》取代《蜘蛛侠:英雄归来》位列广东进口片票房第 10 名，《蜘蛛侠:英雄归来》紧跟其后。10 部影片中，前 3 名与全国排名一致，差距较大的是《加勒比海盗5:死无对证》和《寻梦环游记》。进口片广东排名与全国排名的差异，说明好莱坞影片在广东，IP 电影因有前作稳固一定的市场，更容易吸引观众，《神偷奶爸3》的票房超过《寻梦环游记》便是如此。

从珠三角票房占比来看，《速度与激情8》在粤东西北市场反响大，票房贡献几乎与珠三角地区差不多。而《摔跤吧！爸爸》《寻梦环游记》这类不以视觉效果见长、注重现实意义和思想内涵的影片，票房主要依靠珠三角地区。

（二）香港电影市场

根据香港影业协会和香港影院协会下属的香港票房公司的统计，2017年在香港上映的电影数量，从 2016 年的 349 部下降到 331 部，下降幅度达到 5.2%。香港本土电影的上映数量也出现了大幅下滑,从 2016 年的 62 部下降到 53 部,减少 14.5%。香港的电影票房收入已经连续两年下降。2017年,香港票房的总收入为 2.37 亿美元,这比 2016 年的 2.5 亿美元下滑4.8%,也刷新了香港票房近 10 年的最低纪录。

表三   2017 年香港电影市场票房前 20 名

序号	影片名称	票房(万元港币)
1	《美女与野兽》	7166
2	《蜘蛛人:返校日》	6590
3	《雷神索尔 3:诸神的黄昏》	5424
4	《玩命关头 8》	5156
5	《神偷奶爸 3》	4795
6	《神力女超人》	4794
7	《正义联盟》	4380
8	《宝贝老板》	4073
9	《罗根》	3826
10	《金牌特务:机密对决》	3750
11	《神鬼传奇》	3694
12	《变形金刚 5:最终骑士》	3687
13	《星际异攻队 2》	3682
14	《乐来越爱你》	3534
15	《神鬼奇航:死无对证》	3358
16	《恶灵古堡:最终章》	3193
17	《猩球崛起:终极决战》	3137
18	《春娇救志明》	3070
19	《我和我的冠军女儿》	2645
20	《异形:契约》	2606

(来源:香港影业协会、香港票房公司的数据统计)

(注:因翻译不同,同一影片在内地与香港的名称有异。《玩命关头 8》即《速度与激情 8》,《神力女超人》即《神奇女侠》,《罗根》即《金刚狼 3:殊死一战》,《金牌特务:机密对决》即《王牌特工 2:黄金圈》,《神鬼传奇》即《新木乃伊》,《星际异攻队 2》即《银河护卫队 2》,《乐来越爱你》即《爱乐之城》,《神鬼奇航:死无对证》即《加勒比海盗 5:死无对证》,《恶灵古堡:最终章》即《生化危机:终章》,《我和我的冠军女儿》即《摔跤吧!爸爸》)

从表三来看,票房前 20 名中,只有一部港产片《春娇救志明》。其他 19 部均为外语片;其中,18 部为好莱坞商业片,一部为印度电影《我和我的冠军女儿》。在内地市场受到欢迎的几部港产片,《西游伏妖篇》的香港票房为 2397 万港币,排在第 22 名;《拆弹专家》票房 2222 万港币,排在第 25 名;《追龙》票房 1858 万港币,排在第 29 名。内地票房冠军《战狼 2》在香港地区的票房是 725 万港币,虽然破了内地电影在香港市场的纪录,但这个数字与香港市场港产片、好莱坞商业片的票房数据比较,相去甚远。

2018 年的上半年,香港影业协会公布数据显示:"首轮上映的电影总数为 186 部,香港电影占 27 部,非香港电影则有 159 部,中西票房总收入为港币 982447113 元,与去年同期收入港币 976358254 元比较,有轻微上升,幅度约为 0.62%。"

表四　2018 年上半年香港市场港片票房前 10 名

序号	影片名称	票房(万元港币)
1	《栋笃特工》	4470
2	《我的情敌女婿》	1742
3	《捉妖记 2》	1609
4	《西游记之女儿国》	894
5	《红海行动》	871
6	《黄金花》	601
7	《低压槽》	471
8	《某日某月》	393
9	《闺蜜 2》	353
10	《泄密者》	246
	合计	11650

(来源:香港影业协会、香港票房公司的数据统计)

表五　2018 年上半年香港市场非港片票房前 10 名

序号	影片名称	票房(万元港币)
1	《复仇者联盟 3》	15311
2	《侏罗纪世界 2》	8102

序号	影片名称	票房（万元港币）
3	《黑豹》	6331
4	《死侍2》	5434
5	《与神同行》	5374
6	《头号玩家》	4654
7	《移动迷宫3》	2353
8	《古墓丽影》	2287
9	《环太平洋2》	1971
10	《狂暴巨兽》	1874
	合计	53691

（来源：香港影业协会、香港票房公司的数据统计）

从表四、表五来看，2018年上半年香港市场非港片票房前10名为清一色的外语片。这10部电影，除了《与神同行》是韩国片，其余9部均为好莱坞商业片。港产片票房前10名的总和只有外语片前10名合计票房的五分之一，甚至不如《复仇者联盟3》单片的票房。统计数据显示，《红海行动》在香港的票房为871万港币，虽打破《战狼2》的纪录，但国产片①在香港与内地之间巨大的票房差异仍显而易见。

从上述市场分析可知，进口片在珠三角和香港都有着不错的市场，而国产片的市场仍然主要是在内地。香港观众对影片选择的认可度是：进口片＞港产片＞国产片。就进口片而言，像《摔跤吧！爸爸》这种现实主义题材的电影，在香港的受欢迎程度也远不如珠三角，说明影片反映的问题在香港不像内地那么突出而令观众感同身受。此外，从市场反响来看，香港观众更愿意选择娱乐商业片。澳门电影市场的情况，根据坊间调查，与香港有着类似之处。出现这种现象的原因是多方面的，包括进口片在引进之前已经通过筛检、在品质和市场接受度上有一定优势的原因，但也不能否认国产片在港澳地区水土不服，国产片对于港澳观众，在文化认同、审美认同等方面尚存在非常大的努力空间。

---

① 国产片，在本书中是区别于港产片的习惯性称谓。

二、大湾区电影制作及其市场反响

（一）珠三角电影制作

广东省的电影制作主要集中在珠三角地区。2017年，在广东申报立项并获得批准，拍摄完成后在广东通过审查并取得影片公映许可证的电影中，共有37部上映，其中故事片28部、动画片9部；由广东公司参与制作出品的影片中，上映的有43部，这些影片的广东出品公司基本上都在珠三角地区。

表六　2017年上映的影片（广东立项）

序号	影片名称	广东出品单位	票房（万元人民币）
1	《熊出没·奇幻空间》	华强方特（深圳）动漫有限公司、深圳华强方特文化科技集团股份有限公司、珠江影业传媒股份有限公司、广州金逸珠江电影院线有限公司	52249.3
2	《拆弹专家》	广州市英明文化传播有限公司、广东昇格传媒股份有限公司	40049.4
3	《猪猪侠之英雄猪少年》	广东咏声动漫股份有限公司、深圳市佳奇娱乐传媒有限公司、深圳市唯变科技开发有限公司	4590.9
4	《钢铁飞龙之再见奥特曼》	广州蓝弧动画传媒有限公司	4099.4
5	《玩偶奇兵》	深圳市环球数码影视文化有限公司	3170.3
6	《豆福传》	深圳市京基动画设计有限公司	1590.6
7	《我的爸爸是国王》	深圳前海腾清动漫文化有限公司、广州腾远文化传播有限公司	1568.4
8	《你若安好》	深圳广播电影电视集团、深圳电影制片厂有限公司	1138.4
9	《玛格丽特的春天》	珠海市宏晟文化传播有限公司、深圳市滨海基金管理有限公司、广东红孩子文化传媒有限公司	711.8
10	《借眼》	深圳前海君胜米伦影视传媒有限公司、深圳前海米伦文化传媒有限公司	473.2

序号	影片名称	广东出品单位	票房（万元人民币）
11	《垫底联盟》	深圳迷宫影视有限公司、深圳国新南方知识产权投资管理有限公司、深圳点点投资有限公司、深圳市荣信文化发展有限公司	430.2
12	《大象林旺之一炮成名》	深圳市前海龙吟国际传媒有限公司	336.2
13	《女人永远是对的》	珠江电影集团有限公司、广东省广影业股份有限公司	183.8
14	《惊魂七夜》	广州鸿图影视传媒有限公司、深圳鹏福影视传媒有限公司	84.6
15	《蛋计划》	深圳市欢乐动漫股份有限公司	58.9
16	《南哥》	广东南方领航影视传播有限公司、珠江影业传媒股份有限公司、广东弘图广电投资有限公司、广东卫视文化传播有限公司、佛山广莱坞文化发展投资管理有限公司等	51.1
17	《梦幻佳期》	深圳东方梦世界电影投资有限公司	50.4
18	《大脚印》	深圳帝影星韵国际影视文化有限公司、深圳新经典电影制作发行有限公司	41.1
19	《逗逗迪迪之美梦年年》	东莞市咏声文化传播有限公司、广东咏声动漫股份有限公司	38.3
20	《纹身师》	广州市得金文化传播有限公司	38.2
21	《战刀屠狼》	深圳市叁鑫文化传播有限公司	19.2
22	《片甲不留》	深圳市艺彩影视传媒有限公司、深圳华安康传媒影业有限公司	17.9
23	《咸鱼传奇》	深圳市海元梦想文化传媒有限公司、深圳前海海蓝投资发展有限公司	17.1
24	《双手洪拳》	东莞市梦工场影视传媒有限公司	10.2
25	《谜证》	深圳市创华影业有限公司、深圳市东华影业有限公司	9.1
26	《顺德人家之合家欢》	佛山市顺德区杨柳岸文化传播有限公司	8.6
27	《鸡飞狗跳》	深圳市知慧文化传播有限公司	8.4
28	《迷情 N 小时》	珠江电影集团有限公司、广东龙迹影视文化传播有限公司、深圳市长欣影视文化有限公司	8.3
29	《谁知道》	深圳市叁鑫文化传播有限公司	6.1

序号	影片名称	广东出品单位	票房（万元人民币）
30	《小茜当家》	东莞市凤玺文化传媒有限公司	6.1
31	《爱情开始的地方之遇见》	佛山市创意生活文化有限公司	5.4
32	《茶盗》	深圳市时代金典文化传播有限公司、海豚影业（深圳）有限公司	4.4
33	《阿文的承诺》	深圳电影制片厂有限公司、东莞市倚天影视文化传播有限公司、广州南越影视制作有限公司	1.4
34	《镇巴女子》	肇庆天艺文化传媒有限公司	1
35	《浪花岛之恋》	广州市月美影视有限公司、东莞暴雪文化传播有限公司、深圳飞扬鹏城文化传播有限公司	—
36	《你往哪里跑》	深圳市文华影视有限公司、深圳市容德文化传媒有限公司	—
37	《你幸福我快乐》	深圳市嘉乐兄弟传媒有限公司	—

（根据广东省电影行业协会的资料整理）

表七　2017 年上映的影片（广东参与制作出品）

序号	影片名称	广东出品单位
1	《西游·伏妖篇》	广州金逸影视传媒股份有限公司
2	《三生三世十里桃花》	珠江影业传媒股份有限公司
3	《嫌疑人 X 的献身》	深圳市中汇影视文化传播股份有限公司
4	《机器之血》	珠海普罗文化传媒有限公司
5	《记忆大师》	深圳善为影业股份有限公司
6	《京城 81 号 2》	深圳善为影业股份有限公司、广州金逸影视传媒股份有限公司、深圳市墨彦文化传播有限公司
7	《七十七天》	广州市臻岚企业管理有限公司
8	《游戏规则》	深圳科华资本管理有限公司
9	《绝世高手》	深圳市东方富海投资管理股份有限公司
10	《冈仁波齐》	深圳马灯电影有限公司
11	《降魔传》	深圳市东方富海投资管理股份有限公司
12	《破·局》	深圳市东方富海投资管理股份有限公司
13	《巨额来电》	广州市英明文化传播有限公司

续表

序号	影片名称	广东出品单位
14	《昆塔：反转星球》	深圳市腾讯计算机系统有限公司
15	《常在你左右》	广州立兴文化传媒有限公司
16	《毒·诫》	银都机构（广州）影视文化有限公司、深圳前海摩天石文化投资发展有限公司
17	《暴雪将至》	深圳市卖座影视传媒有限公司
18	《天生不对》	深圳颂德影视文化有限公司
19	《相声大电影之我要幸福》	广州口袋熊文化传播有限公司
20	《临时演员》	深圳市京基房地产股份有限公司、深圳市滨海影视传媒有限公司、深圳市无限界影视传媒有限公司、深圳市大象影业有限公司、深圳市巨隆影视文化有限公司
21	《中国推销员》	深圳市银河星辰文化投资有限公司、东莞市华夏星光影视文化传媒有限公司、广东南方领航影视传播有限公司、深圳市电影发行放映有限公司
22	《秘果》	深圳市方式文化传媒有限公司、深圳市容德文化传媒有限公司
23	《笔仙咒怨》	广东卓迈影业有限公司
24	《恐怖理发店》	深圳市卡普辛一号影视传媒有限公司
25	《夜色撩人》	深圳市城市文化发展有限公司
26	《皮绳上的魂》	深圳马灯电影有限公司
27	《少年巴比伦》	深圳珑艺影视有限公司
28	《小情书》	深圳前海融丰投资管理中心
29	《因为爱情》	深圳市豪俪影业制作有限公司
30	《你在哪》	广州玛莫时尚文化传播有限责任公司
31	《冯梦龙传奇》	深圳大陆文化传播发展有限公司
32	《坑爹游戏》	深圳市星视界影视传媒有限公司
33	《画室惊魂》	深圳市悠悠阁影视传媒有限公司
34	《惊门》	欧麦高电影（深圳）有限公司、深圳华盛影视传媒有限公司
35	《十七岁的雨季》	广东云联惠网络科技有限公司
36	《宝贝特攻》	深圳昭福文化传媒有限公司
37	《爱情邮局》	珠海麦吉影业有限公司、深圳市梦网控股发展有限公司、珠海横琴新区中大控股有限公司
38	《唤爱》	深圳市艺腾文视传媒有限公司

续表

序号	影片名称	广东出品单位
39	《不败雄心》	深圳市城市文化发展有限公司
40	《商界》	深圳市星轨文化传播有限公司
41	《村戏》	深圳电影制片厂有限公司

（根据广东省电影行业协会的资料整理）

　　从表六来看,广东立项、出品的影片票房过亿元的有两部,分别是《熊出没·奇幻空间》和《拆弹专家》;其中,《拆弹专家》实际上属于合拍片。从表七来看,广东公司参与出品的影片,全国票房过亿元的有《西游·伏妖篇》《三生三世十里桃花》《嫌疑人X的献身》《机器之血》《记忆大师》《京城81号2》《追捕》《七十七天》《游戏规则》《绝世高手》《冈仁波齐》等11部,票房最高的是《西游·伏妖篇》,总计16.52亿元。数据显示,2017年,全国生产的电影总计970部,其中电影故事片798部、动画电影32部、科教电影68部、纪录电影44部、特种电影28部;376部国产片贡献了约54%的票房,49部国产片票房过亿元,13部过5亿元,6部过10亿元,2部过20亿元,1部过50亿元。将全国数据与广东数据对比,可以看出,广东电影制作方面的成绩与全国票房第一大省的地位不匹配,这种状况已经延续很多年,至2017年仍未有明显的改观。广东本土立项的影片中,属于本土原创作品,能做到不亏本、有收益的只有几部动画片,其余的几乎都是小成本电影,基本上都处于亏本状况;参与出品的影片中虽有市场效益比较好的,但广东的公司属于"跟投"性质,即选择项目进行投资,分享利润,跟电影制作的关系并不大。

　　2017年上映的电影中,广东电影叫好又叫座的只有《熊出没·奇幻空间》。这是广东自产IP动画《熊出没》改编的电影。《熊出没》是深圳华强公司打造的全三维动作动画片。该片用夸张的卡通形式,讲述森林熊兄弟与毁坏森林、采伐原木、占地创业的光头强对抗。系列动画片于2012年1月22日在中央电视台少儿频道首播,先后推出《熊出没》《熊出没之环球大冒险》《熊出没之丛林总动员》《熊出没之春日对对碰》《熊出没之夏日连连看》《熊出没之秋日团团转》《熊出没之冬日乐翻天》等 7 部动画片。经过几年的努力,《熊出没》成功收获大量粉丝,并通过衍生品的授权开发实现了 IP 精神价值的传递,形成广泛的影响力。2014 年第一部 3D《熊出没》动画电影的上映,得力于其合家欢风格,受众面进一步扩大。2017 年的《熊出没·奇幻空间》(导演:丁亮、林永长、林汇达),在制作中加入真人实拍的明星角色,分为现实和动画两个可穿越的世界,新角色和剧情摆脱了以往国产动画片的简单设置,多维接地气,暖心而感人;此外,3D 特效技术极大丰富了画面、场景的色彩、光影和层次,给观众带来非常"真实"的观影体验。这部影片的故事情节、人物、画面和技术都有突破性进步,市场反响大,取得票房超过 5 亿元的佳绩。

2017 年珠三角影视公司出品(或参与出品)的影片中,另外一部品质较好的是由深圳电影制片厂有限公司参与出品、没有大规模公映的《村戏》(导演:郑大圣)。这部影片讲述了 20 世纪 80 年代初,一个偏僻的小山村里,村民为了久盼的"分地"而排演老戏所引发的故事,于 2017 年 6 月 16 日在上海电影博物馆首映。《村戏》通过特定年代中主人公以牺牲自我成全集体、过后又被遗忘的故事,反思历史、批判人性,在现实主义农村题材电影的创作上有着探索、开拓意义。这部电影获得第 3 届德国中国电影节最佳导演、第 9 届中国电影导演协会年度评委会大奖、第 31 届中国电影金鸡奖最佳摄影等奖项。

2018 年,以珠三角地区为主力的广东电影作品有几部亮眼之作。

《熊出没·变形记》(导演:丁亮、林汇达)。它是《熊出没》系列的第 5 部大电影。相较于前几部《熊出没》系列电影,这一部在内容、画面、声音等艺术手段上有明显进步,尤其是在主要人物的情感塑造方面更是进行了较大升级,突出描写父子深情,引发观众的强烈共鸣。该片的全国票房突破 6 亿元,成为中国电影史上第 2 部票房超 6 亿元的动画片。

《柳毅奇缘》(导演:邓原、潘均)。由广州中投文化有限责任公司、广东粤剧院出品的戏曲电影《柳毅奇缘》,取材于唐代神话故事《柳毅传》,讲述书生柳毅为受恶夫虐待的龙女传送求救家书的故事。原作是柳毅科举落第后偶遇龙女,传书之后接受龙王酬谢。戏曲电影《柳毅奇缘》改为柳毅赴考途中遇龙女,为救龙女放弃功名,而且施恩不图报。这部戏曲片的改编比较接近现代人的心理,让传统美德贴近现代人的生活,引起观众的感情共鸣与思考。在制作上,《柳毅奇缘》利用大型 LED 和特效烘托戏曲表演,把在粤剧舞台上不能呈现的效果重现于银幕,比如水晶龙宫的奇幻仙境、神仙魔怪大战、北国雪野、南方湖光山色等,3D 效果逼真、唯美,富有视觉冲击力,呈现了影片所应有的诗情画意和神话色彩。2018 年,《柳毅奇缘》获得第 25 届北京大学生电影节戏曲单元组委会特别推荐奖。在戏曲片"电影化"的创新道路上,广东戏曲电影在一定程度上实现了突破。

《爸,我一定行的》(导演:蓝鸿春)。由深圳市盗梦者文化传播有限公司、深圳铁树影业股份有限公司、深圳市万二之首传媒有限公司等出品的潮汕方言电影《爸,我一定行的》,讲述了一对潮汕父子从冲突对立到互相支持、和解的故事。这是第一部真正意义上以潮汕人生活为主角视角的作品,片中两代人之间真挚感人的父子情打动了观众,而影片中所展现的积淀上千年的潮汕区域特色文化、潮汕元素令潮汕人倍感亲切,得到潮汕人的力挺。该片制作成本不足 500 万元,在全国排片量不足 2%的情况下,票房达到 4667 万元,成为 2018 年 8 月电影市场的一匹黑马。

(二)香港电影制作

香港是世界电影工业基地、电影出口地之一,被誉为"东方好莱坞"。在 20 世纪 80 年代,香港电影进入辉煌时期。香港电影一度作为一个类型概念,在世界电影圈有着知名度。美国影评人大卫·波德威尔曾经在《香港电影的秘密:娱乐的艺术》一书中说到,20 世纪 90 年代的港片"尽皆过火,尽是癫狂",香港电影业的繁荣可见一斑。在 20 世纪 90 年代,除了1997 年、1998 年因受亚洲金融风波影响,香港电影年产量未过百部,其他年份的年产量均在 120 部以上;最多的是 1993 年,达到 234 部。进入 21 世纪后,香港电影年产量下降幅度较大。2002 年至今,没有一年达到 100 部。2005—2015 年的 10 年间,每年的产量为四五十部。2013 年最低,只有 42部,不到 20 世纪 90 年代年产量的三分之一。2016 年是港产片 10 年来第一次产量创新高,拍摄了 68 部影片,是 10 年来的最高纪录。2017 年的产量为 60 部,与 2016 年相比,有所回落(见表八)。

表八　2000—2017 年香港电影年产量

年份	电影年产量(部)
2000	151
2001	126
2002	91
2003	77
2004	63
2005	57
2006	52
2007	51
2008	53
2009	49
2010	50
2011	53
2012	52
2013	42
2014	52
2015	59
2016	68
2017	60

　　2017 年港产片票房前 10 名(见表九) 的情况,可以反映出全年港产片在香港市场的表现。通过对比上文的表三,可以看到,港产片没有一部进入香港年度票房前 10 名。港片中票房最高的《春娇救志明》在年度票房榜中排在第 18 名,是唯一进入年度前 20 名的港片。从整体上看,香港观众对国产片(包括港产片) 的热度远远不如对好莱坞商业片的喜爱。要改变这种“偏见”并非一朝一夕之事,国内电影人(尤其是香港电影人) 任重道远。

表九　2017 年香港电影市场港产片票房前 10 名

序号	影片名称	票房（万元港币）
1	《春娇救志明》	3070
2	《拆弹专家》	2550
3	《西游·伏妖篇》	2440
4	《追龙》	1900
5	《一念无明》	1710
6	《小男人周记 3 之吾家有喜》	1650
7	《29+1》	1530
8	《原谅他 77 次》	4073
9	《西谎极落：太爆·太子·太空舱》	1020
10	《杀破狼·贪狼》	780

（来源：香港影业协会、香港票房公司的数据统计）

综合表九和前文的表四进行分析，香港电影制作实际上绝大部分是以合拍片形式完成的。在合拍片中，除了《捉妖记 2》这种香港方面并未占据主导地位、严格意义上不能称为香港电影的作品，其他香港方面作为制作"主心骨"的合拍片主要有两种：一种是以《西游·伏妖篇》《红海行动》《明月几时有》等为代表的"大导演+大制作+内地班底"的合作模式，主创（比如导演）为香港电影人，其余成员为内地电影人的"大融合"合拍。这类也包括香港投资的合拍影片《追龙》《杀破狼·贪狼》《拆弹专家》等，而相比较而言，后者的"港味"更浓。另一种则是以《春娇救志明》《一念无明》《黄金花》《点五步》《栋笃特工》等为代表的香港本土电影，有着鲜明的"纯港血液"。这种类型的电影，几乎专注于香港本地市场。香港新锐电影人也诞生在这样的创作背景之下，比如《一念无明》的导演黄进、编剧陈楚珩，《点五步》的导演陈志发。这些影片更为贴近香港人的生活和情感。比如《西谎极落：太爆·太子·太空舱》通过多个住在劏房的住客，细说各自的故事，在笑料中折射近年的香港境况，人们从有情有义变得功利在前，进行一种"港味"的反思。再如《栋笃特工》能成为近年票房最高的港产片，进入香港中文电影票房排行榜前 20 位，与观众对主演黄子华的情感分不开。黄子华饰演的栋笃笑是香港一绝，近 30 年积累的人气和观众缘，促成了这部质量并非上乘的电影的票房高潮。

2017 年上映的香港电影中,品质比较高的影片有:

《一念无明》(导演:黄进)。影片改编自香港的真实案件,以一个家庭悲剧描绘社会大众对精神病患的漠视与不友善,讲述一对怀着沉重愧疚的父子如何面对过去的故事。繁忙拥挤的香港,似乎找不到一个让人喘息的空间,《一念无明》诉说的正是这种现实境况。情绪与环境、个人与家庭,在琐碎的生活中,透过种种细节传达对整个社会的人文思考,真实而沉重,引人反思,叫好又叫座。这部影片荣获第 53 届台湾电影金马奖最佳女配角、最佳新导演,第 36 届香港电影金像奖新晋导演、最佳男配角、最佳女配角等奖项。

《明月几时有》(导演:许鞍华)。影片以香港抗日史上著名的东江纵队的真实事迹为蓝本,讲述了小学教师方兰和她青梅竹马的男友李锦荣、游击队队长刘黑仔等人在被日军占领的香港顽强抗争的热血故事。它将普通香港市民之间真挚的亲情和友情、纯洁而又无奈的爱情,都转换成炙热的爱国之情,平凡而伟大,但叙事的冗长一定程度上减弱了故事的感染力。该片荣获第 37 届香港电影金像奖最佳电影、最佳导演、最佳女配角、最佳原创电影音乐、最佳美术指导等奖项。

《追龙》(导演:关智耀、王晶)。该片讲述了能打敢拼的伍世豪偷渡来到香港后,为了长久生存之道,与心思缜密的探长雷洛联手制霸香港的故事。这部影片最值得称道的地方是拍出了纯正的"港味",高度还原的布景、泛黄色调的长镜头、复古的音乐旋律、潮州方言的对话,全方位再现了老香港的风貌;形式上为经典的港式动作片,精神上亦是香港式的兄弟恩仇,真正回归了"香港气质"。影片荣获了第 37 届香港电影金像奖最佳摄影、最佳剪接奖。

《春娇救志明》(导演:彭浩翔)。这是"志明春娇系列"电影的第三部。该片讲述了余春娇和张志明在一起生活 5 年之后,对两个人的未来产生疑惑,以及两代人之间出现沟通问题,并且经过分手后,最终又决定结婚在一起的爱情故事。这部电影胜在"情怀"与"港式幽默",在内地和香港都取得了不错的票房成绩。

2017 年大湾区合作的电影代表作是《拆弹专家》,影片讲述了发生在香港红磡隧道里的犯罪分子制造的炸弹袭击事件。虽为合拍片,但其内核仍是"港片"。这部影片的内地票房为 4 亿元人民币,香港票房为 2550 万元港币,对于 1.6 亿元人民币的投资来说,成绩一般。

在 2018 年已上映的"纯粹"港片中,值得一提的是《黄金花》(导演:陈大利)和《无双》(导演:庄文强)。《黄金花》以自闭症青年的家庭为题材,细腻地刻画了人物的亲情。该片荣获第 58 届亚太影展最佳女主角,第 37 届香港电影金像奖最佳女主角、最佳新演员等奖项。《无双》以精妙的构思、灵活的叙事及演员精彩的演绎,打造了一部洋溢着浓郁港片情怀的纯正香港电影。该片凭借口碑逆袭成为 2018 年国庆档票房冠军,至 10 月底,票房已超过 12 亿元港币,是 2018 年 10 月电影市场的黑马。

三、大湾区电影的发展

(一)发展的机遇

区域的发展机遇。与三大世界一流湾区比较,粤港澳大湾区实力不俗,已经是世界级湾区。粤港澳大湾区面积最大,人口最多,地区生产总值是东京湾区的四分之三、与纽约湾区不相上下、是旧金山湾区的 1.8 倍,增长潜力最大。地区生产总值占全国的比例为 10.8%,高于纽约湾区和旧金山湾区的全国占比。机场旅客吞吐量在四大湾区中位列第一,而且领先优势明显(见表十)。

表十　粤港澳大湾区与三大世界一流湾区比较

湾区	面积 (万平方公里)	人口(万)	地区生产总值 (万亿美元)	地区生产总值 占全国比例	机场旅客吞吐量 (亿人次)
东京湾区	3.68	4347	1.80	41.0	1.12
纽约湾区	1.74	2340	1.40	7.7	1.30
旧金山湾区	1.79	7150.76	4.4	0.71	—
粤港澳大湾区	5.60	6671	1.36	10.8	1.75

综合各种数据分析,可以预测,随着基础设施互联互通程度的提升、开放型经济结构的优化和高效型资源配置体系的完善,粤港澳大湾区将形成强大的要素资源集聚能力、强劲的对外开放功能和全覆盖、更发达的国际网络,在国家发展和全球经济中的地位将明显提升,综合实力将不逊于世界一流湾区,将是全球空间和经济体量最大的湾区,也将成为引领区域和全球经济发展的重要增长极。

电影产业的发展机遇。自 2002 年中国掀起电影产业改革浪潮以来,电影的国产市场年平均发展速度在 30% 左右。2007 到 2017 年 10 年间,中国电影总票房由 33.27 亿元狂飙到 559 亿元。2018 年第一季度,中国电影市场以 202 亿元,超过北美同期的 183 亿元,创下了全球单一国家季度票房最高纪录,首次成为世界第一。官方预计,到 2020 年,中国将成为全球第一大电影市场。中国电影进入了繁荣发展的"黄金机遇期",影视行业市场需求强劲。

从国家整体发展来看,经济进入转型期,传统实体经济急需产业升级。2018 年 3 月,工业和信息化部发布《2018 年中国泛娱乐产业白皮书》,提出在泛娱乐产业与实体经济深度融合的大潮中,IP 将与制造业、服务业进一步结合,成为实体经济升级、文化升级的新风口。就粤港澳大湾区的发展而言,受世界经济影响,港澳经济持续下行,中国内地经济的快速发展及充足的资源能够为振兴港澳经济提供助力。粤港澳电影产业融合发展有助于带动文化创意产业,并以此带动文化业、旅游业、"互联网+"等其他产业共同发展。受不同社会制度以及文化环境的影响,内地与香港在思维模式、生活习惯等方面有一定的差异。粤港澳文化产业广泛深入的融合发展,不仅能成为内地及港澳"引进来"和"走出去"的重要平台,也是深入推进"一国两制"、推进粤港澳大湾区产业升级的重要途径。

(二)大湾区的优势

粤港澳大湾区的区位优势明显,长期以来都是中国资本市场的青睐之地。过去几年间,资本市场仅对广东文化产业的累计投资就已超过 5200 亿元,增长速度为 20%,远远超过其他行业。资本力量看好文化产业,投资活跃,为粤港澳大湾区影视产业发展提供了充裕的资金池。

　　粤港澳同属岭南文化圈,在地理、语言、文化习俗等方面十分接近。广东雄厚的经济基础、丰富的人文环境、紧邻港澳的开放性地理位置,为三地的电影产业合作提供了充足的经济和物质基础。香港是国际性贸易和经济中心,拥有发展了将近100年的电影产业,形成了一套成熟的影视生产机制,能给电影产业的发展提供可资借鉴的成功经验。在影视行业专业人才稀缺的当下,香港影视行业为粤港澳大湾区影视产业培养了大批专业人才,这是大湾区影视产业发展的原动力。澳门有其自由、开放的经济环境优势,与广东在地理、语言和文化上有相近的优势,能够在中国电影"引进来"和"走出去"进程中发挥平台作用。2017年4月,华鼎奖确定将中国运营总部落户澳门。相较于内地、台湾、香港都已有各自的电影奖,而澳门在这方面一直处于空白状态。华鼎奖选择落户澳门,填补了影视领域的空白,也为澳门打开了通向世界电影的大门。

　　在政府层面,关于影视产业的发展达成了一种共识,即进一步开放外资,扩大市场准入,推动文化影视产业整体发展,形成成熟的产业链。这已经成为粤港澳大湾区城市群的核心政策之一。近几年,粤港澳大湾区城市群为推动文化影视产业发展制定了一系列支持政策。

表十一　粤港澳大湾区推动文化影视产业发展的相关政策

政策文件	相关政策内容
《广东省人民政府关于印发实施粤港合作框架协议2016年重点工作的通知》(粤府函〔2016〕85号)	推进粤港两地粤语电影交流合作,共同将粤港两地打造成为华南地区电影制作中心,积极为粤港合拍电影创造更好的政策环境
《广东省人民政府关于印发广东省进一步扩大对外开放积极利用外资若干政策措施的通知》(粤府〔2017〕125号)	进一步扩大市场准入领域,根据国家有关部署,放宽对外商独资演出经纪机构的业务范围限制
《广州市人民政府办公厅关于印发广州市扶持电影产业发展暂行规定的通知》(穗府办规〔2018〕23号)	设立电影产业扶持资金,大力发展重点影片创作,鼓励出品优秀电影作品,推动电影作品高新技术应用,鼓励电影发行和放映、电影设备研发和生产、电影版权交易、电影投资,推动广州电影"走出去"。全面落实国家和广东省电影产业税收优惠政策,大力引进和培育电影人才

续表

政策文件	相关政策内容
《深圳市关于进一步扩大利用外资规模，提升利用外资质量的若干措施》（深府函〔2017〕74号）	借力CEPA深化深港合作，允许香港服务提供者在深圳市设立独资企业，从事国产影片发行、电影放映、音像制品制作、演出经纪业务
《珠海市扩大对外开放促进外资增长若干政策措施》（珠府函〔2018〕54号）	逐步扩大部分领域对外开放，放开外商独资演出经纪机构的业务范围限制
《佛山市人民政府关于加快文化产业融合发展的实施意见》（佛府函〔2017〕129号）	提出"大文化产业"概念，全力发展影视产业，制定影视产业发展规划，出台影视产业配套扶持政策，文化产业投资基金重点用于支持影视产业发展
《佛山市人民政府关于印发佛山市扶持影视产业发展若干政策的通知》（佛府〔2017〕55号）	鼓励影视企业和机构落户佛山市、建设影视产业项目、创作摄制影视作品和开展影视活动，并设立佛山市影视产业发展专项资金，支持影视产业加快发展
《江门市文化产业发展规划（2014—2020）》	重点发展影视节目制作，依托现有影视外景地，大力引进香港等地的人才、技术和资金等影视资源，合作发展电影电视策划创作、取景拍摄、后期制作、出版发行、音乐创作演出和制作，以及相关业务

这些政策和相关措施的落实，使粤港澳大湾区影视产业的发展迎来巨大机遇。

（三）发展建议

近两年，在粤港澳大湾区建设发展的大框架下，电影产业如何抓住机遇，将可观的发展前景转变为丰满的现实，成为业内探讨的重点。2017年7月，在澳门举办的2017粤港澳电影创作投资交流会，为三地电影业界提供交流与合作平台，促成中小型电影项目的媒合、投资、开展拍摄及发展机遇；2017年11月9日，广州大学举办粤港澳大湾区电影发展战略高端论坛，北京、香港、澳门、广州等多地的电影专家、学者为推动粤港澳大湾区电影的战略性发展出谋划策；2018年3月，在佛山召开2018广东电影年会暨粤港澳大湾区电影产业峰会，广东省电影行业协会联合粤港澳大湾区11个城市的协会、企业，共同筹组粤港澳大湾区电影产业联盟，签署《粤港澳大湾区电影产业联盟共同宣言》，并启动粤港澳大湾区电影产业中心项目；2018年8

月 24 日,在深圳举办粤港澳大湾区影视产业发展论坛,集聚业内专家,探讨影视产业与互联网的融合……这些交流和讨论,为粤港澳大湾区电影产业的发展提出了较有针对性的建议:制定立足粤港澳、面向东南亚的发展目标;整合三地的创作、制片、发行等电影人才;探索电影衍生品尤其是电影主题乐园的发展思路;建立电影的音乐版权和网络版权交易平台;大力发展大湾区各城市的影视基地;出台有利于大湾区电影合作发展的扶持政策;举办大湾区电影盛会并打造成为国际名片,吸引世界各地的电影同人参加;通过高校专业院系的建设、教育培训的优化,以及大湾区影视公司的合作,吸引粤港澳高校人才;继续加大"走出去"的步伐,扩大大湾区电影的影响力。

上述建议,简而言之,发展大湾区电影主要是抓住三个关键词:资金、人才、平台。具体来说,第一,拓宽融资方式。在粤港澳大湾区建设发展的推动下,地方政府对电影产业予以政策引导,积极扶持三地电影合作项目,除了设立专项影视发展基金、保障政府投入外,还制定相应政策,开拓海内外企业融资渠道,降低电影版权、广告等方面的税收。除了政府直接或间接投入资金外,还利用大湾区的利好政策,鼓励商业银行向电影投资方发放贷款,鼓励股权融资、网络融资,引进国际化基金与风险投资等,优化电影融资结构。第二,打造大湾区影视中心,培养人才。因地制宜,引导扶持,打造集融资、策划、导演/编剧/演员培训、后期制作为一体的电影制作产业链,发挥影视基地的产业价值和文化价值。第三,构筑产业平台,促进并深化互利合作。在合拍片的制作上,要突破联合摄制、取景等较为浅层的合作,推动创作、制作上的深度合作。利用港澳连接国际的优势,举办粤港澳大湾区国际电影节,在原有的香港、澳门国际电影节基础上,推出电影要素交易平台、项目创投交易平台等,有效融合多方资金,打造粤港澳影视品牌,促进华语电影同世界电影的深入合作与交流。创建"互联网+"平台,寻找热门 IP,结合观众观影大数据,降低投资风险,提高市场盈利;打造线上电影发行平台,提高版权、广告等收益;利用互联网为宣传平台,降低营销成本。

粤港澳大湾区电影产业大有可为,但最重要的是不能仅停留在"说",而是要"有为"。以电影产业带动文化创意产业,以及第一产业、第二产业的发展,实现信息、人才、资源的优化组合,推动产业结构升级,是一条创新驱动发展之路,也是增强文化自信之路。粤港澳大湾区的电影发展应以此为目标。

四、续　言

以上文字写于 2018 年。随着电影市场逐渐走向成熟、观众审美品味逐步提高,以及社交网络快捷传播、大众普遍参与,中国电影市场进入口碑时代。粤港澳大湾区的电影创作,近几年不断推出精品佳作:2018 年,有庆祝改革开放 40 周年的献礼影片《照相师》、潮汕方言电影《爸,我一定行的》、戏曲电影《柳毅奇缘》、合拍片《无双》;2019 年,有献礼新中国成立 70 周年的纪录片《港珠澳大桥》《变化中的中国·生活因你而火热》、故事片《太阳升起的时刻》、艺术片《榫卯》《柔情史》《过昭关》、戏曲片《白蛇传·情》《白门柳》《刑场上的婚礼》;等等。这些影片在社会效益、经济效益以及艺术品质、技术发展等方面,获得了不同程度的成功。2020 年,因受新冠肺炎疫情影响,电影产业遭受重创,电影生产也因疫情耽误。由于国内疫情控制得当,2020 年下半年,电影行业复苏、市场回暖,暂停的项目重新启动,生产创作逐渐恢复。2020 年,大湾区电影生产在等待春暖花开的"寒冬季节",努力开拓市场,以精良作品获得了不少荣誉。比如,《点点星光》荣获第 33 届中国电影金鸡奖最佳儿童片奖;《掬水月在手》荣获第 33 届中国电影金鸡奖最佳纪录/科教片奖,并入选《2020 中国电影调查报告》华语口碑佳片影评人榜。在市场竞争力方面,由广州市英明文化传播有限公司立项的合拍片《拆弹专家 2》,延展原有 IP,在故事结构、人物设置、特效场面等方面较之《拆弹专家 1》全面升级,为市场贡献了一部高完成度的商业片,叫好又叫座,至 2021 年 2 月,票房超过 13 亿元,以过硬的品质赢得口碑、收获市场。在《2020 中国电影调查报告》中,《拆弹专家 2》同时入选 2020 华语口碑佳片影评人榜和观众榜。随着粤港澳大湾区发展规划的出台以及大湾区各城市相关措施的落实,合拍片在人员流动、资金支持以及推动产业发展方面迎来新的机遇,相信合拍片会有更大发展。由广东博纳影业、珠江电影集团、湖北长江电影集团联合出品的《中国医生》,是 2021 年观众最期待的影片之一。

　　电影品质在提升,电影人才队伍也在注入"青年活力"。一批年轻的电影人开始崭露头角。例如,马楠编剧并执导的《活着唱着》,在 2019 年第 72 届戛纳国际电影节平行单元导演双周单元首映,并荣获第 32 届中国电影金鸡奖最佳中小成本故事片提名、第 22 届上海国际电影节亚洲新人奖——最佳影片、第 4 届澳门国际影展新华语映像单元最佳剧本奖。黄梓编剧并执导的《小伟》(原名《慕伶,一鸣,伟明》),在 2018 年入围第 3 届平遥国际电影展"发展中电影计划(WIP)"单元,并获得"发展中电影计划——最佳导演"的荣誉;2019 年入围第 13 届 FIRST 青年电影展最佳剧情长片,并获得评委会大奖;2020 年入围第 23 届上海国际电影节亚洲新人奖——最佳影片。高鸣执导并参与编剧的《回南天》,于 2019 年入围第 3 届平遥国际电影展"发展中电影计划(WIP)"单元;2020 年入围第 49 届鹿特丹国际电影节"光明未来"单元、第 14 届 FIRST 青年电影展剧情长片竞赛、第 44 届香港国际电影节新秀电影竞赛(华语)单元,并在第 21 届全州国际电影节国际竞赛单元荣获首奖 Grand Prize。可以看出,一批中青年编导已经成长,大湾区电影事业后继有人。

守正出新，融合发展[*]

——粤港澳大湾区广播电视文艺观察

宁 群 贤

随着粤港澳大湾区建设发展的加速推进，大湾区广播电视文艺发展越来越呈现多元性、地域性的特点。广东在广播电视文艺事业的建设中，一方面立足本土，融入地方特色；另一方面，坚持创新，结合时代精神，推出了一批又一批观众喜闻乐见的新节目，满足了大湾区民众的精神文化生活需求。

面对新媒体的冲击，各级广播电视机构都面临经营上的巨大挑战，普遍存在开机率下降、整体收入下滑等现实问题，但均采取了积极的举措，迎难而上，化危为机。立足广播电视台自身多年积累的优势，开发网络电视台、"两微一端"等平台，进行线上线下联合经营，充分发挥新媒体的矩阵作用，着力增强传播力和影响力，在一定程度上缓解了行业发展的阶段性困境。

广播电视是党和人民的喉舌，也是民众喜闻乐见的精神食粮。广东广播电视文艺地处改革开放的前沿阵地，拥有得天独厚的优势，粤港澳大湾区融合发展为广播电视文艺繁荣发展提供了新平台和新动能。以广东广播电视台为引领、大湾区内地各市与港澳的广播电视机构为辅的媒体方阵，把粤港澳大湾区人们的精神文化生活联系在一起，也有力促进了广东经济、政治、文化等各方面的建设和发展。

本书主要关注 2017—2018 年度粤港澳大湾区范围的广播电视文艺，特

---

* 本书主要介绍广东省（粤港澳大湾区内地 9 市）广播电视业发展，兼论港澳广电产业及其与内地的合作。

别是广东广播电视台旗下的卫星频道（即广东卫视）、珠江频道，以及广州广电集团、深圳广电集团旗下的主流频道（频率），辅之珠海、肇庆、佛山、东莞、中山、江门、惠州7个地级市的广播电视台，TVB、澳亚卫视两个境外电视机构，梳理2017到2018年大湾区广播电视机构推出的新闻、综艺、纪录片，特别是围绕中共十九大精神、习近平新时代中国特色社会主义思想、改革开放40周年等主题宣传推出的新节目、新栏目，探讨粤港澳大湾区广播电视文艺取得的成绩、存在的问题和今后的方向，加强对大湾区广播电视文艺建设和文艺发展现状的了解与研究，为推动大湾区广播电视文艺发展提供基础性的研究支撑和参考。

一、广东广播电视节目取得新成就

2017年，中共十九大胜利召开，确立习近平新时代中国特色社会主义思想为党的指导思想。2018年是贯彻落实中共十九大精神的开局之年，是决胜全面建成小康社会、实施"十三五"规划承上启下的关键一年，也是改革开放40周年，更是广东广播电视加快发展、深化改革的重要一年。在这两年间，广东广播电视在习近平新时代中国特色社会主义思想和中共十九大精神指引下，推出了许多传递正能量的作品，正确引导了舆论。特别是2018年，是中国改革开放40周年，具有独特的意义。广东主流广电媒体多管齐下，推出了一系列脍炙人口、丰富多彩的节目，深受观众欢迎和喜爱。同时，在粤港澳大湾区建设发展的推动下，广东电视媒体与港澳电视机构在多方面进行合作，加大投入打造精品节目，推出了一批观众喜闻乐见的新节目，为粤港澳大湾区文化建设注入了新的血液。

（一）坚持新闻立台、政治家办台理念，主题性宣传报道浓墨重彩

在2017—2018年度，广东各级广播电视机构深入贯彻习近平新时代中国特色社会主义思想、中共十九大精神、习近平总书记系列重要讲话精神、全国和广东宣传思想工作会议精神，牢牢把握正确舆论导向，精心组织做好宣传报道，推出了许多弘扬正能量、反映时代精神的节目。

2017 年,广东广播电视台、广州广电集团、深圳广电集团以及其他地市广播电视制作播出机构推出了一系列的专题报道,主要集中在中共十九大、全国两会、学习贯彻习近平总书记系列重要讲话精神、香港回归 20 周年、粤港合作、广东省两会、广东省党代会、广东省委十二届一次和二次全会、"一带一路"国际高峰论坛、广东金砖国家领导人厦门会晤等重大时政题材,以及第十三届全国运动会、2017 年春运、抗击强台风等重大主题报道。

中共十九大是中国政治生活中的大事。中共十九大召开之前,广东各级广播电视媒体均作了浓墨重彩的铺垫性报道。广东广播电视台除了以新闻播报的形式报道外,还辅之以原创 MV《砥砺奋进》、宣传推广片《广东形象,全球首发》、电影《南哥》、人物纪录片《中国梦·创新动力》、H5《喜迎党的十九大知识竞答》、专题《聚焦十九大广东代表团》、访谈节目《十九大代表》、网络直播等方式进行报道。触电新闻客户端还专设了中共十九大频道板块,并与广东卫视旗下的《广东新闻联播》栏目同步推出《砥砺奋进的五年》《一起读报告》《代表零距离》《我从基层来》《奔康在路上》《我的朋友圈:美好的生活》等九大专题,以及广播访谈节目《代表会客厅》,传递盛会声音,讲好广东故事。围绕宣传主题,广东各地市广播电视机构均作了报道。比如,深圳广播电视台在中共十九大的报道上,以电影《你若安好》献礼中共十九大,并推出多个专题,如《争创新业绩,迎接十九大》《党代会声音》《十九大代表回基层》《走基层,看新风》,还融合其他新闻媒体关于中共十九大的专题,如新华社的《党的十九大代表是怎样》《"数"说十九大报告》、微视频《十九大代表》、网络直播等。中山广播电视台通过多平台分发,推出不同的专题报道,在《中山新闻》《967 中山广播新闻》和中山手机 App 上推出《砥砺奋进的五年》《喜迎十九大》《湾区时代,国家战略下的机遇与挑战》;同时,还在不同的频道推出不同的专题节目。比如,在中山电视新闻推出题为《航拍中山》的新闻特辑,并通过中山手机台 App 同步呈现;在《967 中山广播新闻》推出人物专访《五年说变化》、专题《记者走基层——中山 2017 十件民生实事巡礼》;在中山新闻推出电视新闻《"伊"访谈·我们这五年》;在中山手机台 App 上推出《筑梦·这五年》。

中共十九大召开过程中及闭幕后,贯彻落实中共十九大精神、深入学习习近平新时代中国特色社会主义思想是广东各级广播电视机构宣传报道的主线。广东卫视先后开设《学习宣传贯彻党的十九大精神》《在习近平新时代中国特色社会主义思想指引下——新时代、新作为、新篇章》《学习贯彻落实习近平总书记视察广东重要讲话精神》等专题报道，并通过旗下的网络平台，如网络电视台、客户端、官方微博及微信公众号等进行分发，突出做好以习近平新时代中国特色社会主义思想为中心的宣传报道，将习近平新时代中国特色社会主义思想与中共十九大精神传遍南粤大地。在习近平总书记参加中共十九大广东代表团审议当晚，广东广播电视台旗下的栏目以及触电新闻客户端、荔枝网第一时间推出特别报道，触电新闻的短视频《习近平参加广东代表团审议》的点击量达 1000 万+；各重点新闻栏目和新媒体平台从当晚开始，先后开设《学习贯彻习近平总书记重要讲话精神》专栏和《为了实现总书记"四个走在全国前列"的嘱托》《地市一把手访谈》《经济发展新亮点》等系列报道 10 多个，播发稿件 400 多条次，持续深入报道广东省委省政府、广东各级各部门学习贯彻习近平总书记重要讲话精神的新举措、新作为、新成效。

（二）讴歌改革精神，全景展现广东改革开放 40 周年伟大成就

为迎接改革开放 40 周年，广东各级广播电视媒体均制作推出了纪录片、新闻专题片、电视访谈、综艺节目、广播专题节目、广播剧等各具特色的节目，形成庆祝改革开放 40 周年的强大舆论声势。这些节目一方面立足广东本地，聚焦改革开放 40 年间个体的故事，以他们生活的改变带出整个社会、国家的变化；另一方面，通过广东各地 40 年来的变化，展现祖国在政治、经济、科技、文化、社会等方面的进步，反映社会的变迁和个人的成长。

广东广播电视台以庆祝改革开放 40 周年为主题，推出了纪录片《四十年美好生活》《风云四十年》《农村改革四十年》、广东改革开放 40 年展览系列宣传片、电视剧《面向大海》、广播剧《春暖南岭村》《一次多出来的"深海穿针"》、专栏节目《壮阔东方潮，奋进新时代——庆祝改革开放 40 年》、电视新闻专题"敢为天下先"、广播新闻专题"40 名外国人看改革开放 40 年"等一批重点项目，浓墨重彩地开展主题宣传。在纪录片方面，由马志丹工作

室策划制作的《四十年美好生活》在工农兵学商艺中各选取一个代表人物，通过他们的成长故事反映出祖国40年的变迁。《风云四十年》向观众解读中国改革开放的热点问题，讲述改革开放40年历史背后鲜为人知的故事，还原我国改革开放重大转折和重要决策的历史细节。广播剧《一次多出来的"深海穿针"》，以港珠澳大桥岛隧工程总工程师林鸣为原型，塑造了李一鸣的形象，因为"最终接头"处16厘米的横向偏差而迫使他要作出一个可能是这一生中最冒险也最艰难的抉择。在这个抉择过程中，鲜活地刻画了以李一鸣为代表的港珠澳大桥建设者勇于承担历史赋予的神圣职责，以及他们严谨、科学、高效的大国工匠精神和精益求精、勇于创新的时代精神，围绕中国梦主题，生动再现了社会主义核心价值观，为改革开放40周年献礼。

深圳广播电影电视集团推出了科技纪录片《创新中国》和综艺节目《图鉴中国》。《创新中国》由中央电视台纪录频道和深圳广播电影电视集团联合摄制、央视纪录国际传媒有限公司承制，是世界首部全片采用人工智能配音的纪录片。该片关注最前沿的科学突破和最新潮的科技热点，聚焦信息技术、新型能源、中国制造、生命科学、航空航天与海洋探索等前沿领域，用鲜活的故事记录当下中国伟大的创新实践。深圳卫视在2018年第四季度推出全民互动、全媒联动的经典对比照分享节目《图鉴中国》，节目由赵屹鸥（鸥哥）主持，先后邀请曹景行、白岩松等图鉴嘉宾和图片分享嘉宾，以对比照片呈现社会发展和巨变，献礼改革开放40周年。全季节目共11期，兼顾新闻式立意、纪录片式内容和综艺式外壳。每期节目邀请来自各行业的三组时光见证人，带着自己的对比照片，与两位图鉴嘉宾分享他们对比照片背后的精彩故事；并同步发起全民互动、全媒联动的"图鉴中国对比照"分享活动，共同见证改革开放40年间祖国的巨变、社会的变迁和个人的成长。

为庆祝改革开放40周年及中山设立地级市30周年，中山市委宣传部、中山广播电视台、广东声屏传媒制作了5集4K电视纪录片《新时代　新征程》。作品用影像方式回顾改革开放的历程、讴歌新时代的中山。全片以4K标准进行摄制，这也是中山首部4K纪录片。

东莞广播电视台、中山广播电视台、广州广播电视台则联合推出了题为《壮阔东方潮，奋进新时代——庆祝改革开放40年》的专栏节目。该节目以专题报道的形式,深入回顾改革开放 40 年的历史足迹,带领观众一起重温了东莞、中山、广州三地改革开放历程中的点点滴滴,特别是中共十八大以来全面深化改革、扩大对外开放取得的经验成果,通过见证众多城市建设者的奋斗拼搏,展望美好未来。

香港电视广播有限公司(TVB)在 2018 年 8 月 30 日推出专题节目《改革开放四十周年》,一共 10 集,主要从经济、民生、政策等各方面检视中国的改革开放道路,并提出两个非常值得思索的问题,即:改革开放如何改变一个国家,以至在国际间带来什么影响?随着国家经济实力拾级而上,香港昔日的角色和地位逐渐改变,在"一带一路"和粤港澳大湾区两项国家发展策略推动之下,香港在未来应如何自处?

除了主流广播电视媒体,市场化程度较高的专业影视制作机构也纷纷聚焦改革开放 40 周年这一重大主题,出产了诸多影响较大的影视作品。由深圳市纪录片发展促进会主导拍摄的城市纪录片《深南大道》,在 2018 年 7 月 1 日举行开机仪式。正如长安街之于北京、香榭丽舍大街之于巴黎,深南大道见证了深圳 40 年的变迁。从历史最为悠久的南头古城,到改革开放第一试验区——蛇口招商工业区,从代表"深圳速度"的国贸大厦,到新时代建成的南山科技园……深南大道如同一卷悠长的电影胶片,展示着深圳这座最年轻的一线城市的迅猛城建史和产业发展史,展示着中国改革开放政策促进地方经济社会发展的成功案例。

(三)为时代留影,为改革立像,南派纪录片的品牌越擦越亮

近年来,南派纪录片呈现勃发之势,原因有三:一是国家对纪录片的大力扶持,为纪录片的长足发展提供了良好政策环境;二是新媒体环境下,随着观众审美趣味的分流,主流媒体重新审视并重构自身传播价值,为纪录片发展提供了新的机遇;三是历届广州国际纪录片节的成功举办,为南派纪录片走出广东、走向世界提供了不可多得的平台,不断激励着主流广电媒体与民间制作机构加大对纪录片创作的投入。

2017—2018 年,南派纪录片延续近年来量多质优的良好势头。广东广播电视台推出的纪录片有《追梦在路上》《秘境神草》《老广的味道》《四海

逐梦记》《食品安全》《中国梦·创新动力》《其命惟新·广东美术百年大展》《悬壶岭南》《印象海丝》《粤港澳大湾区》等。其中,纪录片《粤港澳大湾区》由中央广播电视总台、广东省委宣传部和广东广播电视台联合摄制,一共3集,每集50分钟。该片主要从粤港澳三地合作的历史和成果出发,对标世界一流湾区发展现状和不同的发展道路,阐述粤港澳大湾区作为世界第四个湾区的硬实力、软环境,探索粤港澳大湾区发展的方向、路径和目标愿景,让观众以全新角度重新了解和审视经过改革开放40年发展出来的全新的大湾区,探寻大湾区引领时代发展的原因。同时,该片还全程采用4K拍摄、4K剪辑、4K播出,为观众带来超清画质的全新体验。

深圳广电集团策划制作的纪录片更多聚焦深港两地间的故事,着力表现大时代、大环境背景下普通人的生活故事。纪录片《通途》通过壮观震撼的大规模航拍现场、生动热络的生活场景、让人感动的历史故事,实现"大主题小切口""大时代小故事""严肃话题百姓表达"的有机结合,呈现"自强不息,充满干劲"的精气神。此外,深圳广电集团还推出了反映深港分隔两地的纪录片《深圳同舟二十年》《深圳河》。《深港同舟二十年》选取并讲述了不同年龄层深港两地居民特别是港人在深圳的故事,通过记录他们的经历与情感、梦想与追求,反映出深圳和香港这两个一河之隔的城市在改革开放和中华民族伟大复兴历程中,共同成长、共筑中国梦、共享国家发展伟大成果的辉煌历程。全片分为《兄弟同行》《厂店蝶变》《创新联动》《医疗共享》《文化双城》《跨境生活》《追梦青年》《湾区共筑》8个篇章。为庆祝香港回归20周年而拍摄的《深圳河》,记录了临河两岸、双城分界的两种制度及两种生活方式,通过一条河流重溯了两个城市的记忆与精神内核。

广东其他地市的广播电视媒体均高度重视纪录片创作,很多作品赢得了业内专家和观众的广泛好评。广州广播电视台推出的大型人文纪录片《灯塔》,以舢板洲灯塔作为故事背景,反映了古老的海上丝绸之路上中西文化之间的交流碰撞,旨在让历史照亮未来、以开放融入世界。佛山广播电视台的纪实栏目《经历》先后推出了《平安的守候》《我在非洲修机场》《"寻味"之后》《摩族猎人》等节目,记录了大时代背景下佛山人的生命故事。珠海广播电视台制作的《特区中的特区》系列纪录片,分为《荒岛巨变》《双城故事》《湾区共荣》《创新之路》《创业福地》5集,通过澳门和横琴两地的企业家、创业者、普通人的故事,讲述横琴岛从蕉林绿野到家园城市的巨变,让观众感受一个个翻天覆地的"横琴奇迹"。

(四)创新创优节目形态,各类型节目推陈出新、成果丰硕

2017—2018年,广东各级广播电视机构立足自身优势资源,围绕频道(频率)定位,创新创优节目形态,推出了一系列定位清晰、特色鲜明、兼顾市场效益和社会效应的社教与综艺节目,为广东广播电视赢得了良好的口碑。在节目内容创新的同时,广东各级广播电视台加大技术创新力度,积极应用4K技术,给观众带来全新的视听体验。

广东广播电视台在2017—2018年期间创新节目形态,推出谈话类栏目《风云粤商》、商业纪实访谈节目《我有嘉宾》、生活类综艺节目《零点食神》等。引发媒体广泛关注的是大型原创中国经典音乐竞演节目《国乐大典》。《国乐大典》的节目内容围绕中国民乐这个主题展开,6个中国顶级民乐乐团首发,多支补位乐队参与,共有12个乐团的多位国乐演奏高手同台竞技。乐团以传统民族乐器演奏中国经典音乐曲目,通过12场器乐比拼,最终获胜的6支乐队在国家大剧院舞台上演国乐巅峰盛典。跟大多数省级卫视把大型节目外包不同,《国乐大典》以广东卫视"梦之队"导演团队为班底,集合了广东广播电视台各部门共280多名工作人员,是完全原创的"广东制造",展现了广东广播电视台的制作实力。《国乐大典》从提出创意、前期策划到制作播出,历时2年,通过专家和团队的反复打磨,最终呈现出这个完全原创的节目模式。乐团甄选方面,节目组力图多元化、全方位地呈现中国民族音乐的魅力和风采,突出具有代表性的音乐类型,展现国乐的丰富内涵。节目采用"竞演+鉴赏+点赞"的模式,"文""武"兼备,实现更加立体化的表达。《国乐大典》另一个重要的核心,在于对中国经典音乐的全新演绎。节目以"揭开中国音乐之美"为口号,用传统民族乐器演奏中国经典音乐曲目。所有曲目都进行了全新的编配,有些还进行了不同曲目的混搭,让观众在对耳熟能详的旋律产生共鸣的同时,又能从全新的角度,全方位认识

民族器乐,领略中国经典音乐的魅力。

近年来,文化类节目的兴盛成为国内电视荧屏的一大亮点。从《中国诗词大会》《见字如面》到《朗读者》,文化类节目接连火遍电视屏幕、网络平台和社交网络。这一方面得益于国家对主流文化的积极引导,另一方面是各大电视媒体对一个时期以来电视荧屏过度娱乐化反思和回归的必然结果。文化类节目也成为广东各地主流电视媒体创新节目形态的突破口。广东卫视除了推出《国乐大典》外,还推出了《我是讲书人》。《我是讲书人》第一季,是由樊登读书会出品、樊登读书会与广东卫视联合制作的一档文化类讲书竞技节目。选手读完一本书并根据自己的理解在有限时间内讲述书中的知识点,通过"大咖"评委的点评决出优胜者。国家广电总局监管中心专题点评了广东卫视大型原创文化读书类节目《我是讲书人》,称将"讲书"这种新颖的读书交流方式搬上电视荧屏,通过讲书人丰富多彩的读书分享,传递读书乐趣,陶冶情操,启迪心灵。除广东卫视外,深圳卫视也推出了《一路书香》《诗意中国》《大地艺术家》等几档文化类创新形态节目。《一路书香》是国内首档创新形态的文化探寻节目,由窦文涛与张星月携手主持。每期邀请一位嘉宾与窦文涛、张星月组成"书香三人组",通过深读与行走,探寻岭南的古风乡情,发现文化经典与人文故事。《诗意中国》是一档文博推理秀节目,探寻者从亲身感悟的诗意生活出发,引入当期节目主题,结合现场还原的古人生活场景,展现国人独有的生活方式和生活哲学,让人们更懂精致生活的奥妙,构建属于每一个人的诗意城邦。《大地艺术家》突出三个关注——关注生活、关注"三农"、关注乡村振兴。节目邀请12位优秀艺术家入驻九重镇陶岔美丽乡村,在不破坏原有景观的前提下,与当地能工巧匠一起就地取材,创造出10余个新的、独一无二的、成体系的视觉奇观,揭秘创作背后的艺术人生,挖掘拍摄地默默流传的人文传奇,从而让艺术回馈生活,让秀丽乡村美上添美,为乡村振兴注入精神活力。

影视剧和新闻、综艺娱乐节目是电视节目的"三驾马车"。在影视剧领域,广东广播电视台、深圳广电集团继续发挥龙头作用,大手笔打造精品剧作。广东广播电视台以迎接中共十九大、庆祝建军90周年、精准扶贫为契机打造红色经典剧，先后推出电影《南哥》和电视剧《我的 1997》《热血军旗》《秋收起义》《人民军队忠于党》等多部弘扬主旋律、传播正能量的影视精品。其中，《南哥》作为首部精准扶贫题材故事片，上映后获得党和国家领导人及广东省领导的高度评价。《秋收起义》聚焦秋收起义这一重大的历史事件，用全新的视角、青春的阵容，再现了毛泽东、朱德、卢德铭等革命者组建人民军队、建立农村革命根据地、点燃中国革命希望之火的峥嵘岁月。广东广播电视台旗下广东南方领航影视传媒有限公司与其他影视投资机构联合出品的《热血军旗》，讲述了 1927 年中共中央八七会议前后，中国共产党积极开展创建人民军队的探索和实践的光辉历史，该剧于 2017 年 8 月 3 日登陆央视一套首播，并获得第 31 届"飞天奖"优秀电视剧大奖和第 29 届中国电视"金鹰奖"优秀电视剧奖。深圳广电集团继续加大影视剧投资力度，推出了诸多精品力作。其中引人注目的电视剧，是其与华永集团联合出品的都市情景喜剧《天南地北深圳人》。该剧一共 50 集，主要讲述 5 个年龄相仿的年轻人怀揣梦想在深圳打拼的故事。深圳是一个外来人口居多的城市，在与现实的结合下，该剧将焦点对准在深圳发展中涌现的年轻群体，通过一系列温暖、励志又相对独立的故事，反映出这个群体的精神面貌，并展现改革开放的伟大成就，折射出为实现中国梦而奋斗的大时代背景下的中国风貌。广东其他地市广播电视台自制的电视剧集，大多依然延续过往情景剧、小规模制作的思路。值得关注的，是惠州广播电视台《国学小戏骨》栏目组推出的儿童古装成语故事电视剧《国学校园儿童剧》。该剧将中华民族的优秀传统文化精髓贯穿始终，分为孝篇、悌篇、忠篇、信篇、礼篇、义篇、廉篇、耻篇等 8 个部分。该剧致力于打造真正属于儿童的影视剧，以"提高孩子综合素质，改变孩子一生"为宗旨，让小朋友通过参与演绎经典成语故事的方式，来感受并吸纳传统文化的精髓。香港电视广播有限公司（TVB）则延续了其在都市剧、古装剧方面一贯的制作优势，推出了《再创世纪》《跳跃生命线》《已读不回》《楚汉骄雄》《飞虎之潜行极战》《宫心计 2 深宫计》《迷失假期》《反黑》《溏心风暴 3》《乘胜狙击》《亲亲我好妈》《使徒行者 2》《夸世代》《是咁，法官阁下》等剧目。

二、新媒体环境下,广东广播电视的
危机与应对

(一)主要问题

在新的市场环境和媒介环境下,面对互联网、移动互联网的冲击,作为传统媒体的广播电视业,不同程度面临着收视率下滑、人才流失、内容生产能力不够强、节目创新力不足、传统机制桎梏等问题,具体表现为:

节目创新力不足。广东各级广播电视媒体的节目虽然形态多样,推陈出新,但节目同质化的现象依然十分严重,普遍存在内容生产能力不够强、节目创新力不足的问题。很多电视台在引进国外的节目版权后,直接照搬原有的节目模式而不加改进,缺乏创新思维,没能结合中国国情和本土特点,常常出现"水土不服"的症状。有的节目为了博取观众眼球,存在低俗化、媚俗化的问题。

行业整体效益下滑。当前,电视收视率下滑、开机率降低已是不争的事实。资料显示,从 2016 年开始,广播电视业的全国广告总收入出现下滑,而且,这种下滑的态势越来越明显。2017—2018 年,湖南卫视、江苏卫视、浙江卫视、东方卫视等一线卫视都出现了不同程度的收入下跌,二、三线卫视下滑得更严重,国内地市、县级电视媒体陷入经营困境的不在少数。与此形成鲜明对照的是,新媒体广告收入持续稳定增长。广电媒体广告收入下滑的态势短期内很难扭转,这也成为当前阻碍广东广播电视媒体进一步发展的最大瓶颈。

品牌影响力不强。尽管广东各级广播电视媒体自新时代以来在节目创新、生产经营等各方面取得了一定的成绩,但相比于其他省级媒体而言,广东电视业在全国有影响力的拳头产品和标杆项目还不多,品牌影响力不强。尤其是作为省级卫视的广东卫视,相比国内其他一线省级卫视仍有较大差距。广东卫视在全国省级卫视中的排位及影响力,与广东作为中国经济领头羊、中国改革开放前沿的地位和形象很不相称。

新媒体经营乏力。为适应新媒介环境下传播的需要,当前,各个广播电视媒体均积极拓展新媒体传播渠道,"两微一端"成为各家广电媒体的标配。但这些新媒体产品的设计和开发大多局限于固有传统媒体内容自产自销的运营思维,缺乏平台意识、经营意识、创新意识,用户体验普遍较差,多数新媒体产品沦为摆设,难以实现新媒体向电视荧屏的导流,新媒体投入产出比极不相称。

人才流失严重。近几年,随着新媒体的崛起,广播电视人才跳槽到新媒体已不是新闻。从个人离职到团队跳槽,广播电视正面临人才流失的风险,对广播电视发展提出了严峻挑战。作为创意产业,广播电视最核心的要素是人。广播电视人才之所以抛弃令人艳羡的职业声望和待遇,投身新媒体,一是对行业发展趋势的选择,二是对个人未来发展的预判,三是媒体大融合为人才跨界流动提供了可能。广电人频繁跳槽新媒体,反映的是广播电台、电视台的吸引力在逐渐减弱。广电业界的高管、精英跳槽到新媒体,将动摇广电行业的"军心",导致更多人效仿,降低了广电人的职业忠诚度。目前,广播电台、电视台用人受到传统体制机制的限制,人才使用和晋升渠道不够多元化,广电业还没有普遍实施绩效考核,更谈不上普遍落实职业规划,而采取行政职务提升作为人才激励机制更是对广电人职业理想的扭曲和误导。新媒体频繁伸手从广播电台、电视台挖人,使得本来已经受到严峻挑战的广电行业人力资源管理现状,更加堪忧。

如上所述的几点,既有广电媒体行业性的普遍问题,又有广东广电媒体自身的特定问题。

(二)应对与探索

为应对这些挑战,近年来,广东各主流广电媒体都做了积极的探索,也积累了一定的经验和做法。

坚持"内容为王"。对于传媒业来说,优质的内容是构建自身影响力的重要法宝。媒体是否有生命力,能否吸引受众,获得广泛关注,内容仍是关键。一直以来,广电媒体在新闻报道、大型综艺晚会节目制作、大型活动直播、专业纪录片和专题片制作等方面,都有着新媒体、自媒体不可比拟的优势。要不断强化这些优势,不断创新内容形态,做实、做大、做强内容产业。

加快媒体融合发展。近年来,在媒体融合发展、开展全媒体传播上,广东广播电视台进行了积极的探索,成绩斐然。通过对触电新闻、荔枝台、正直播、粤听 APP 等融媒客户端产品的集群建设,广东广播电视台逐渐打造出一个立体的融媒体宣传矩阵,逐步实现媒体融合从"+"到"融"、从"融"到"合"的转变,把各个传播端口有机地统合起来,打通线上与线下各个环节,形成立体传播、全媒体传播的格局。全媒体、多平台的传播,一方面有利于传统广电媒体突破地域限制,进行跨地区、跨领域、跨行业合作,便于地方媒体走出去,不仅为粤港澳大湾区居民服务,更向其他地区拓展;另一方面,能够突破传统频道、频率的限制,通过社交媒体平台、线下活动与观众互动。

积极推进 4K 频道建设。传播技术的每一次革新,都是传播形态的再造。发展 4K 超高清电视,是广播影视部门贯彻落实中央创新驱动发展战略、促进文化与科技融合、深化广播影视供给侧结构性改革的重要举措,对于满足人民群众日益增长的精神文化需求,提升广播影视传播力、影响力和舆论引导力,促进和推动文化产业与民族工业发展,都具有重要意义。

2018 年 10 月 16 日,广东广播电视台综艺频道 4K 超高清开播活动在广东广播电视台举行。4K 频道的首播意味着广东综艺频道成为全国首个省级电视 4K 超高清频道。4K 指的是超高清分辨率,相当于 2K 投影机和高清电视分辨率的 4 倍。在这个分辨率下,观众可以看清画面中的每一个细节、每一个特写,因此,4K 超高清频道对技术提出了更高的挑战。为了达到超高清播放,广东广播电视台成立 4K 工作领导小组和 4K 节目部,并着手研究符合 4K 技术特点的节目产品开发与精品创作,已将 4K 技术投入创作《国乐大典》《通海夷道》《美丽乡村》《秘境神草》《老广的味道》等十几个精品项目的制作中。同时,与内容供应商深度合作,成立广东 4K 影视内容制作中心,对接内容生产和制播牌照,积极探索 4K 超高清节目生产、销售和运营模式,力争用 3 至 5 年的时间,把广东建设成为影响全国的 4K 超高清节目内容供应商,形成产业链。

强化本土贴近性。广东各级广播电视媒体作为本地的主流媒体,必须强化媒体的本土性、贴近性,凸显媒体的本土服务功能,以增强观众对媒体的黏着度。

以深圳广电集团为例,深圳广播电视台开辟了自媒体频道,即"壹深圳"。"壹深圳"实现双轮驱动。一是提供新闻资讯服务。观众除了在电视观看节目外,也能通过它的微信公众号和APP看节目回播,还能进行节目点播,并进行留言或者评论,增加了互动性。在新闻爆料方面,"壹深圳"推出了一个记者帮,秉承着"哪有不平哪有我,有投诉有爆料,记者帮你来解决"的理念,把各频道、频率的民生新闻报料平台整合到App中,成为市民新闻热线报料新平台。除了传统的广播和电视直播外,"壹深圳"还对市民关注度较高、比较感兴趣的活动进行直播,比如马拉松直播、公益活动直播等;并增加了企业直播服务,比如企业新产品发布会直播、年会直播等,以移动直播、专业直播等形式,为客户提供可供选择的菜单式服务。用户还可以通过看电视摇手机来抢积分、兑奖品,与主播进行在线互动。二是提供天气、交通等民生服务。除了为客户端提供新闻报料、栏目互动、生活服务等功能之外,逐步导入政府公共职能部门的"智慧城市"大数据,致力于为市民提供优质、便捷的公共城市服务。此外,在引进大数据管理基础上,为满足用户个性化定制需求,通过研究受众行为习惯,在首页开辟感兴趣的内容、订阅等功能,实现信息推送的针对性和定制化。

此外,中山广播电视台在建设"智慧中山"移动客户端过程中就引入市场机制,由当地科技公司进行技术开发和市场运营。"智慧中山"能提供中山的交通违章、水电费、公积金、公交车等生活信息,可以订房、订餐、导游等,为市民和游客提供了极大的方便。

延伸产业链。传统媒体的产业链比较单一,主要以广告为营收手段。网络技术的发展,使传媒业有了向上、下游产业链延伸的机会。上游的设备提供商可以依靠机顶盒等硬件设备,向下游的节目内容业务拓展,直接与观众接触;处于下游的广播电视台依靠则可以凭借雄厚的技术资源、内容生产能力、观众资源,向上游扩展。

以珠海广播电视台为例,它通过与终端设备商的合作,推出带有多功能、含有本地特色服务的"智慧电视"。立足珠海,将互联网电视和政府服务相结合,以每月10元的低价,给珠海市民提供高质量的综合服务。"智慧电视"以其独特的优势,一方面提供了便民服务,居民可通过网络电视预约就医、签证,直接对接政务等;另一方面,还为用户提供了许多电影电视资源、健康医疗信息和生活资讯。同时,珠海广电不断丰富互联网电视和网络电视台的功能,尝试对"智慧电视"进行跨行业开发,推出电商平台,以自营的形式保证品质精良,通过互联网电子商务赢利,改变单一的赢利模式。

值得一提的是,2019年,广东省委、省政府将振兴广东卫视作为"广东文化强省建设"的重大举措之一,加大对广东卫视的扶持力度,广东卫视迎来了难得的发展机遇。广东卫视在确立"走在前列、当好窗口"的战略定位的同时,提出了"美好生活倡导者"的品牌定向,在坚持党管宣传、党管媒体原则基础上,践行"开门办卫视、全台办卫视"发展路子,并通过了《广东卫视振兴发展三年规划纲要(2019—2021年)》。"改革、振兴"成为2019年之后广东卫视乃至广东广播电视台的关键词。经过一年的努力,广东卫视各项改革成效显著。从收视排名来看,广东卫视在省级综合性卫视排名中稳居全国前十,传播力、影响力、公信力大幅提升,各种指标都上了一个新的台阶,平台的新气象也初步彰显。

三、广东广播电视积极融入粤港澳大湾区文艺

半个多世纪以来,广东电视人借助毗邻港澳的先天地域优势,通过学习港澳电视机构在电视节目制作上的经验,借鉴其节目制作模式,并与港澳电视台积极合作,推出了许多具有代表性和象征性的电视剧、新闻节目、综艺节目与晚会。

早在1979年1月29日,广东电视台就和香港电视广播有限公司(TVB)合办了《羊城贺岁万家欢》,成为中国电视史上首次电视春晚。《羊城贺岁万家欢》是内地电视媒体第一次与香港电视媒体跨境直播,也是内地电视媒体首次与香港电视媒体合作,具有标志性意义。这次晚会由TVB的《欢乐今宵》做班底,在广州烈士陵园举办,一共4小时。节目内容兼有歌曲、舞蹈、杂技、小品、粤剧等多种文艺形式,穿插了广州风貌、名胜古迹、

市民闹新年的场面，中心舞台选在外景，多场景切换、运动镜头、实景表演等形式令人耳目一新。

在综艺节目方面，1980年，广东电视台电视部文艺组的白英杰安排一群编导，扛着一台老土的电视机，住进了东莞某公社招待所，悄悄架起鱼骨天线，反反复复地收看了一个星期香港电视广播有限公司（TVB）的《欢乐今宵》，这就是内地电视综艺节目最原始的模仿阶段。在借鉴了《欢乐今宵》的节目形式后，广东电视台推出了自己的节目《万紫千红》。刚开始时，《万紫千红》主要走杂志式栏目的路线，采用录播形式，糅合了一些歌唱、舞蹈、电视小品和人文风情介绍。到后来，《万紫千红》作出了一系列的根本改变，在学习香港经验的基础上，将报幕员变成主持人，提出"月月下珠江，周周有晚会"的口号，定下"以娱乐性为主，兼顾欣赏性、知识性、趣味性和教育性"的宗旨，并将节目搬到演播室，采取直播的形式，进行多机拍摄，与观众进行互动。《万紫千红》持续了15年之久，总共1044期，但随着节目的发展，也出现了个别节目质量下降、制作粗糙、内容不出彩等问题，被公开指责"不适应时代的要求，不再适合出现在荧幕上"。1995年，《万紫千红》逐渐淡出历史舞台。

在新闻节目方面，受香港电视的新闻节目启发，1986年，广东电视台珠江频道开办了早间新闻《早晨》。这是内地电视业最早的早间新闻，但当时的反响不大。

在电视剧方面，20世纪80年代中期，广东电视台也曾推出一些电视剧，但大多数是从外面引进的，收视率不高，并且没有企业投放广告，直到引入的港剧《流氓大亨》达到76%的收视率，出现了万人空巷的场面。于是，早期的广东电视人便借助毗邻香港的便利，带队去香港学习，发现香港电视剧采用的是一种工业化、流水化工艺。之后，广东电视人很受启发，并借鉴这种模式，推出了《万花筒》《公关小姐》《情满珠江》《英雄无悔》等电视剧，大受观众欢迎。

但总体看起来，半个多世纪以来，广东广电人对港澳的广电产业基本上处于学习、模仿、借鉴阶段，广电媒体和港澳电视之间的联系不甚紧密，合作不够深入，互动性不强，合作项目缺乏延续性。粤港澳大湾区的建立，为三地的深入合作提供了契机。三方应增进彼此互动,互学互进,把握发展机遇,为大湾区文化注入新活力。2017—2018 年,粤港澳广电界的互动频次明显加快,成果显著。

(一)以平台建设为抓手,构建大湾区影视生态

2017 年 7 月 26 日,由中国加拿大梦想拍电影国际青年电影季、北京电影学院培训中心、广州影视产业联盟、广州国际影博会、中国微电影联盟网、香港社企协会、澳门国际青年电影促进会、珠海微电影协会、两岸四地微电影联盟等九个广东地区和两个港澳地区的影视相关协会、机构共同发起的粤港澳大湾区影视联盟成立。该联盟旨在大力推动中国影视文化发展,把"一带一路"倡议和粤港澳大湾区的文化建设结合起来,致力于将联盟打造成为"一带一路"影视文化艺术合作共赢的平台,率先营造国际化、专业化的影视氛围,帮助影视企业及影视作品"引进来"和"走出去"。

2018 年 8 月 18 日,"一带一路"文化发展论坛暨粤港澳大湾区文化合作高峰论坛在深圳举办,会上还成立了粤港澳大湾区文化产业联盟与旗下大湾区影视生态产业创新战略联盟双筹委会。该筹委会旨在汇集产业多方智慧,开启大湾区文化产业共同合作的新征程,互联互通,打造全球文化创新高地,共建大湾区文化繁荣可持续发展景象。中国粤港澳大湾区影视生态产业创新战略联盟(GIFT),是通过联盟成员之间友好协商,自愿结合而成的,以区域辐射全国的专业性、会员制社会组织。它旨在搭建粤港澳大湾区影视生态文化发展综合服务平台,培育高效统一的、以区域辐射全国的影视产业文化资源交易市场,振兴并推动大湾区影视文化产业健康、持续发展。正如该联盟发起人之一、广东广视传媒有限公司总经理杨德建在论坛上的发言中提到的,大湾区影视生态产业创新战略联盟成立后最重要的任务,就是把文化资源、产业链条、媒介资源联通起来,把广东以及粤港澳大湾区的影视文化产业生态建立起来,以创新的模式为粤港澳大湾区的影视产业作贡献。

2017 年 12 月初,第三届粤港澳台微影视作品文化交流周在惠州举行,这次粤港澳台微影视作品交流活动一共持续了 8 个月。活动从 2017 年 4

月正式启动，4—9月征集微影视作品，接着进行为期两个月的微影视作品评审推介，11—12月征集进行创作采风交流活动，最后，在12月初进行为期一周的微影视作品交流。

同时，惠州罗浮山影视文化产业基地将建立9个摄影棚，立志将罗浮山影视文化产业基地打造成粤港澳大湾区最大的摄影棚拍基地，为大湾区的影视制作提供场地，奠定大湾区电视文艺发展坚实的基石。

（二）以青少年活动为桥梁，促进大湾区影视文化交流

除了电影文化交流，粤港澳大湾区还通过实践活动将大湾区的青少年聚集在一起，增进彼此间的理解，发掘潜能，以期加深粤港澳青少年之间对各自文化的了解，加强认同感，更好地投入到粤港澳大湾区的文化建设中来。

2018年6月23日，佛山市政协港澳委员伍庭光，率领2018粤港澳大湾区香港青年实习计划（佛山）成员约180人，到达西樵山国艺影视城进行文化交流活动。希望通过更多的这类优质项目，为广大港澳青年体验内地职场文化、加深对内地发展的认识，提供最好的平台和资源，进一步推动港澳青年参与粤港澳大湾区建设以及"一带一路"倡议，共同分享内地发展的机遇。

2018年7月13日，2018粤港澳青年文化之旅在澳门启动，来自粤港澳地区多所高校的近110名大学生于粤港澳三地展开为期10天的文化之旅。为了让他们更加深入地了解粤港澳文化及经济社会发展状况，促进三地大学生的交流与联系，主办方精心安排了极具文化特色的项目和活动：首站到澳门，体验中葡文化交融之美；次站转往香港；最后一站才是广东。

2018年8月12日，腾讯与香港新世界集团联合主办的第二届粤港澳大湾区青年营毕业典礼在香港青年广场举行。来自粤港澳三地36所学校的220名青年，通过一系列的科技与文化体验活动，加深对大湾区的认识，发掘自己的潜能及梦想，向大众展现出大湾区青年成为"3C"—"Connector""Crossover""Creator"型人才的巨大潜能。

2018年，粤港澳大湾区青年营以"粤港澳新青年"为主题，于7月23至

29 日与 8 月 6 至 12 日分两期举行,在深圳、香港两地举办。青年们走进腾讯、新世界集团、大疆、万国体育等众多大湾区创新企业、机构,接触前沿科技与传统文化。青年们在香港知名青年导演陈志发指导下创作微电影,并在毕业典礼上发布了以"This is us"为主题的微电影展。

(三)以具体项目为带动,共建大湾区广电文化

粤港澳大湾区建立之后,广东广播电视台率先聚焦各重点新闻栏目,播出相关新闻上百条,并推出《广东:抓住粤港澳大湾区重大发展机遇,加快形成全面开放新格局》等系列重点专题报道。广东卫视、广东国际频道等创作播出大型专题片和纪录片《纵横大湾区》《粤港澳大湾区》《一个美国制片人眼中的粤港澳大湾区》。在港珠澳大桥正式通车之际,广东卫视、新闻频道、触电新闻等推出大型直播节目《筑梦伶仃洋——港珠澳大桥通车特别直播》,新闻广播频率推出特别直播节目《跨越港珠澳》;触电新闻客户端开设的专题《直击超级工程港珠澳大桥通车》收录稿件 348 篇,全网点击量超过 3700 万。同时,充分发挥粤港澳三地文化同源的优势,积极推动粤港澳大湾区文化合作与交流,参与举办 2018 全球微粤曲大赛(第四届)演唱赛暨首届作品创作赛澳门赛区、香港赛区和海外赛区活动,《粤唱粤好戏》等粤剧和粤曲栏目与香港、澳门的曲艺社合作录制粤曲演唱会,联合主办《音乐先锋榜》《音乐先锋榜三十载荣耀盛典》等。

为全面贯彻中共十九大精神以及习近平总书记对广东重要指示、批示精神,2018 年 4 月 24 日,由广东广播电视台珠江频道联合深圳市粤港直通广告有限公司主办的打造粤港澳大湾区电视媒体矩阵暨粤港直通 TV 启动仪式,在广东广播电视台演播厅举行。会上,广东广播电视台副台长杨卓兴表示:"珠江频道与广九直通车并肩携手,在中国铁路联合打造首个跨域发展媒体平台——粤港直通 TV,是积极响应国家推进粤港澳大湾区建设的重要举措。希望我们能够不断加强粤港澳三地紧密联系,加快形成全方位交流与合作的良好局面,携手走向世界。"

在电视台合作方面,2018 年 2 月 8 日,广东广播电视台国际频道正式落地澳门。广东国际频道是广东广播电视台以境外播出为主的电视频道,

也是中国第一个以英文为主的省级国际频道。节目以新闻资讯和纪录片为主,每天24小时滚动播出动态新闻,为澳门同胞及广大侨胞提供了一个更好了解祖国内地特别是广东省发展变化的新窗口,对讲好中国故事、广东故事具有重大意义。

肇庆广播电视台协助香港电视广播有限公司(TVB)进行了《走进大湾区》和资讯节目《大湾区活好D》的拍摄。《大湾区活好D》是香港电视广播有限公司在2018年9月25日全新上映的旅游节目,主持人由肥妈和陆浩明担任。节目以高铁网络逐渐通达及港珠澳大桥通车为背景,以粤港澳大湾区城市间一小时之距为由头,以扩大"一小时生活圈"版图为出发点,由肥妈以"活好D"精神,带领陆浩明以及一众艺人,深入惠州、江门、中山、佛山、肇庆、深圳多地,详尽介绍当地"住好D"优势及置业情报、"食好D"之选及购物消遣好去处,让观众对大湾区生活有更深的认识。同时,香港电视广播有限公司还在内地推出官方App"埋堆堆"。"埋堆"在粤语里意为一群人围在一起,在这里表示将爱看香港电视广播有限公司剧目的人聚在一起。在"埋堆堆"中,香港电视广播有限公司与肇庆广播电视台共同推出《锋·趣生活》栏目。

放眼世界，筑梦未来

——粤港澳大湾区音乐观察

陈浚辉　屠金梅

在粤港澳大湾区建设发展的宏大乐章中，文化潜移默化地串联起粤港澳合作发展的音符，奏响了总乐章的嘹亮号声。音乐艺术作为粤港澳大湾区文化的重要组成部分，在大湾区文化建设中具有十分重要的地位。回眸2018年以来大湾区的音乐艺术，音乐工作者为构建大湾区音乐文化体系相互交流、不懈努力，共同以繁荣大湾区的音乐事业为目标，丰富大众的音乐文化生活。在传承和发展传统音乐，推动音乐作品的创作、演出等方面，都取得了骄人的成绩。

一、音乐教育和交流平台建设先行

音乐艺术的发展，有赖于音乐人才的培养和交流。近年来，音乐与教育界人士致力于打破粤港澳音乐教育交流合作的体制壁垒，推动粤港澳大湾区音乐教育协同发展，为粤港澳音乐艺术的合作建设提供了强有力支持。

（一）成立粤港澳大湾区音乐教育与艺术发展联盟

2017年12月11日，粤港澳大湾区音乐教育和艺术发展的高端合作共享平台——粤港澳大湾区音乐教育与艺术发展联盟，在星海音乐学院宣告成立。中央政府驻香港联络办宣传文体部容艺文、广东省政府港澳办社会处何勉之、广东省教育厅许顺兴等领导和联盟成员的代表、嘉宾，出席了成立仪式。这标志着内地与港澳的音乐交流及合作登上新的历史起点。粤港澳大湾区音乐教育与艺术发展联盟，由粤港澳大湾区 14 所艺术院校、5 个演出团体及 5 家剧场等 24 个成员单位组成。该联盟旨在有计划地策划举办粤港澳大湾区大型国际音乐节，以及粤港澳大湾区音乐艺术发展高峰论坛，推进国家重大音乐创作项目建设，促进政府、行业与各成员单位之间的联系；建立粤港澳大湾区音乐家、行业领军人物、艺术人才动态共享智库，服务大湾区的音乐文化建设等。星海音乐学院院长蔡乔中在该联盟成立仪式上指出，作为联盟倡议单位，星海音乐学院将在联盟中发挥重要作用。该学院将联合高校及行业资源，创办一批音乐产业，培养表演、创作、研究等高端音乐人才和群体，聚集各类高质量音乐艺术文化成果；构建音乐研创与表演实践交流平台、音乐文化研究基地、音乐人才培养协同创新中心、对外交流合作中心、音乐产业发展合作创新中心等联盟下属平台，并承担联盟各项项目的实施与落地。

2018 年 5 月，该联盟成功主办粤港澳大湾区首届大学生艺术节，这是粤港澳大湾区青年学生音乐交流的首次盛会。通过直播，直接参与艺术节的观众达 21 万人次。此外，该联盟举办的首届粤港澳大湾区音乐教育高峰论坛，有力地促进了粤港澳三地的音乐教育学术研讨，加深了三地音乐教育界的相互了解，共同为搭建内地与港澳的音乐教育合作桥梁作出贡献。

2018 年 8 月 28 日，该联盟第一次工作会议在星海音乐学院召开。来自广东省教育厅、广东省政府港澳事务办公室等主管部门的代表，粤港澳三地全体联盟成员单位的代表以及施坦威钢琴亚太有限公司等行业代表出席了会议。会议确定，第一届粤港澳大湾区国际音乐季于 2018 年 11 月 4 日—12 月 26 日举行，为期近 2 个月。这是继粤港澳大湾区首届大学生艺术节后，该联盟的又一重要举措，是一个高规格、专业化、跨行业合作的国际性音乐盛事，是该联盟着力打造的粤港澳大湾区国际音乐季、粤港澳大湾区大学生艺术节和粤港澳大湾区中小学音乐展演三大音乐品牌的重中之重，对夯实联盟在"海上丝绸之路"传播中国音乐文化具有重要作用，对提升该联盟成员的国际影响力也具有重大意义。会议还聘请中国音乐家协会主席、著名作曲家叶小钢担任艺术总监。嘉宾代表就联盟章程、联盟发展思路、粤港澳大湾区国际音乐季等各项内容进行了深入探讨,对联盟章程的修订及粤港澳大湾区国际音乐季的架构、组织、建设等提出了宝贵的意见和建议。

联盟自成立以来,在"创新合作、协同发展、共享成果"的宗旨下,共同签署了《粤港澳大湾区音乐教育与艺术发展联盟广州共识》,在加强三地对中华优秀传统文化的认同感、搭建大湾区音乐艺术共享模式等方面已取得明显成效。在不到一年的时间里,该联盟就将合作的愿景变为了现实。

(二)成立粤港澳大湾区音乐艺术联盟

继粤港澳大湾区音乐教育与艺术发展联盟成立之后,由李海鹰、向雪怀等粤港澳三地著名音乐人联合发起的粤港澳大湾区音乐艺术联盟,于2018年9月12日在广州成立。著名作曲家李海鹰任联盟主席,香港资深音乐人、著名词作家、国际华语音乐联盟主席向雪怀为香港联席主席。参与联盟发起的音乐人还包括:广东资深音乐人、词作家刘志文,暨南大学客座教授谭天玄,中国音乐家协会理事、著名作曲家毕晓世,中国音乐家协会流行音乐学会理事许建强,中国著名录音师陈珞,香港音乐人、歌手陈栋,著名DJ歌手林颐等人。

粤港澳大湾区音乐艺术联盟的成立,获得了从政府到民间、从媒体到企业前所未有的重视和支持。譬如,在数字音乐行业处于领先地位的腾讯音乐娱乐集团,以及广东、香港、澳门的音乐文化企业也加入了联盟阵营。文化相融是粤港澳大湾区建设发展的重要一环。广州和香港是华语音乐最为繁荣的两个地方,粤港澳三地音乐文化底蕴深厚、文化创意机构云集、音乐人才荟萃、演艺市场活跃。利用这些天然优势,构筑粤港澳大湾区音乐艺术交流、音乐产业合作的平台,携手粤港澳音乐人、音乐文化企业、音乐演出机构、音乐版权机构、音乐教育机构、音乐爱好者等,对于弘扬中华民族优秀音乐文化,推进粤港澳大湾区音乐艺术创新发展、激发原创活力等,都具有历史意义。粤港澳大湾区音乐艺术联盟的诞生,是粤港澳大湾区音乐艺术发展的新契机。

二、音乐季（节）精彩纷呈

在粤港澳三地音乐家的共同努力下，大湾区音乐活动呈现百花争艳的局面，一场又一场高质量、高品位的音乐会不断涌现，音乐节庆一浪高过一浪。这期间，最引人注目的是三大国际音乐季（节）的举办。

（一）首届粤港澳大湾区大学生艺术节

为搭建粤港澳三地大学生深度交流平台，提升三地青年群体的文化认同感与社会责任感，加强粤港澳地区高校文化艺术共建活动，在中央和广东省有关部门的支持下，2018 年 5 月 12—13 日，由教育部港澳台事务办公室、教育部艺术教育委员会、广东省教育厅、广东省政府港澳事务办公室指导，粤港澳大湾区音乐教育与艺术发展联盟主办，星海音乐学院和华南师范大学承办的首届粤港澳大湾区大学生艺术节率先进入人们的视野。

这项活动的主题是"一衣带水，一脉相承"。目的是为粤港澳三地青年学生深度交流文化艺术、增进友谊、共同成长搭建平台，充分展示三地青年学生向真、向善、向美、向上的风采，全面展现新时代粤港澳大学生的精神风貌。

该艺术节的内容丰富多彩，粤港澳三地高校共有 32 个节目参加展演。艺术节期间，来自香港教育大学、澳门城市大学、中山大学、华南理工大学、暨南大学等粤港澳三地 56 所高校的师生齐聚一堂，共同参与开幕式音乐会、音乐教育论坛、音乐大师课、音乐嘉年华等活动，从艺术中感受一脉相承的文化，与祖国的文艺事业同频共振。

艺术节开幕式音乐会于 2018 年 5 月 12 日晚，在位于大学城的星海音乐学院音乐厅拉开帷幕。星海音乐学院推出民族交响乐《龙腾虎跃》、女声独唱《帕米尔我的家乡多么美》、双钢琴《卡门主题幻想曲》、岭南舞蹈《夏日席趣》、交响诗《罗马的松树》、交响合唱《天耀中华》，澳门理工学院推出的古筝与钢琴《云裳诉》，吉林大学珠海学院推出无伴奏女声合唱《林海老人》，华南师范大学推出男声合唱《沧海行》，香港演艺学院推出《古音之穴》

等。音乐会充分展示了粤港澳三地音乐院校学生的专业水平,同时也让人们领略到内地与港澳学生在音乐艺术审美上的异同。

5月12日下午,艺术节的音乐教育论坛和音乐大师课在星海音乐学院举行。来自粤港澳三地48所高校的59位专家学者参加了论坛,大家就形成大湾区音乐专业高校交流合作的联络机制畅所欲言,一致认为搭建高端艺术创演与研究平台、适时共同策划重大艺术创作项目建设、推动高校艺术交流与联合展演、构建音乐教育研究基地与人才培养协同创新中心、促进三地高校优势资源共享,是新时代赋予联盟各成员的重大使命。论坛还就粤港澳大湾区艺术人才培养、艺术教育体系建设等,展开热烈的对话。在音乐大师课上,香港演艺学院芭蕾舞系主任欧鹿教授以芭蕾为题,澳门理工学院郭家豪博士以钢琴为题,星海音乐学院舞蹈学院院长李晓燕教授以民族舞为题,管弦系副主任严琦教授以西洋管乐为题,声乐歌剧系主任杨岩教授以美声为题,穆红教授以民族声乐为题,流行音乐学院副院长赵健副教授以流行音乐为题,对学生进行授课。他们朴素的语言、精彩的讲解、形象的动作,博得学生的高度评价。艺术节的音乐嘉年华于5月13日上午在华南师范大学体育馆举行,来自粤港澳三地的56所高校参加,水准极高、各具特色。

2019年,依照粤港澳大湾区音乐教育与艺术发展联盟的章程和规划,在教育部艺术教育委员会、广东省教育厅、广东省政府港澳事务办公室等部门的指导支持下,第2届粤港澳大湾区大学生艺术节于12月21日晚在位于广州大学城的华南师范大学体育馆正式开幕,粤港澳三地50多所高校师生1300多人出席了开幕式。艺术节以"活力湾区,艺脉相连"为主题,包括开幕式、音乐会、美育论坛、名师工作坊、大师班、大学生艺术成果展演、艺术展览、闭幕式8个环节。华南师范大学校长王恩科在开幕式上指出,粤港澳大湾区地域相近、文脉相亲、艺脉相连,肩负着共建面向世界、面向未来的现代开放创新型湾区的历史使命。三地大学生是活力湾区、人文湾区建设的生力军和先行军。

艺术节汇聚了名校、名师、名艺术团,为三地青年学子演绎了别开生面的文艺盛宴,展现了三地高校文化艺术的多元交融、交流互鉴,尽显新时代粤港澳大学生"向真、向善、向美、向上"的精神风貌。

(二)花城咏天籁·唱响新时代——2018 广州星海(国际)音乐季

首届粤港澳大湾区大学生艺术节刚落下帷幕,花城咏天籁·唱响新时代——2018 广州星海(国际)音乐季就于 2018 年 6 月 13 日正式启动。音乐季从 2018 年 6 月 13 日至 12 月,为期近半年,由中共广州市委宣传部、广州市文化广电新闻出版局、广州市总工会以及广州市番禺区委、区政府联合主办。活动以音乐为主线,讴歌广州改革开放 40 年的辉煌成就,展现广州在音乐禀赋上的历史、传承和辉煌,践行上海合作组织峰会"互信、互利、平等、协商、尊重多样文明、谋求共同发展"的"上海精神",以民心相通促进合作共赢,打造广州"音乐之都、合唱之都"的城市品牌,为构建上合组织命运共同体贡献"广州智慧"。

6 月 13 日,音乐季举行开幕式这一天,正是人民音乐家冼星海的诞辰纪念日,音乐季开幕式在《黄河大合唱》的歌声中凸显出"向冼星海致敬"的元素。音乐季期间,正值上合组织召开峰会,由中国与哈萨克斯坦合作拍摄的首部电影《音乐家》引发广泛关注。这部电影的一位主人公就是冼星海,另一位主人公则是哈萨克斯坦的音乐家拜卡达莫夫。1940 年,冼星海远赴莫斯科为纪录片《延安与八路军》配乐,回国途中受阻滞,留在哈萨克,受到拜卡达莫夫的慷慨帮助,两人因此结下深厚的友谊。在音乐季开幕式上,拜卡达莫夫的女儿拜卡达莫娃也来到现场,讲述了两位音乐家在战争年代的患难友谊,共谱中哈人民友谊之歌。曾在上合媒体峰会献歌的哈萨克族歌手阿来·阿依达尔汗,在音乐季开幕式上演唱了《为你而来》。作为中哈音乐交流传播使者和"上海精神"的践行者,她以自身行动证明"音乐无国界"。这届音乐季也在"上海精神"指引下,以音乐交流、人文交流加深国际情缘。

音乐季包含开幕式和闭幕式展演活动、2018 广州星海(国际)合唱节、国际知名乐团华彩演出季、广东音乐辉煌艺术成就展演、流行音乐和知名乐团户外演出季等五大板块,亮点众多。有百支队伍演绎"合唱生活秀",通过合唱群英汇、合唱生活秀、合唱大展演三个板块的演绎,让广大市民在合唱舞台上唱响新时代。有爵士音乐节凸显国际范儿:广州正向"美丽宜居花城,活力全球城市"目标迈进,全面提升城市艺术品位。爵士音乐节也被纳入音乐季的国际知名乐团华彩演出季部分,彰显了广州的高雅艺术供给力、消费力。有广东音乐辉煌艺术成就展演,由《沙湾往事》音乐精选片段等板块组成,将广东音乐辉煌艺术成就,以一种亲民、跨界、创意、科技与人文相融合的方式,展现在市民面前。

广州是一座爱唱歌的城市,音乐流淌在她的文化基因之中。2012年,广州被授予"世界合唱之都"的称号,成为国内第一个称为"世界合唱之都"的城市。如今,广州正高唱天籁之音,走向新时代。

(三)首届粤港澳大湾区国际音乐季及文化艺术节

粤港澳大湾区音乐教育与艺术发展联盟主办的首届粤港澳大湾区国际音乐季,于2018年11月4日晚在广州大剧院开幕。来自粤港澳三地的高校代表、乐团代表等,共同见证音乐季启动。全国政协常委、中国音乐家协会主席叶小钢出席开幕式,并代表中国音乐家协会对首届粤港澳大湾区国际音乐季的举办表示热烈祝贺;同时,以联盟顾问及音乐季艺术总监的身份,对各位音乐家和来宾表示热烈欢迎。他充分肯定了联盟自2017年12月成立以来所取得的成果,勉励联盟的艺术家们共同携手,用真挚的情感讲好大湾区故事,在与世界的对话中传递中国声音,以音乐艺术的繁荣发展彰显中国文化自信。

音乐季的开幕式音乐会是一场高规格、高品质的视听盛会,由广州交响乐团与星海音乐学院优秀教师团队组成联合乐队,演出阵容更是群星荟萃:世界著名小提琴演奏家、柏林德意志国家交响乐团终身首席、星海音乐学院特聘教授陆威,国际乐坛最活跃的打击乐独奏家之一、旅德打击乐演奏家、星海音乐学院特聘教授胡胜男,世界著名抒情花腔女高音歌唱家、中央音乐学院教授迪里拜尔,男高音歌唱家、国家一级演员、海政文工团副团长吕继宏等人参加演出。广州交响乐团著名指挥景焕担任指挥。

这届国际音乐季为期近两个月,来自不同地区的数百位艺术家及演职人员,分别在广州、深圳、香港、澳门等地举办了26场高质量的音乐会。演出场地横跨粤港澳三地，包括星海音乐厅、广州大剧院、深圳音乐厅、香港文化中心音乐厅、荃湾大会堂演奏厅、香港演艺学院演艺剧院、澳门理工学院、华南师范大学以及广州大学音乐厅等。演出团体不仅涵盖粤港澳地区，更联合了法国里昂音乐舞蹈学院、苏格兰皇家音乐学院等国际知名艺术院校，累计音乐会入场受众人次超过1.7万名。仅开幕式就有人民网、《光明日报》、广东广播电视台、金羊网、南方网等9家央媒和广东省媒体进行全媒体报道，对开幕式音乐会直播的关注人数达数十万人次。

闭幕式音乐会与开幕式音乐在节目设计上遥相呼应，寓意着海洋文化的开放、创新、合作、包容等特点，比如：具有广府风味的民族管弦乐《荔枝红》、展现潮汕文化特色的《粤之海》、新潮州锣鼓乐《佛跳墙》，以及体现澳门地区多元文化色彩的民族管弦乐《澳门随想》等。二胡协奏曲《人生合适》以及民族管弦乐作品《唐响》则充分体现着中华传统文化的精髓，凸显出粤港澳三地语意相通、文脉相连的同宗同源优势。

进入2019年，由粤港澳大湾区11城的文化部门共同努力，粤港澳大湾区文化艺术节如期举办。开幕式晚会于6月24日在广州大剧院举行，广东卫视向全国直播。

这届文化艺术节确认，从2019年起，每年举办一届，每届一个主题，在香港、澳门和大湾区内地9市中选取1个城市承办，以"一地为主、三地联动"的方式开展系列活动。文化艺术节将整合粤港澳三地文化资源，推出三地最精彩的节目，并设计使用统一的活动标识。2019年，首届文化艺术节的主题确定为"湾区花正开"。活动标识以象征粤港澳三地的木棉花、紫荆花、莲花为意象，辅以三地共有的珠江水，组成"艺"字形，寓意粤港澳三地一水相依、文化融通、艺术繁荣。

三、专业院团各展风姿

粤港澳大湾区11城都有专业音乐团体，各有特色。乐团充当着文化使者，各展风姿。其中，广州交响乐团、广东民族乐团、香港中乐团和澳门中乐团是较大的音乐团体，它们都与国际接轨，每年都有固定的音乐季，展示各自的音乐成就,带动所在城市音乐艺术的发展,活跃群众的音乐文化生活。同时,乐团又是各自城市的文化使者,代表所在城市出访世界各地,尤其是"一带一路"沿线各国,进行文化艺术交流,在内地与港澳间的文化交流、合作方面担当着重要角色。

(一)广州交响乐团

2018 年,广州交响乐团策划和演出了各类音乐会 92 场,包括音乐季音乐会、节庆音乐会、特别制作音乐会、通俗音乐会、室内乐音乐会、户外音乐会、免费教育普及音乐会,还有广州交响乐团下属广州青年交响乐团演出的各类音乐会及国际巡演,以及 2018 广东国际青年音乐周期间演出的音乐会。在 92 场音乐会中,含广州市内演出 68 场、广东省内其他城市演出 14 场、广东省外演出 7 场、国外城市演出 3 场,既活跃了广东本地的音乐、文化生活,又担当着文化交流的使者。

除 92 场音乐会以外,广州交响乐团在 2018 年还举办了各类相关免费公益活动 34 场,包括音乐会前讲座"广交乐友"活动、广交广播音乐季、与星海音乐厅"星海会"合作举办"GSO 音乐家面对面"活动、广东国际青年音乐周、"乐聚·畅谈"音乐活动、第四期学校乐团指挥培训班等。活动之多、质量之高,深受乐迷及同行的钦佩和赞扬。在广东省演出业协会隆重举办的"2018 年广东演出风云榜"颁奖典礼上,广州交响乐团斩获"最具影响力单位"和"最佳原创节目"两个重要奖项。

《珠江序曲》就是荣获"最佳原创节目"奖的作品。这是一部单乐章的交响乐,是广州交响乐团受广州市委宣传部委托,作为改革开放 40 周年的献礼,委约在国际音乐界享有盛誉的著名作曲家陈怡创作的。陈怡生于广州,自幼居住在沙面,饮珠江水长大。她是 1977 年恢复高考制度后的第一批受益者,对改革开放的甘甜雨露和成就感慨万千,遂用自己家乡广东的民间音乐为创作素材,音乐发展的动机来自广东音乐《旱天雷》和《赛龙夺锦》等音调,用管弦乐宏伟的音质、气势,来讲述南粤大地改革开放清新绚丽、欣欣向荣的故事,表现了珠江江水滔滔、一往无前、奔流不息的动感和起伏,映照了人们经历过的无数坎坷和磨砺,表达了作曲家有感于家乡日新月异发展的喜悦，以及对未来的憧憬。

《珠江序曲》为大型管弦乐队而作，由中央歌剧院音乐总监、杭州爱乐乐团艺术总监兼首席指挥杨洋执棒广州交响乐团，于 2018 年 11 月 22 日晚在星海音乐厅首演，并拉开了第 6 届中国交响乐音乐季广州音乐会的序幕。同年 12 月 12 日晚，在全国优秀现实题材舞台艺术作品展演（广东站）庆祝广东省改革开放 40 周年《致春天》交响音乐会上，由景焕执棒广州交响乐团再度演出，影响广泛，为交响乐创作的中国化作了一次有益探索。

（二）澳门中乐团

澳门中乐团是澳门特别行政区政府文化局下属的职业乐团，于 1987 年成立。澳门中乐团秉持"扎根澳门，面向世界，承传中西，传播文化"的理念，呈献符合时代精神的中乐艺术，对内服务澳门大众，对外提升澳门形象。该乐团用音乐做好艺术教育工作，参与澳门国际音乐节、澳门艺术节、庆祝澳门回归祖国等盛事的演出，足迹遍及内地和葡萄牙、比利时、印度、新加坡、巴林等国家，透过融汇中西元素和当代气息的中乐艺术，促进粤港澳大湾区乃至"一带一路"沿线国家的交流合作，推广澳门中西交融的文化形象，广获赞誉。澳门中乐团与内地音乐家经常合作演出，比如刘文金、何占豪、殷承宗、闵惠芬、刘德海、赵季平、王蔚、陈佐辉、彭家鹏等人。其常演曲目既有传统民族乐曲，也有融合中西特色的原创中乐作品、注重展现本土文化的委约作品，如关廼忠的组曲《澳门爱情故事》、赵季平的《澳门印象》、唐建平的《澳门诗篇》、王丹红的《澳门随想曲》等。澳门中乐团这些保留曲目，是展现澳门人文气质的代表性作品。

澳门中乐团 2017—2018 年音乐季开幕式音乐会，诚邀香港中乐团音乐总监、著名指挥家阎惠昌合作，首次演出该乐团两首不同风格的委约作品——《火树银花》与《桥》；同时，邀请被《纽约时报》赞誉为"拥有柔美的音色、无瑕的音准、钢铁般的技巧"的，当今世界乐坛炙手可热的大提琴演奏家秦立巍，联同澳门中乐团首席张悦如同台演出。这场音乐会于 2017 年 9 月 1 日晚在澳门文化中心综合剧院举行，为澳门中乐团建团 30 周年音乐季揭开华丽的序幕。

在建团 30 周年音乐季上，澳门中乐团与内地著名作曲家刘锡津合作，于 6 月 22 日晚，在澳门文化中心综合剧院举行"莲花传奇中华情"刘锡津作品音乐会。音乐会特别首演取材自澳门特区区花美好含义的委约作品《莲花序曲》，其他作品还有：高胡协奏曲《鱼尾狮传奇》《我爱你，塞北的雪》《北大荒人的歌》《妙指流音》（澳门首演），二胡与乐队《诗咏国魂》（澳门首演）、民族交响合唱《壮族诗情》（澳门首演）等。这些作品具有民族风韵，展现出中国传统优秀文化的内涵。

《莲花序曲》是这次音乐会的委约作品，以单乐章民族管弦乐序曲形式创作，快板第一主题以广东音乐《步步高》的三个音为动机发展成篇，中段慢板以民谣《月光光》为主题延伸展开。全曲以快板热烈的激情和慢板深情的倾诉，表达了澳门人民追求发展步步高以及对美好未来的希望与憧憬。《妙指流音》是箜篌套曲《袍修罗兰》中的一曲。该套曲由 8 首乐曲组成，分别为《地》《水》《火》《风》《空》《见》《识》及《如来藏》。《地——醉客伏泥》：生命出于地，生命长于地，智慧的宝藏源于地。大地，是万物之母。有醉即有醒，有懵懂即有睿智，人生追求真理，智慧是其第一关。《火——火凤凰》：凤凰涅槃，浴火重生，从而得到永生。乐曲中，箜篌拨片演奏和泛音演奏，可听到火光的闪亮；动人的、拨自内心的旋律，可感悟从黑暗中寻到光明的内心体验。作曲家刘锡津是第十、第十一届全国政协委员及中国文联德艺双馨艺术家，曾任黑龙江省文化厅副厅长及中央歌剧院院长。现任中国民族管弦乐学会会长、中国歌剧研究会副主席，一级作曲家、国家级优秀专家。其作品风格多变，取材多元，旋律委婉动人，音乐中散发着无尽的情感，使观众悦耳入神。国家一级指挥、中国歌剧舞剧院常任指挥洪侠的指挥舒展又富个性，对刘锡津的作品更是了如指掌，加上著名胡琴演奏家于红梅、箜篌演奏家吴琳、澳门歌唱家王曦和澳门中乐团首席张悦如领衔演出，名家荟萃成就这场浑然天成的音乐会，也为内地与港澳的合作交流打开了一片光明的天窗。

在 2017 年 7 月 29 日晚的闭幕式《海上丝路通欧陆》音乐会上，邀请定居新加坡的指挥家叶聪执棒，联合被古典音乐电台评为"我们时代最杰出的一百位古典音乐家"之一的古典吉他演奏家杨雪霏，以及被授予"俄罗斯荣誉艺术家"金牌的小提琴演奏家亚历山大·苏布特同台,呈献一场充满异国风情的音乐会,为海上丝路文化交流合作添砖加瓦,也为澳门中乐团建团 30 周年音乐季画上完美的句号。

(三)香港中乐团

被誉为"香港文化大使"的香港中乐团,成立于 1977 年,是香港唯一拥有 85 位专业演奏家编制,分为拉弦、弹拨、吹管及敲击 4 个乐器组别的大型职业中乐团,数十年来有着"民乐翘楚"的美誉。该乐团一直致力于向世界舞台奉献卓越的中乐艺术,以中华文化为根,演出形式和内容包括传统民族音乐及近代大型作品。香港中乐团在追求至美演奏的同时,关心观众的感受和体验,致力于用音乐触摸时代,推动民族音乐在世界范围内的传播和发展,并希望以更有深度和质量的方式传承中乐,以"香港文化大使"的身份,为民族音乐的发展开拓更为广阔的空间。

2018 年,香港中乐团开启了"耳听千卷,乐行万里"的中国内地巡演活动。在国家一级指挥、香港中乐团艺术总监兼终身指挥阎惠昌教授率领下,该乐团从 9 月 14 日至 24 日,先后在清华大学、北京国图艺术中心、浙江大学、上海大学及南京森林音乐会等地演出。香港中乐团期望以中乐气势磅礴的大型合奏,让观众突破界限,了解香港的音乐文化,以达到"耳听千卷,乐行万里"的效果。

这次在内地的巡演,香港中乐团以"音扬大川"为音乐会主题。演奏的曲目丰富多样,包括山西民间吹打乐《大得胜》,刘天华的《良宵》,唢呐、歌唱与乐队的《北京一夜》,赵季平的《古槐寻根》,刘文金的《茉莉花》,以及两位香港作曲家的作品,包括陈明志的获奖作品《精·气·神》及"音乐创作鬼才"伍卓贤的《唐响》等。现场观众还在乐队指挥阎惠昌的引领下,与乐团互动演唱广东作曲家程大兆的《黄河畅想》,呈现黄河的壮丽景观。演出大获成功,得到全场观众的阵阵掌声,深受好评。香港拥有国际性大都会的活力色彩。这次在内地几座文化背景深厚的城市演出,节目在设计上凸显出香港中乐团"根植传统,锐意创新"的艺术特色,展示了该乐团在音乐创作上的成果。而这次巡演,加深了香港与内地音乐家的相互了解和交流,为粤港澳大湾区音乐艺术的合作开启了新篇章。

（四）广东民族乐团

为了向改革开放40周年献礼，营造团结奋进的浓厚氛围，由文化和旅游部主办，文化和旅游部艺术司、广东省文化和旅游厅承办的全国优秀现实题材舞台艺术作品展演（广东站），于2018年11月27日至12月15日在广州举办。广东民族乐团于11月28日晚在星海音乐厅交响乐厅上演了世界首演的大型民族交响诗《粤海风》。这部作品是该乐团委约著名作曲家刘湲创作的。刘湲是中央音乐学院作曲系教授，其创作涉及交响乐、室内乐、歌剧、舞剧、影视音乐等诸多方面。他的音乐大气磅礴，流畅洒脱，富有深邃的情感和独到的管弦乐技巧，极具感染力。刘湲尤其擅长大型音乐作品，多部作品被选入中国百年音乐典藏，获得广泛好评。

《粤海风》这部作品被誉为中国首部巨型协奏民族交响诗，分为7个乐章。第1乐章：博大广深；第2乐章：淳朴勤劳；第3乐章：活力智慧；第4乐章：改革开放；第5乐章：初心如磐；第6乐章：砥砺前行；第7乐章：乘风破浪。该作品寓意广东人"敢闯敢试、敢为人先"的改革创新精神。"粤"：代表五岭之南、古百越之地。横亘粤北的五岭山脉，像广东人坚不可摧的脊梁。"海"：广东正以海洋般博大的胸怀，源源不断地吸纳着。兼容并蓄，造就了广东人先进的思想、活跃的思维和敢于开拓、改革创新的精神。以不息为体，以日新为道，前有所承，后有所开，天地位焉，万物育焉。"风"：开先气之风，领时代之潮。

刘湲通过前后各三个乐章突出中间点——第四乐章"改革开放"，在创作上勇于打破常规，大胆探索民族交响乐创作的新突破，把当今国际作曲领域最前沿的创作技法、最先进的作曲理念，从交响概念、协奏关系、叙述性质、色彩重组、节奏调整、调式调性、结构力学等7个角度，全方位展示了民族音乐交响化创作的先锋成就。同时，运用传统的音乐语汇，结合前卫的交响乐创作技法，营造出大气磅礴、宏大厚重的音响效果，赋予传统音乐博大深沉的思想内涵与现实意义。刘湲采用了两件色彩渲染乐器——二弦和椰胡，使作品既有现代元素，又能很好地传承传统的地方音乐特点。

广东民族乐团是国内四大民族乐团之一,也是中国大陆地区最早与国际接轨、举办"音乐季"系列音乐会的职业民族乐团。2002年年初至2018年,该乐团已举办了17个音乐季,累计排演曲(节)目逾2000首,创作、改编并演出了一大批具有岭南音乐文化特点的优秀作品,如《国乐飞扬》《岭南变奏》《丝路粤韵》等,分别在国内外各类音乐比赛及演出中获得奖项,被誉为"为中国民族音乐开创了一条新路,体现了'无穷动'的广东人的探索创新精神",在继承与发展广东音乐、潮州音乐、广东汉乐等方面作出了卓越的贡献。

为响应"一带一路"倡议,广东民族乐团委约赵季平等7位我国著名作曲家创作的、反映海上丝绸之路主题的大型民族交响套曲《丝路粤韵》,先后在国家大剧院、第2届丝绸之路国际艺术节、上海之春——国际音乐节上演出并在全国十大城市巡演,广受各地观众好评,又引发专家热议,被著名音乐史学家刘再生誉为"史诗的题材,宏大的叙事",为粤港澳大湾区文化交流和"一带一路"文化建设作出积极贡献。

2019年,广东民族乐团作为广东省的文化使者,在中国驻韩国大使馆和中国驻日本大阪总领事馆的支持下,参加由广东省政府新闻办公室及广东省文化和旅游厅共同主办的"魅力中国——广东文化周"系列活动,并于2019年6月出访韩国、日本,举办国风粤韵——中韩民族音乐会和国风粤韵——中日民族音乐会,通过宣传弘扬广东优秀传统音乐文化,让外国友人了解中国,更好地搭建中外人民友好交流的桥梁。

四、群众音乐和流行音乐百花争艳

粤港澳大湾区战略的提出与实施,使群众音乐和流行音乐发展激发了新的灵感。群众性音乐和流行音乐作为大湾区群众共通的文化纽带,必将百花争艳、万紫千红。

(一)群众合唱艺术

合唱艺术在粤港澳大湾区有着广泛的群众基础,是群众音乐中最靓丽的品牌。它有历史传统,早年在羊城音乐花会和聂耳音乐节、星海音乐节上,就设有群众性的合唱专场。尤其是在"百歌颂中华"群众性歌咏活动开展后,大湾区群众合唱艺术更是蓬勃发展。如今,粤港澳三地的群众合唱团队就有 1 万多个。其中较知名的有:广州协和校友合唱团、深圳市罗湖区教师合唱团、中山市合唱团、珠海市室内合唱团、东莞市教师合唱团、江门市童声合唱团、佛山顺德青年合唱团、肇庆市端州海韵童声合唱团、韶关市合唱艺术团、香港拔萃男书院合唱团、澳门艺音合唱团、广东实验中学合唱团、深圳市光明新区明月合唱团、广州市越秀区少年宫小云雀合唱团、广州市番禺区青少年宫星儿合唱团、广州市天河区少年宫摩星轮合唱团、广州市海珠区青少年宫小海燕合唱团、广州市少年宫百灵合唱团、星海音乐学院岭南女声合唱团、中山大学合唱团、华南师范大学合唱团、吉林大学珠海学院音乐舞蹈学院合唱团等。合唱队伍数量之多、参与人员之广、水平之高,在全国处于领先地位,是其他地方无法相比的。尤其是青少年的合唱水平,在国际上也居领先地位。许多合唱团队在国内、国际各类合唱比赛中获得殊荣。比如:在里加 2017 世界合唱大奖赛暨第 3 届欧洲合唱比赛中,华南师范大学合唱团获得 6 项金奖、1 项银奖,深圳蛇口学校五彩石童声合唱团荣获大奖赛金奖和童声组冠军;在 2017 年第 6 届中国童声合唱节(广东肇庆)上,肇庆市端州海韵童声合唱团获得校外组金奖,江门市童声合唱团荣获 D 组金奖;在 2018 年印度尼西亚举办的第 7 届巴厘岛国际合唱节上,广州市越秀区少年宫小云雀合唱团荣获青少年组、民谣组两项冠军;在 2018 年第 12 届Cantemus 国际合唱比赛中,广州市少年宫百灵合唱团夺得童声合唱金奖第一名和赛事总冠军。

2018 年,在粤港澳大湾区政府和文化部门的重视与协调下,群众的合唱艺术围绕着大湾区建设开展,区内的合唱活动日益增多,呈现出一片欣欣向荣的景象。

粤港澳大湾区合唱音乐会。2018 年是中央正式提出建设发展粤港澳大湾区元年,又适逢深圳市盐田区建区 20 周年。盐田区举办了规模盛大的粤港澳大湾区合唱音乐会,为粤港澳三地群众的文化沟通搭建桥梁,共推三地文化、经济共同繁荣。

　　由中共深圳市盐田区委宣传部主办、深圳市盐田区文学艺术界联合会承办的粤港澳大湾区合唱音乐会,于 2018 年 4 月 21 日晚在盐田会堂精彩上演。来自盐田的海之声老年合唱团、爱之声合唱团和海之声合唱团,给现场观众带来了 4 首经典曲目。一曲曲富有特色的歌曲,展现了盐田区群众的良好精神风貌。这场音乐会在优美、轻快的合唱歌曲《海韵》中拉开了序幕。紧接着,来自粤港澳的 9 支优秀合唱团队轮番上演,共演绎了 21 首风情浓郁的曲目。从《葡萄园夜曲》《幽蓝的天空》《雪花的快乐》《湖边少女》,到新疆民歌《送你一朵玫瑰花》、客家民谣《客家妹子爱唱歌》、西藏昌都弦子《故乡之恋》,以及耳熟能详的民歌《走西口》《九儿》《香格里拉》、流行歌曲《月亮代表我的心》等,整场音乐会呈现出民族音乐与流行音乐的完美融合,赢得了现场观众的阵阵掌声。最后,音乐会在大合唱《龙的传人》和《我的祖国》歌声中完满落下帷幕,为市民呈现了一场专业性、艺术性和欣赏性兼具的高品质视听盛宴。

　　粤港澳大湾区合唱节。由广东省音乐家协会为指导单位,东莞市文学艺术界联合会、东莞市文化馆、东莞市东城街道办事处联合主办的"泰禾特约"粤港澳大湾区合唱节,于 2018 年 9 月 22 日在东莞举行。这次合唱节是 2018 东城旅游节的活动之一。合唱节以交流融合为宗旨,充分展示了粤港澳三地合唱队伍向真、向善、向美和向上的风采,进一步加强了大湾区群众音乐的深度交流合作,增进了友谊,共同唱出了中华儿女的精神气概。合唱节期间,来自东莞的东城教师合唱团、东城初级中学合唱团以及大湾区 11 城的 12 支合唱团队齐聚一堂,为观众献上了艺术盛宴。合唱节在肇庆学院合唱团演唱的《鸿雁》《喜鹊登枝》优美歌声中拉开序幕。随后,来自大湾区城市群的合唱队伍同台献唱,赢得了台下观众的阵阵掌声。

　　第 9 届中国(澳门)合唱节。由澳门合唱协会、澳门特区政府文化局、澳门基金会、中国合唱协会共同举办的第 9 届中国(澳门)合唱节,于 2008 年 12 月 7 至 11 日隆重举行。时任澳门特首何厚铧亲笔题写"乐领风云"的贺词,对合唱节表示热烈祝贺。澳门霍英东基金会及澳门民署也对这届中国(澳门)合唱节给予了大力支持。

　　第 9 届中国(澳门)合唱节是澳门有史以来举办的艺术水平最高、规模最大的合唱盛会。参加这届合唱节的近 30 个合唱团,分别来自黑龙江、广东、澳门、上海、福建等地。2000 多名合唱队员在金莲花下以歌声咏颂繁荣昌盛的祖国,进一步加强了澳门与内地合唱艺术的交流。

合唱节在澳门文化中心综合剧院拉开帷幕。澳门青年交响乐团、澳门艺音合唱团、澳门演艺学院、澳门文化中心儿童合唱团、澳门圣心英文中学合唱团等,奉献了一场由交响乐、钢琴联弹与合唱组成的音乐会。观众的参与热情十分高涨,从下午到晚上,在澳门文化中心连轴举行的一场又一场合唱比赛开始之前,热爱合唱的观众很早就在剧场外面排起了长队。这届合唱节还举行了合唱比赛,分为混声合唱、男声合唱和女声合唱 3 个组别进行。每个合唱团自选 3 首中外优秀合唱作品参赛。各组别设金、银、铜奖和优秀奖,同时设立优秀合唱新作品奖、组织奖、特别奖等。这次比赛涌现了一批颇具新意的合唱团队,比如哈尔滨老年大学艺术合唱团、澳门公务员合唱团、上海静安区残疾人合唱团、广州市天河区陶育路小学教师合唱团等,表明合唱活动已深入到更多不同层面与更多角落。特别是残疾人合唱团首次参与全国性的合唱比赛,而且演唱具有相当水平,产生了震撼人心的效果。澳门观众不但把最热烈的掌声送给远道而来的特殊的艺术家,澳门合唱协会还赠予该合唱团一笔特别奖金。在这届合唱节上,一批年轻合唱指挥的出现也让人眼前为之一亮。

(二)流行音乐

广东是改革开放的前沿,是中国内地当代流行音乐的发源地。流行音乐作为改革开放 40 多年的成果之一,已成为中国特色社会主义文艺的一个重要组成部分,并以其时尚性、大众性融入了人们的日常生活中。40 多年来,广东的流行音乐曾创造了无数的辉煌,涌现了众多的优秀音乐人和歌手,长期领先于中国内地其他地区,并成为中国内地最重要的唱片及流行音乐产品制作基地和生产、发行基地,为中国文化产业的发展作出了重大的贡献。

今天的流行音乐,更多地以新媒体、数字化形式展现给大众。粤港澳大湾区的建设发展,为大湾区流行音乐产业的发展带来新的机遇。这是天时、地利,更是人和。在香港亚洲流行音乐节的商贸论坛上,如何通过新媒体让广东流行音乐更流行成为全场关注的话题焦点。国内最大的在线音乐平台——腾讯音乐娱乐集团吴伟林,结合大数据分析、用户的音乐消费模式等,给大家带来了独到观点。来自内地、香港的专家和业内人士一起,热议粤港澳大湾区给流行音乐带来的新机遇。

尽管在百花齐放的今天,粤港澳地区流行音乐的影响力正受到其他音乐品类冲击,但其整体在音乐市场的价值和潜力仍不小。腾讯音乐的数据显示,粤港澳地区流行歌曲在其曲库中的占比为 0.31%,却创造了 4.06% 的试听份额,极具市场号召力。不仅如此,粤语流行歌曲还呈现出"老歌生命力长,新歌成长迅速"的特点,既有张学友、刘德华、陈奕迅这样的殿堂级歌手扛起传唱度,也有容祖儿、谢霆锋、邓紫棋这样的中、新生代歌手引领流行风潮。

如今,香港地区已拥有成熟的歌曲行销体系和市场生态,内地音乐也迎来蓬勃发展:新人、新作、新节目不断涌现,用户的付费意识逐步觉醒,优秀的原创音乐和原创音乐人获得大力支持。以腾讯音乐为代表的数字音乐平台,更是通过对商业模式、音乐价值的不断创新和探索,打造了一个充满活力并极具国际影响力的音乐环境。随着粤港澳大湾区的全面连通,粤港两地的音乐文化交流不断深化,对流行音乐的加速发展是一个潜在机会。把握和利用好数字化的大趋势,流行音乐一定会在创新融合的碰撞中开出新芽、结出丰硕的成果,再次为中国流行音乐的发展作导向和表率。

五、传统音乐盛事连连

粤港澳大湾区传统音乐文化丰富多彩,如何融合、开拓和梳理,厘清其历史价值与发展途径,更好地发展和创新,构建中华乐派,这是大湾区内音乐界急需探讨的课题。

(一)"粤韵百年"系列音乐会

进入 2018 年度,4 场由内地音乐家赴港与当地音乐家合作交流的传统民间音乐会,拉开了粤港澳地区传统音乐文化交流的序幕。

广府、潮州、客家的音乐文化和方言各有所别,在器乐方面分粤、潮、汉三大乐种,各有特色,但又风韵相连、融会贯通。香港特区政府康乐及文化事务署主办的广东音乐系列之"汉风潮韵粤味浓"音乐会,于2018年3月9日和10日分别在香港上环文娱中心剧院和油麻地戏剧院举行。担当这两场音乐会演出的内地演奏家是:著名古筝教育家、演奏家,中国音乐家协会古筝学会顾问,星海音乐学院教授,被誉为"客家筝一代传人"的饶宁新;著名古筝艺术家、中国音乐家协会古筝学会理事、广东省文艺研究所音乐研究室副主任陈浚辉;著名胡琴演奏家、国家一级作曲家、中国音乐学院客席教授、汕头市艺术研究室艺术总监王培瑜;著名古筝演奏家、星海音乐学院国乐系特聘古筝导师、台湾艺术大学客座副教授饶蜀行;著名高胡演奏家、星海音乐学院副教授雷叶影。他们与香港著名洞箫演奏家谭宝硕,以及香港演艺学院扬琴及中国打击乐双专业(荣誉)学士、香港岭南音乐团青年扬琴演奏家贺晓舟一起合作,在音乐会上演绎了三种地方音乐,包括广东音乐《禅院钟声》《连环扣》《平湖秋月》《流水行云》《旱天雷》,广东汉乐《出水莲》《蕉窗夜雨》,潮州音乐《柳青娘》(重六调)、《月儿高》(重六调)、《寒鸦戏水》(重六调)、《粉红莲》(四串调)、《粉红莲》(重六调)等。音乐会座无虚席,演奏家们的功力深厚,演奏出神入化,将古曲深邃的意境诠释得淋漓尽致。香港演艺制作中心主席李志雄认为:汉、潮、粤乐在粤港澳三地有良好的观众群体。这次能在一台音乐会上同时欣赏到三个乐种精髓的乐曲,实在机会难得。

紧接着,由香港特区政府康乐及文化事务署主办的两场"粤韵百年"系列广东音乐会——"粤韵响遍省港沪"和"粤韵歌乐贺百年",分别于2018年3月15日在香港大会堂音乐厅和3月16日在荃湾大会堂演奏厅举行。应邀担当3月15日"粤韵响遍省港沪"音乐会演出的广州著名琵琶演奏家李灿祥,香港著名音乐教育家、高胡演奏家、香港演艺学院中乐系主任余其伟,上海著名胡琴演奏家李肇芳等三位大师,与广东音乐曲艺团著名粤曲琵琶弹唱家陈玲玉,以及何克宁、刘国强、潘千芊、陈芳毅、黄丽萍、叶建平等演奏家,为观众呈献了《孔雀开屏》《旱天雷》《醉月》《狮子滚球》《大树银花》

和《鸟投林》等多首广东音乐经典乐曲。

"粤韵百年"系列之"粤韵歌乐贺百年"音乐会,由国家一级演员、著名粤曲琵琶弹唱家陈玲玉,著名高胡、古筝演奏家及粤曲子喉演唱家潘千芊,与广东音乐曲艺团各位演奏家一起,为观众呈献了《赛龙夺锦》《柳浪闻莺》《红烛泪》《红鸾喜》《剑合钗圆》《鱼游春水》《狂欢》等广东音乐经典乐曲,以及融合非传统乐器,如夏威夷吉他、色士风等乐器演奏的所谓"精神音乐"。

"粤韵百年"系列音乐会,带领观众回归及审视广东音乐文化,让观众分享到广东音乐文化的魅力和内涵,加深了香港与内地的沟通,为粤港澳大湾区的传统音乐合作交流搭建了一个很好的平台。

(二)广东音乐学术讨论

广东省外语艺术职业学院广东音乐展览馆建设学术研讨会。2018 年 3 月的粤港澳大湾区,被浓浓的艺术气息铸就成群星绽放的舞台。在香港的 4 场音乐会刚刚落下帷幕。在广州,一场围绕广东省外语艺术职业学院广东音乐展览馆的学术研讨会于 3 月 22 日在广东外商活动中心顺利召开。参会的主要人员为广东音乐展览馆的专家、顾问,大家围绕着广东音乐如何在年轻一代中承传、以何种形式推动广东音乐发展这个主要议题展开讨论。林贤辉首先介绍他十几年来对学生的培养方式,从理论到实践,特别是在 2016 年成立的弦辉子弦广东音乐小组,陆续在全国各音乐院校和音乐厅等地交流、宣传广东音乐,取得很大的成就。接下来,将把精力放到广东音乐学术图书的编著上,为学生留下理论方面的资料。其他专家、顾问也发表了意见,都认为广东音乐要发展,首先必须得到官方的认可和支持,例如政府部门的重视、学校在学科建设上的重视等;并提出,要充分发挥自己的能力和影响力,扶持新一辈广东音乐人才,呼吁社会各界对广东音乐的关注,凝聚力量传承广东音乐。到会人士非常赞同广东省外语艺术职业学院领导一直以来对广东音乐的重视,表示会一直支持广东省外语艺术职业学院广东音乐学科的建设和发展。会后,弦辉子弦小组举行汇报演奏,得到大家的肯定,希望弦群子弦小组能将广东音乐传承下去。

关于粤乐修史的讨论。"每一个时代都有一个时代的音乐。音乐是一种语言方式,不同时代的音乐讲述不同时代的故事。"余其伟对广东音乐的叙述,充满历史观和时代感。

在广州文学艺术创作研究院建院 50 周年之际,国家一级演奏员、中国著名胡琴演奏家、香港演艺学院中乐系主任余其伟,应邀做客由广州文学艺术创作研究院主办的"粤剧学者沙龙"漫谈百年粤乐,用音乐讲述时代的故事。

余其伟一直强调广东音乐修史的必要性。他说:"广东音乐从孕育到形成或许只有 100 多年的历史,目前也难以做到正规、系统地修史,但可以考虑用散论、作品、演奏史、为艺术家立传等形式进行修史。这个任务不算十分繁重,却也不算太容易,但是如果不做,就会遗漏很多宝贵的史料。如唐人魏征所说,'以史为镜,以史为鉴',我们应以董狐直笔的精神来为广东音乐修史。"

他认为,广东音乐的本土时代,或称"沙湾时代",作品在题材上带有典型的农业文明气息——沙田万顷、稻谷丰收、鱼虾满船,属于自娱自乐、鸟语花香时期。约在晚清至 20 世纪三四十年代,广东音乐从"沙湾时期"的乡村士绅文化特征,过渡到"上海时期"的都市市民特征。纵横四海的广东人还把广东音乐带到天津、北京、沈阳、延安,甚至影响全球,成为粤人流淌于血脉中的乡音亲情。广东音乐辐射到任何一个地方,都会入乡随俗,也是岭南文化反哺中原文化的一种表现,即粤声远渡:乡音亲情,反哺中原。20 世纪 20—40 年代是广东音乐的"黄金时代",风靡全国,影响世界。以何柳堂、丘鹤俦、吕文成、尹自重、何大傻、易剑泉、陈文达、梁以忠、陈俊英、陈德钜、邵铁鸿、崔蔚林等人为代表的一大批音乐家,共同开创了这个时代,创作了大批经典作品,如《平湖秋月》《孔雀开屏》《娱乐昇平》《花间蝶》《西江月》《步步高》《凯旋》《鸟投林》《春风得意》《宝鸭穿莲》《流水行云》《禅院钟声》等。20 世纪 50—60 年代前后,又再度出现创作高潮。这一时期的代表作有《柳浪闻莺》《春郊试马》《春到田间》《鱼游春水》《月圆曲》《普天同庆》《欢乐的春耕》《花市迎春》等,代表人物是刘天一、梁秋、方汉、朱海、黄锦培、苏文炳、陈萍佳等人。

粤乐修史，温故知新。反思历史，弥补这些曾经来不及的自省，这是广东音乐修史的重要性。

谈到修史，一场由赵宋光学术思想研究中心与星海音乐学院音乐学系主办的南国兰亭雅集夏季论坛，关于"《中国大百科全书·音乐舞蹈卷》与《中国民间歌曲集成》后工程之痒——被忽略的'音乐学'研习之两大基石"的对话，2018年5月30日在星海音乐学院（大学城校区）成功举行。这次活动邀请了赵宋光与音乐学家冯明洋主讲，嘉宾包括广东省文艺研究所副所长卢瑜，广州广东音乐曲艺团著名中阮、三弦演奏家谢声骤，广东省文艺研究所音乐研究室主任陈浚辉，还有星海音乐学院音乐研究院、音乐学系的教师。主持人王少明首先提到，这次讲座为南国兰亭雅集四季论坛的常规学术活动，举办的主旨在于：研究赵宋光的学术思想与成就，与各位学界人士交流，并培养一批年轻的学者，为他们提供一个学习的平台。

赵宋光首先提到《中国大百科全书·音乐舞蹈卷》编撰过程中遇到的问题："大量少数民族音乐的谱例在原稿中都有少数民族语言的歌词，用音标注明语音，用汉字注明词义，可是到最后，由于出版工作中的技术困难，这些都给删掉了，只留下了译配的汉文歌词，这在客观上形成了大汉族主义的治学态度。这种负值的影响尽管并非编辑者的初衷，却是难以消除的。"因此，他提出：必须从中汲取经验与教训，对于音乐文化多层构成的描述，要坚持首先做好文化区划的工作，避免出现大汉族主义的倾向。

冯明洋针对赵宋光的发言，就《中国大百科全书·音乐舞蹈卷》的总条目《音乐》阐述了一些感想，肯定了《中国大百科全书》的学术价值，并指出，《中国大百科全书·音乐舞蹈卷》的学术框架、体系，尤其是文化分层分区这一理念对他编撰著作，如《越歌》《中国民间歌曲集成·广西卷》等产生的深远影响。另外，冯明洋介绍了《中国民间歌曲集成》岭南五省区卷（分别为广东卷、广西卷、海南卷、香港卷、澳门卷），并展示了广东卷的具体内容与各民族民歌的分类方式。

邓希路就上述讨论提出了行政区域同文化区域混淆的问题，并就疍家人的溯源与分布，与赵宋光、冯明洋两位教授展开了讨论。冯明洋对这次学术讨论的主旨作了总结。他认为,音乐学的研究归根到底是对文化的研究,而这项研究的根本目的就是通过音乐,了解文化、了解岭南、了解中国,进而更多地了解我们人类自己!对于研究岭南音乐文化的各位青年学者而言,必须重视岭南文库中的资料。在研究音乐文化工艺层面的基础上,深入探索其背后蕴含的文化价值和精神内涵。

潮州音乐文化学术研讨会。2018年10月12—13日,一场针对粤港澳大湾区传统音乐文化研究的年终大戏正式上演。由广东省文学艺术界联合会、中国艺术研究院音乐研究所主办,广东省文艺研究所、广东省音乐家协会、广东民族乐团、广东省文化馆承办的粤港澳大湾区传统音乐文化研究·潮州音乐文化暨潮乐泰斗王安明先生百年诞辰学术活动,分别在广东省文化馆小剧场和星海音乐厅交响乐厅隆重举行。

这次活动理论与实践相结合,包括两场潮州音乐文化学术研讨会,以及分别来自不同地区的5支潮州音乐民间乐社及广东民族乐团与中国音乐学院紫禁城室内乐团联袂完成的两场专题音乐会。中国音乐家协会副主席兼理论委员会主任,中国音乐学院原院长、教授、博士生导师、著名音乐学家赵塔里木,广东省政协文化和文史资料委员会主任、广东省文化厅原厅长方健宏,广东省文学艺术界联合会党组成员、专职副主席、著名戏剧表演艺术家李仙花,中国艺术研究院音乐研究所所长、研究员、博士生导师、著名音乐学家项阳,老一辈著名音乐家、广东省音乐家协会名誉主席、博士生导师赵宋光,广东省文学艺术界联合会副主席、广东民族乐团团长、著名打击乐演奏家陈佐辉,广东省文艺研究所副所长卢瑜,以及萧梅、宋瑾、刘顺、王蔚、姚璇秋、方展荣、陈天国、林敏、王培瑜、王培列、郭骈书、林英苹等著名传统音乐学家、音乐美学家、作曲家、音乐出版专家和著名表演艺术家、乐师等共计200余人出席学术活动。这次学术研讨会的论题,涉及文化与音乐、理论与实践、传承与创新等多方面。如何将"一带一路"倡议与建立文化自信相连接?如何大力推进粤港澳大湾区的人文艺术研究?潮州音乐文化蕴含怎样的美学观?粤港澳大湾区范围内的潮州民间音乐社团(乐社)的现状与发展前景如何?专家们的发言颇具真知灼见,有交流也有碰撞,具有启发性和建设性。

音乐文化学与广东音乐文化探讨。继 2018 年第 1 届粤港澳大湾区传统音乐文化研究学术活动举办之后，第 2 届于 2019 年 11 月 14—15 日在星海音乐学院沙河校区隆重举行。这届学术活动的主题为：音乐文化学 30 周年回顾·广东音乐文化研究暨纪念黄锦培百年诞辰。广东省文学艺术界联合会原副主席洪楚平，中国艺术研究院音乐研究所代表、《中国音乐年鉴》原主编李玫，香港演艺学院中乐系主任、著名胡琴演奏家余其伟，天津音乐学院副院长靳学东，广东省文艺研究所副所长卢瑜，哈尔滨音乐学院教授李岩，中央音乐学院教授宋瑾，以及广东省内的专家、学者赵宋光、冯明洋、黄日进等出席了开幕式和学术活动。

学术活动以广东音乐私伙局和广东音乐名家名曲传承两场不同形式的音乐会拉开帷幕，分别演绎了《娱乐升平》《平湖秋月》和黄锦培的《月圆曲》等经典名作。民间乐手与专业音乐家不同的演奏方法，形成两种不同的风格。民间讲究加花的丰富和流畅，专业音乐家则注重声部的协调，如何研究民间音乐的加花变奏，这对专业人士来说是一个课题。这两场风格迥异的演出给不少专家留下深刻印象。

在学术探讨上，围绕着黄锦培、广东音乐文化、音乐文化学 3 个关键词展开。专家们"以人（黄锦培）带事（广东音乐）""以点（广东音乐文化）到面（音乐文化学）"开展学术研讨，"以弘扬黄锦培的人格魅力和学术精神到广东音乐文化研究"，再跃迁到"音乐文化学"研究的层面上，从大文化视角观照岭南地区传统音乐、近代音乐和当代音乐的研究。对粤港澳大湾区本土音乐文化如何面对现实、如何面对未来、如何走向世界、如何推进"一带一路"文化建设等问题，最终达成共识，为粤港澳大湾区文化传承赋予新的理念。

在国家加快推进粤港澳大湾区建设发展的背景下，让音乐走近每一个人，并与世界分享中国音乐，是实现中华民族伟大复兴中国梦整体发展愿景下的有机组成部分。"经济强则国家强，文化强则国家兴。"希望能有更多的中外人士加入到中国音乐文化传播事业中来，激扬传统音乐的文化魅力，推动中华乐派创新发展，为使中国成为经济与文化强国贡献力量。

舞文跨界创意的魅力

——粤港澳大湾区舞蹈观察

凌　逾

粤港澳大湾区建设排出"9+2"的阵势,集结了广州、佛山、肇庆、深圳、东莞、惠州、珠海、中山、江门9市和香港、澳门,意在促成大湾区发展的"化学反应",各美其美,美美与共,城市群互利共享、协同创新,先进性、包容性兼具,发展网络科技经济和文化创意,低成本、高效益的创意经济,文化立国,文化立湾,艺文共生,舞动大湾区的文化创意。2017—2018年,大湾区内地9市舞协在省市宣传部门、省市文联领导下基本完成了换届工作,围绕"出精品、推新人"的宗旨,积极创编舞蹈精品力作,锐意进取,井然有序,硕果累累,业绩斐然。

一、岭南风创意:传统文化的舞蹈再造

粤港澳大湾区11城有共同的文化基础,比如粤语、粤剧、香料、疍民文化、水乡文化、咸水歌、舞龙舞狮、多民族文化融合等,将这些岭南文艺、民俗、风情符号纳入创意体系中,重铸岭南风尚大有可为。舞蹈从跨界角度对传统文化进行再造,一是重构传统元素,突出符号;二是重振岭南精神,突出精神。

(一)再造广东小调符号元素

广东小调是20世纪初的流行音乐,而粤语流行曲则从20世纪后期起

风靡神州大地数十年。广东歌舞剧院的大型原创舞剧《沙湾往事》以舞蹈描绘岭南音乐发展自画像,讲述沙湾音乐前辈们的燃情岁月,经典广东小调流芳百世,悠扬婉转,凉风秋月谱南音,汲取行云弹粤韵。这个舞剧讴歌民族气节,舞出广东气概,承载广东文艺振兴发展使命,再现岭南小镇风土人情。男女主角的表演生动深情,肢体语言相得益彰,珠联璧合、暖动人心,犹如梁祝化蝶。舞台道具的岭南风元素运用巧妙:广东乐器、岭南祠堂、雕刻扇门、灰塑砖雕斗拱飞檐、古镇古街、石路雨林、雨打芭蕉、透明纱伞等水乳交融。电脑控制的4扇岭南风木门景片,能60度旋转、平行移动,布景营造出如画的岭南风光、封闭的鸟笼婚房、富丽的家族中堂、幽静的后花园、紧张揪心的抗敌夜晚……半封闭舞台、全通透场景自由切换,换景换空间换心境切换巧妙,多维呈现空间场景转换,灯光烘托环境,空间表现力妙绝。一把高胡作为演奏工具和爱情信物反复出场,高胡旋律细腻的情感转换,为广东音乐所独有。这个舞剧巧用大鼓,再现与日军抗争的勇猛,再现龙舟竞渡、同仇敌忾、赢取战斗的龙马精神。演员穿上黑色木屐拖鞋别有风情,空留木屐在台上,空符号也生出故事、成为亮点。《沙湾往事》频频获奖。2014年10月8—9日在广州大剧院公演,获第12届广东省艺术节优秀剧目一等奖及各类单项奖。2014年被列入国家艺术基金资助项目,2016年成为国家艺术基金滚动资助项目全国八台大戏之一,并获第15届文华大奖、第14届精神文明建设"五个一工程"优秀作品奖,陆续在京、津、港等20多个城市巡演,参加央视《我要上春晚》《直通春晚》节目录制。2016年1月7—10日,走出国门,在纽约林肯中心大卫·寇克剧院连演4场。2018年7月26日,百场庆典演出于广东演艺中心大剧院举行,由广州交响乐团现场伴奏。这是该乐团继1989年伴奏舞剧《南越王》后,时隔近30年再次为广东省歌舞剧现场伴奏,两大院团再次合作。

(二)再造莞香符号元素

莞香是海上丝绸之路中外贸易的重要物资。"香"是珠三角一带很多地名的共同字号,比如香港、中山即香山、澳门又名香山澳等。岭南文化自古就有种香、制香、进行香料中外贸易的悠久传统。女子群舞《莞香》,题材取自非物质文化遗产瑰宝——东莞莞香,以香气入舞独辟蹊径。这个舞蹈巧妙化用岭南元素。一是轻薄如烟的纱巾,翩翩起舞之时,恰似莞香袅袅。舞者翩翩,再现了造香、拈香、燃香、闻香等优雅舒缓的系列舞蹈动作,展现了东莞女子制香的细腻精巧、贤淑静雅。加以袅袅婷婷的烟雾银幕视频配合,展示独特巧妙的焚香、潜入心扉的闻香、心旷神怡的醉香。二是清雅淡蓝的岭南长裙服饰,与幽蓝淡白的灯光相得益彰,偶有桃夭的桃红色灯光,恰似莞香燃烧时的微光,透露出东莞女子勤劳纯朴、沉敛雅致、秀外慧中的精神气质。三是粤曲曲风,激活岭南风情的听觉记忆。四是岭南镂空雕花的庭院门扇、窗棂的舞美背景。全舞如莞香般香气的恬静如斯优雅之美、如烟如雾的流淌之美,再现了禅意灵修悟香的香道过程。这种香气足以让时光静止,让精神得以安放和滋养,很有林怀民《水月》太极舞般静气凝神的神韵感。舞蹈《莞香》不仅是对莞香文化艺术精髓的提炼,更是一种淡泊从容的姿态和生命禅意的对话。如果再加上现场的莞香香气四溢,则是更加精妙,从视觉、嗅觉、听觉等层次,多方位地感悟莞香的禅悟灵性。

(三)凸显舞龙舞狮的传统文化龙马精神

东莞独创的少儿群舞《龙舟》,划船划桨,齐心协力,群龙有首,红衣儿为首,白衣男为众。少儿的舞蹈动作刚劲有力,以拳划桨,以红色船桨为道具,搏击冲浪,电闪雷鸣,鼓点阵阵,声光电影,声效和音效都很震撼,动静结合,张弛有度,阳刚力度十足。东莞的《莞香》《龙舟》一阴一阳,太极相生,珠联璧合,再现了大湾区的岭南古风余韵。

舞狮醒狮,也盛行于粤港澳大湾区。瑞兽狮子被赋予避邪、镇煞、防火、制风等功能,每逢节庆、集会以舞狮助兴。1905年,高旭等留日学生创办《醒狮》月刊宣扬革命,梁启超将狮子作为国族象征。昔日,狮子来自丝路;今日,醒狮已成为大湾区民间舞蹈品牌,从粤桂、港澳传至东南亚、欧美华侨社区,醒狮会成为联系海外华侨华人的文化纽带。北狮流行于长江以北。醒狮即南狮,多为文狮,服饰艳丽简洁,模仿狮子的表情、动作、姿态谐趣,传神逼真,融音乐、舞蹈、武术等于一身,集观赏性、艺术性、竞技性等为一体,既是中华民族传统舞蹈,又是体育项目。1993年,徐克的电影《黄飞鸿之狮王争霸》至为经典。

大型岭南风民族舞剧《醒·狮》于 2018 年 9 月由广州歌舞剧院创排，描述广州三元里抗英，穷小子阿醒和富家子龙少参加狮王大赛，在面对爱恨情仇、家国大义时自我觉醒和升级蜕变。此剧不仅讲述百余年前广州城风雨飘摇的故事，更讲述今人如何看待当年广州人在国难当头时如何揭竿而起、击鼓舞狮，展现中华民族的觉醒时刻，以传统形式传递现代的精神意义。该剧巧妙结合民族舞蹈与传统舞狮，融入南拳的马步，以及南派醒狮特有的腾、挪、闪、扑、回旋、飞跃等技巧，穿插举狮头旋转跳跃、上凳椅、挥南拳等高难动作，尽显醒狮龙猛精神，醒狮醒国魂，击鼓震精神。全剧策划 5 年，采风 3 年，剧本改易 13 稿。2016 年，先有试水之作小舞剧《醒》，获广东省岭南舞蹈大赛金奖。《醒·狮》的指导赵伟斌为"南狮王"赵继红之子。狮头出自佛山"黎家狮"第五代传承人黎婉珍之手，手工细腻，样式饱满。同名漫画，由香港《风云》铅笔线稿作者之一周胜主笔，参加 2018 年中国国际漫画节展示。同名纪录片参加中国（广州）国际纪录片节展演。这部舞剧实为多地心血和特色交融的力作、岭南文化跨界改编的新型代表。

中山的舞蹈《舞醉龙》获广东省 2016 年度群众文艺作品评比二等奖，并在 2017 年亮相广东省"健康知识进万家"系列活动。澳门的京剧《镜海魂》也有舞醉龙元素。2018 年，东莞的舞蹈《我是广东人》跨界融合醒狮、南拳、岭南舞蹈，再现小孩如何在爷爷的教导下一步步成长，从舞箩筐成长为舞狮传承人，以小见大，表现广东人坚守坚韧的品格、奋发向上的风采。

（四）化用典籍传递传统孝悌精神

《弟子规》改编为大型舞剧，开创了深港舞蹈合作的先河。该剧再现明海一家的经历：妻子分娩时遇难，遗下书简《弟子规》，泣血冀望孪生子成人成才。明海以《弟子规》古训教育二子。然而，孪生兄弟各走各路。兄长背弃伦常，离家出走，苦毒缠身。明海借妻子托梦，使之忆起《弟子规》的诚信、爱众、亲仁之理，感召他回归正途，建功立业，走向真善美的未来。该剧通过现代审美的舞蹈语言再现《弟子规》精髓：孝心无价、教育至上；以符合现代审美的清新简洁的舞蹈传扬孝道，反映家庭教育和伦理，为中华传统文化的现代表达开辟了新路径。此剧在 2017 年入选第 13 届广东省艺术节并获奖,2018 年在港、穗、鹏、莞等地巡演了 10 场。马来西亚槟城华人钟灵独立中学也注重《弟子规》的教学以及鞠躬礼仪等实践,中华优秀传统文化在海外原汁原味地传承。如何继承和再造中华传统优秀文化,大湾区可与东南亚华人社区互相取经,在海上丝绸之路沿线国家建立中华文化交流圈。

(五)融合多民族文化元素,创造多元舞蹈

大湾区是多民族融合地区,舞蹈界注重吸纳少数民族传统舞蹈元素。惠州舞协主席文艳平常到惠州各地采风,汲取少数民族舞蹈灵感,创编了《美丽的大自然,我们都爱它》《中国印趣》《七彩画笔》《青青竹儿》《凉帽上的童谣》《摇啊摇》等精品,融入壮族扁担舞、瑶族长鼓舞等元素,有"惠州杨丽萍"的美誉,《亲亲紫荆花》《咩咩羊角》均获广东省第 3 届少儿花卉金奖,后者还获得全国"小荷风采"比赛银奖。2017 年 12 月初,舞动东江·文艳平原创作品舞蹈晚会呈现了她 27 年来在惠州的 14 个原创精品。

广东致力于岭南风舞蹈的群众推广。第 6 届岭南舞蹈大赛增设岭南舞论文比赛。2017 年年初,广东省舞协组织中青年优秀编导深入广东各地村镇采风,体验埔寨火龙、观音娘娘、谢圣仙娘元宵巡游、畲族舞蹈、英歌舞、钱鼓舞、杯花舞、雷州狮舞等岭南民俗,独创了 15 个健康舞,结集为《岭南百姓艺术健康舞教材》(第 2 辑)和音像教材,在广东 21 个地市免费开设师资班,千余名舞蹈骨干参训。

岭南风以农业文化和海洋文化为源头,又汲取中原文化和海外文化,兼收并蓄,务实开放,求活创新,近代得风气之先,在粤剧、粤绣、禅宗、中医药、香料、牙雕、陶瓷、桑基鱼塘、曲乐、画派、影视等农工商艺政教各领域均有突出成就。大湾区的岭南风舞蹈可从中寻找题材、符号元素,加以创意开发,既讲究整体感,也讲究个体感、区域特色。虽说大湾区将 11 城连成一片,但文艺发展讲究和而不同,突出个性优势,强调精品意识。岭南风创意再造可抓住当地符号特色、文化亮点,论证开发,写好剧本,舞文结合,整合各业灵感,跨界合作,合力打造舞蹈精品。

二、"海上丝绸之路"创意:大湾区舞蹈联动

大湾区文化圈处于海上丝绸之路文化带,因此,有必要弘扬海上丝绸之路文化精神:中外多国贸易交流、文化多元合璧、人员跨国流动、多方联动。粤港澳大湾区有 7000 多万人口,人流与物流都大于纽约湾区。海上丝绸之路的重要文化精神,在于移动交流、互渗交融。大湾区亟须推动"9+2"城市群联动性、国际化交流的新文化样态。

第一,以舞蹈呼应城市文化,凸显国际性、海洋性、开放性、前沿性、移民性等城市性格,彰显新时代的海上丝绸之路精神。深圳有典范意义,首创"深圳舞蹈月"创意,自 2017 年起承办,每年一届,有赛事、展演、研讨会、培训等板块,舞林高手巅峰对决。国际舞蹈赛事过招,增强中外舞蹈文化交流,"深圳舞蹈月"开幕大秀均为世界杯国际标准舞公开赛。此赛已连办 15年,在亚洲具有权威性和影响力,被纳入深圳城市文化菜单。2018 年,世界杯第 16 届国际标准舞公开赛成为首个由中国人自主创办的国际性国标舞比赛,来自中、英、美、俄、澳、意等国家的顶尖选手汇聚,5000 余人参赛,为历届之最。闭幕式则有街舞展演,美国传奇舞者 JR BOOGLAOO、法国顶尖舞团 GHETTO STYLE 成员 SADECK、中国街舞第一个世界冠军AYA&BINGBING 等,共赴街舞盛会。深圳是青春之城,市民平均年龄在 38岁左右。街舞最契合深圳的城市性格,象征着热烈跳动的活力脉搏。深圳街舞不断国际化,吸引国际最顶级的舞者参加。

澳门也注重中外文化交流。国际青年舞蹈节于 2018 年 7 月开幕,主题为"'一带一路'——全城舞动",邀请 550 名中外青年巡游跳舞,由大三巴牌坊经玫瑰堂巡游至议事亭前。还有"户外嘉年华""艺能展现工作坊""雅文舞动之夜"等活动。2017 年 7 月,澳门舞蹈总会成立并举行理事、监事就职典礼。澳门在 2018 年新办《大湾区时报》,意在建设新型的大湾区国际媒体。

第二,建设大湾区,更加鼓励区域之间的流动、互联,城市舞蹈的联动交流或合演日益增加。深港澳舞蹈交流展演已举办两届,三地文化深入交流,

展演节目目不暇接、舞力十足。比如深圳龙岗大围屋艺术团的《浮流》、香港舞蹈团的《四季》、澳门独立艺术家的"Well Come",虽然舞种、风格、肢体语言均有不同,却能表达共同的情感和理念。三地舞蹈家互相借鉴,了解不同城市的舞蹈生态,增进三地的艺术交流、城市间的文化认同,共同探讨在经济视野下的文化大湾区建设。2017 年 7 月 30 日,中山舞协会大学生枢纽组织受邀参加"香港中山是我家"庆祝香港回归祖国 20 周年暨第 2 届香港中山文化节。2017 年 10 月底,广州市黄埔区舞协访问团一行专程与东莞舞协开展了为期两天的参观、交流活动。这些都是粤港澳舞蹈界为促进大湾区文艺交流而举办的活动。

城乡之间移民更加常态化。关注流动人口、流动文化是艺术创作应有之义。深圳是典型的移民之城。现代舞剧《浮流》呈现深圳这个改革开放前沿的日新月异和外来移民的追梦,浮动的城市、川流的人群通过 13 名舞者肢体律动来再现,把漂浮、弧线、流动等意念带入身体质感之中,把牵挂、梦与现实等情绪包裹进层层的动作设计中,精神、身体、视觉相互支撑,创造真诚、走心的情感交流,极富现实感。

第三,粤港澳舞蹈界借用海上丝绸之路等元素启动创意,咸水歌、疍民、渔民、渔业等凝结珠江三角洲的水乡风情。疍民"以舟为室,视水为陆,浮生江海"。珠海的舞蹈《疍水谣》在悠扬的民谣音乐背景中,一群演员翩翩起舞,形象再现渔女摇桨、出海、撒网、捕鱼、收网、补渔网、一起抵抗风浪等生活场景,再现水的柔情、舟的坚毅,还加入两代人视角,年轻一代依依不舍地与祖辈的疍家生活告别,呈现新旧文化交替。为了弘扬海上丝绸之路文化,舞蹈服饰增加了海洋元素。比如,卜柯文设计的夏纳"仙鹤装"礼服成为东方韵味的符号和代表,名扬海外。

海上丝绸之路舞蹈创意不仅吸纳传统,也化用现代元素。广东现代舞团的舞剧《潮速》在 2018 年 9 月 30 日上演,为新中国成立 69 周年献礼,并庆祝改革开放 40 周年。该剧讲述弄潮儿在改革开放浪潮中激扬澎湃,经历 40 年潮涨潮落。颜色幻化的巨幅轻纱隐喻大海、潮水等符号,配合影像视频的大浪淘沙的视觉冲击,有震撼效果。海上与陆上丝绸之路的舞蹈可以互相取经。敦煌的飞仙飞神舞蹈初受印度和西域影响,后经本土化改造。《丝路花雨》由甘肃歌舞剧院在 1979 年版、2008 年版基础上再排，运用幕面、投影、大屏等新科技来创意演绎，写实与虚拟空间交融，被誉为"东方《天鹅湖》"，在 2016 年首届丝绸之路国际文化博览会开幕式上演出。

大湾区的文艺创作当然也需要关注当下题材。港珠澳大桥题材的绘画已有成果。2018 年 6 月，陈许的新著《跨海长虹——陈许港珠澳大桥主题油画作品集》问世。陈许从大桥兴建起就深入一线采写，同步报道，8 年间创作了 40 多幅画作，为宣传大湾区建设打头阵，有示范效应。大湾区文化建设亟待新符号创造，大湾区题材的舞剧有待开发。期待未来涌现大批有关港珠澳大桥的诗歌、散文、小说、戏剧、音乐、舞蹈等系列创意作品。新事物蓬勃兴起，文艺创作与文化建设同步迈进。

三、璀璨多姿：大湾区内地城市的舞蹈盛事

2017 年是学习贯彻落实中共十九大精神的开局之年，也是决胜全面建成小康社会的关键一年。广东省舞协在中共广东省委宣传部、广东省文联指导支持下，在新一届主席团带领下，围绕中心集思广益，发挥联络协调作用，开创舞协工作新局面，以实际行动贯彻落实中共十九大精神，以及习近平总书记在文艺工作者座谈会上的重要讲话精神、对广东工作重要批示精神，在文化惠民、人才队伍建设、新农村美育建设、文艺志愿服务、品牌平台搭建、文艺精品打造、理论阵地建设等方面作出积极贡献，舞动岭南风姿，讲好大湾区故事。

2017 年和 2018 年广东省各地舞协都举办了丰富多彩的舞蹈惠民活动和品牌赛事。为挖掘高精尖舞蹈人才，举办了省市级舞蹈品牌赛事，成绩显著。广东省舞协新一届主席团注重与广东各地市舞协紧密联系，广东省舞协主席团成员多次前往各地市舞协指导、开展舞蹈活动。粤港澳各级舞协和舞蹈团百花齐放，积极推动舞蹈事业繁荣发展。这两年，广东的舞蹈品牌赛事有第 11 届中国舞蹈荷花奖、现当代舞蹈评奖、第 6 届岭南舞蹈大赛、2016—2017 年广东省新农村少儿舞蹈教室会演、首届全国街舞创作精品展

演、第4届广东省中老年舞蹈展演、第3届广东省青少年舞蹈展演等。

（一）舞蹈活动精彩纷呈

2017年12月，由广东省文联、广东省舞协举办的献礼中共十九大——2017广东舞蹈巡礼在广州、肇庆、河源、梅州等地举办7场演出，包括广东少儿舞蹈金奖作品巡演3场、广东岭南舞蹈精品巡演3场，集中展示广东省近几年不同群体舞蹈创作的实力和水平，为不同年龄阶段、不同社会群体搭建专业的舞蹈展示交流平台。首场演出于2017年12月4日晚在广东友谊剧院正式拉开帷幕，广东省文联副主席洪楚平，广东省教育厅副巡视员陈健，广东省委宣传部文艺处处长许永波，广东省文化厅艺术处处长唐国华，广东省委宣传部文艺处副处长王继怀，广东省教育厅体育卫生与艺术教育处副处长林柏春，广东省舞协主席、广东舞蹈戏剧职业学院院长李永祥，广东省舞协副主席张润华、熊健、邹罡、宋拉成，广东省舞协专职副主席汪洌等人出席。李永祥致辞说，岭南舞蹈大赛自2005年至今已成功举办5届，创作出《稻草香》等300余个具有岭南特色的佳作以及《哭嫁》等10余部广受好评的小舞蹈，涌现出裴华松、陈军、张玲、卢玉梅、丁然、黄盈、蔡骞等中青年优秀舞蹈创作人才。岭南舞蹈正在形成特有的风格和韵味。这项活动还展演了广东省16部获得第九届"小荷风采"全国少儿舞蹈展演"小荷之星"荣誉称号、广东省少儿舞蹈大赛金奖作品，500余人参演，1.5万名观众现场观看，3万人次在线观看。

广东省舞协主办的广东省少儿舞蹈大赛每两年一届。第4届大赛有18个地市的259个少儿舞蹈作品报名，近5000名孩子参赛。较之第3届，参赛队伍数量增长了52%，参赛人数增加了34%，编创整体水平大幅提升，直逼专业院校。佳作《"泳"气》立意新颖、创意独特，《鹅场里的故事》形象鲜明、生动有趣，《龙舟》是具有岭南地方特色、弘扬民间传统舞蹈文化、广东非遗的舞蹈佳作，《走山的孩子》以小见大、寓意深刻，街舞结合现实题材编创的《低头族》寓教于乐、观赏性强。最终，《"泳"气》等76个作品获得金奖。第4届大赛首次采用全程现场直播，舞谱网每场在线直播的观看人数达3.9万人次，7场比赛近16万人次，影响力显著提升。2017年4月28

日—5月1日,57个获创作奖作品代表广东省参加中国舞协举办的少儿舞蹈展演初评。7月,第九届"小荷风采"全国少儿舞蹈展演在上海举行,广东省的16部作品荣获"小荷之星"荣誉称号,广东省舞协荣获优秀组织奖,连续3届成为这项展演入围节目数量最多、荣获"小荷之星"荣誉称号数量最多的省份。

2017年12月27日,舞动岭南——广东优秀舞蹈精品晚会在广东友谊剧院举行,展现新中国成立以来广东舞蹈工作成果,用舞蹈讲好广东故事,揭示广东舞蹈人一脉相承的精神追求、精神特质、精神脉络。2017年12月7—9日,华南师范大学舞蹈系承办"非遗"舞蹈进校园、舞蹈教学课例展示暨论坛活动。在2018年的广东省第6届少数民族运动会上,华南师范大学代表队获民族舞金奖,教练是该校体育科学学院教授许爱梅。2017年,广东省教育厅举办了广东省第5届大学生艺术展演。

2017年12月28日,广东舞蹈工作座谈会在广州举行,由广东省文化厅指导,广东舞蹈戏剧职业学院、广东省舞协主办。座谈会肯定了舞动岭南——广东优秀舞蹈精品晚会成功举办的积极意义,希冀未来能推出更多有筋骨、有道德、有温度的广东舞蹈精品。2017年3月2日,全国舞协2017年工作会议在汕头召开。中国舞协主席冯双白,中国舞协分党组书记、副主席、秘书长罗斌,中国舞协分党组副书记、副秘书长李甲芹,中国舞协党组成员、副秘书长夏小虎,以及全国31个省区市舞协驻会负责人参会。会后,观摩潮阳英歌、双咬鹅舞、深澳麒麟舞、后宅元宵渔灯赛会等"非遗"表演。2018年7月28日,广东省第6届岭南舞蹈大赛暨第2届新时代岭南舞蹈论坛在深圳市文联举行,由广东省文联、广东省舞协、广东舞蹈戏剧职业学院主办,全国知名舞蹈理论专家、编导60余人参加,广东省舞协专职副主席汪洌主持。

"我们的中国梦——文化进万家"中国舞协文艺志愿服务小分队走进连南瑶族自治县慰问演出,于2018年1月28日在连南沃水镇举行,由中国文联、中国舞协主办,广东省文联、广东省舞协承办,连南县文化广电新闻出版局协办,中国文学艺术基金会支持。2017年3月17日,中山市舞协协办了"想要和你一起飞"——吴真贞师生舞蹈专场;2017年4月6日、7日,举办了"舞蹈名家面对面"舞蹈创作高级研修班,邀请冯双白、甘露、田培培、汪洌等名家到中山开设公益讲座。东莞市个人风采舞蹈大赛每年一届,第6届大赛共有309个舞蹈、8篇论文参赛,破历史纪录。从2017年4月15日至5月4日,经过8场初赛、2场决赛,评选出28个金奖、56个银奖、64个铜奖、89个优秀奖、8个创作奖、4个组织奖。依托这个赛事平台,舞蹈精品走出东莞,走向广东全省乃至全国。

2017年,广东舞蹈界喜讯频传、再创佳绩。2017年6月5日至8日,中国舞协主办的新农村少儿舞蹈美育工程成果交流会在甘肃举办,10年来首次进行全国经验交流与总结,广东省舞协荣获优秀志愿服务组织荣誉称号。2017年5月20日,2017年广东省文联文艺志愿服务工作会议在江门开平举行。广东省舞协荣获广东省文艺志愿服务先进集体荣誉称号,新农村少儿舞蹈教室志愿者教师、河源市舞协主席陈裕红荣获广东省优秀文艺志愿者称号,新农村少儿舞蹈教室志愿者教师丘艳玲、邱晓雯、刘露文荣获广东省文艺志愿服务先进个人称号。广东省舞协专职副主席、秘书长汪洌在会上作文艺志愿服务工作经验汇报交流,并获2017年度中国中小学舞蹈教育年度人物称号。广东省舞协副主席史前进、理事张云鹏获第10届广东省"新世纪之星"荣誉称号。广东省舞协副主席熊健获广东特支计划宣传思想文化领军人才称号。广东省舞协主席团成员林树森获G20杭州峰会工作先进个人称号。

(二)舞蹈精品不断涌现

2018年时值改革开放40周年,由广东省文联、广东省舞协主办,深圳舞协承办的第6届岭南舞蹈大赛于7月25—31日在深圳举行。7月31日晚,举行广东舞蹈精品惠民演出暨广东省第6届岭南舞蹈大赛颁奖晚会。经过6场激烈角逐,最终,小舞剧《在水一方》、群舞非职业组《云上》、三人舞组《顶硬上》、群舞院校非专业组《来自星星的你》、群舞非职业组《封箱》《傩焰》《汪嘟》《雷公佑红土》、独舞组《村头的钟》、群舞职业组《蓝盔行动》成为各自组别的佼佼者。由广东省文联、广东省教育厅主办,广东省舞协、江门市蓬江区委宣传部承办的广东省第3届青少年舞蹈展演,于2018年6

月 11—12 日在江门演艺中心大剧院举行。荣获作品奖和表演金奖的 8 部佳作,被推送到中国舞协主办的第 5 届"荷花少年"全国舞蹈展演活动。最终,《青节森森》《时间·你好》《太阳照常升起》《古港·渔灯》《少年智》荣获"荷花少年"称号,成绩喜人。

广东舞蹈戏剧职业学院的《雨打芭蕉》《赤潮》《回响·麻石街》,广东现代舞团的《须弥芥子》,广州歌舞剧院的《陪伴》《围屋·女人》,荣获广东省第十届鲁迅文学艺术奖。广东现代舞团的《本初》获 2017 年国家艺术基金小型剧节目作品资助。2017 年广东中青年舞蹈编导创作扶持计划与成果展演扶持作品《创·空间》荣获第 7 届广东音乐舞蹈花会金奖,《渔水谣》荣获广东省第 5 届大学生艺术展演一等奖,《河流》荣获广东省大学生艺术展演二等奖。广州艺术学校芭蕾专业学生朱柯宇在美国 YAGP 国际舞蹈比赛(中国深圳赛区)中,获得甲组二等奖及美国总决赛资格。广州芭蕾舞团演员黄百茂荣获第 4 届北京国际芭蕾舞暨编舞比赛男子青年组银奖(古典芭蕾舞组),马明皓荣获第 4 届北京国际芭蕾舞暨编舞比赛女子青年组银奖(古典芭蕾舞组)(女子组金奖空缺),二人均荣获第 4 届北京国际芭蕾舞暨编舞比赛最佳双人舞奖。《致青春》获得中央电视台综艺频道舞蹈世界的"舞蹈全民星奖"。

(三)舞蹈精品获奖频频

在舞蹈精品获奖方面,大湾区精彩纷呈、佳作频出。

深圳舞蹈界的佳作不少。一是《青春之歌》,荣获第 14 届奥林匹亚国际舞蹈大赛铜奖(金奖空缺)(2017 年),第 10 届中国舞蹈荷花奖现代舞奖提名奖(2016 年),第 3 届"荷花少年"全国舞蹈展演荷花少年奖(2015 年),第 2 届广东省青少年舞蹈大赛暨第 3 届荷花少年金奖、创作奖(2015 年)。二是《创·空间》,荣获第 11 届中国舞蹈荷花奖当代舞终评入围奖(2018 年),第 12 届全国舞蹈展演参演作品奖(2018 年),广东省音乐舞蹈花会金奖(2017 年),第 5 届岭南舞蹈大赛群舞非职业组创作金奖、表演金奖、作品金奖(2016 年)。三是《云上》,荣获第 11 届中国舞蹈荷花奖现代舞终评入围奖(2018 年),第 6 届岭南舞蹈大赛群舞非职业组创作金奖、表演金奖、作品金奖(2018年),第10届深圳市舞蹈大赛创意舞比赛创作金奖(2018年)。四是龙华街道文化体育中心的群舞《客家禧》,获第11届中国舞蹈荷花奖民族民间舞终评展演奖(2017年),广东省第6届岭南舞蹈大赛群舞非职业组创作金奖、表演金奖、作品金奖、舞美灯光奖、服装设计奖、作曲奖(2018年),第10届深圳市舞蹈大赛创意舞比赛创作金奖(2018年),广东省群众文艺作品评选金奖(2017年),深圳市群众文艺作品评选金奖(2017年)。

广州舞蹈界方面,芭蕾舞剧《风雪夜归人》在第9届中国艺术节优秀剧目评选中荣获文华大奖,舞剧《骑楼晚风》、音乐剧《蝶》、粤剧《刑场上的婚礼》、人偶剧《八层半》等荣获文华大奖特别奖。《花笺记》作为第一批国家级非物质文化遗产保护项目创作的剧目,融合了传统广东音乐与现代舞台剧的特色。舞剧《花城》《醒》、粤剧《广州十三行》《岭南人家》等作品,也正在加紧创作之中。广州市文艺院团于2011年进行体制改革后,创作了现代舞《临池舞墨》、话剧《与妻书》、粤剧《花月影》、杂技剧《西游记》,一起赴京展演,不设赠票,全走市场,创下火爆的票房成绩。

江门舞蹈界方面,在2017年首届戴爱莲杯群星璀璨人人跳全国舞蹈展演上,《醒狮耀侨乡》《橙色绽放》荣获最高奖——"魅力之星"称号,《茅龙狂草》《鸟的天堂》荣获"风采之星"称号。在广东省第7届群众音乐舞蹈花会上,《醒狮舞起来》《爱·创》和《翘盼》获得一银两铜的佳绩。《葵林雨趣》《轻松王国》荣获2017年广东省第4届少儿舞蹈大赛表演银奖。咸水歌舞蹈《古劳水乡》荣获第10届广东省咸水歌邀请赛表演金奖。《相思染》《少年智》在广东省第3届青少年舞蹈展演中荣获金奖;《少年智》获得最佳作品奖,并入选第5届"荷花少年"全国舞蹈展演,荣获"全国荷花少年"称号。

中山舞蹈界方面,2017年4月29日—5月1日,举办广东省第4届少儿舞蹈大赛暨第9届"小荷风采"全国少儿舞蹈展演广东省选拔赛,中山市舞协的原创少儿舞蹈《高原盼来新格拉》获表演和创作金奖,《快乐大巴》《羽翼》获表演金奖,《大熊猫的七彩梦》《酒酿飘香娃娃乐》《寒梅傲雪》获表演银奖,《爱要在一起》获表演铜奖。《高原盼来新格拉》代表广东省参加第9届"小荷风采"全国少儿舞蹈展演,最终入围决赛并取得佳绩。10月26日,郑咏韶获神湾镇第5届广场健身排舞比赛金奖,张艳媚获神湾镇第5届广场健身排舞比赛银奖。11月6日,中山市舞协副主席崔英美创作的双人舞《念》获广东省第7届音乐舞蹈花会银奖;中山市舞协理事王梓仲创作的舞蹈《蚝湾笠影》获广东省第7届群众音乐舞蹈花会银奖;广场舞《真的不容易》获广东省第7届群众音乐舞蹈花会广场舞专场银奖,并于11月20日受中央电视台邀请参加舞蹈世界节目录制。11月21日,宋方方获坦洲镇广场舞大赛金奖。大信蒲公英舞蹈队成立于2012年,代表石岐区多次参加中山全市的舞蹈大赛并获奖。

东莞舞蹈界方面,东莞市舞协主席刘影联合韩真共同编导的女子群舞《莞香》获奖无数。2017年,《莞香》获中国文联"中国精神·中国梦"主题文艺创作工程项目专项资金支助,获广东省年度文艺作品一等奖,在广东省第7届群众音乐舞蹈花会比赛群舞专场获金奖,参加中央电视台"群英汇"栏目展演、中央电视台舞蹈世界—舞蹈全民星节目,获舞蹈全民星奖,获广东省群众音乐舞蹈花会金奖、广东省群众文艺作品评选舞一等奖等专业赛事奖项,还多次代表东莞在国家级、省级演出活动中亮相。此外,《龙舟》获第9届"小荷风采"全国少儿舞蹈展演"小荷之星"荣誉称号。2017年的广东省第7届群众音乐舞蹈花会上,东莞参赛作品获得5金6银1铜的好成绩,成绩总排名全省第一,连续4届蝉联全省群众音乐舞蹈花会金奖数量第一,获金奖的女子群舞《莞香》、广场舞《公仔情画》进行了展演。

四、思想圆舞:香港舞剧启发大湾区创意破局

好舞蹈要有思想、有个性,这是内地舞蹈界的痛点。面对当前舞蹈存在的难题、困局,如何对症下药呢?

第一,舞动思想的圆舞曲。佳舞有独创性、个人性、思想性,不与人同,无法用既定的概念和术语来归类,而常常让观众惊叹:怎么会这样? 怎么可以这样跳? 梅卓燕以游走于传统与现代、东方与西方的浑然天成风格,成为香港舞坛的标志性人物,是少数享誉国际的华人独舞之一。梅卓燕的舞剧

《日记 VI:谢幕:五十年不变舞照跳——一篇献给已逝去的好友皮娜·鲍什的舞蹈日记》竟将日记入舞,灌注中外友谊,舞动人生哲思。这出自传式舞剧,让人感悟到港式创意精品舞蹈的思想穿透力。

该剧由 60 高龄的梅卓燕一人独力支撑,而且没有中场休息。她从 1986 年的《日记 I:我出生于中国……》起,精选自己 20 岁、30 岁和 40 岁的独舞作品,回望舞蹈创作的心路历程:生于广州,13 岁移居香港,此后主演《玉卿嫂》《胭脂扣》等舞剧,又赴美学习接触即兴、后现代舞蹈,回港后实验跨界独舞创作。《日记 VI》的舞台上堆满了大大小小的纸箱子,舞者不时搬动一个取出物件,原来个个都是"百宝箱",要么是超长纱巾,要么是满满当当、各式各样的舞服,要么是满箱的白色纸屑,要么是面具、人偶……有时,箱子还幻化成门、窗、凳等。舞者与人偶对话、娇嗔、愤怒、对视、共舞,何等的孤寂。尤其是那段纱巾舞,让人们想起了黄劲辉执导的纪录片《也斯东西》,其中有段梅卓燕改编自也斯莲叶诗歌的独舞,足足有 8 分钟。这段舞蹈在不同空间场景中自由舒展:空旷的室内以几十丈的深色布帛纱巾为莲,抽象起舞;在山野的无人境中,如水中睡莲,闻风起舞;在街道上车水马龙、游人如织的尘世境中,傲然舞莲。三个空间不断切换,黑衣舞者梅卓燕独自舞动,以舞为笔,也跳出了思想,跳出了也斯系列诗恋叶的神韵。旁白的诗歌朗诵和舞蹈合拍共振,诗、乐、舞三位一体,让人过目难忘。

第二,善于向文学汲取灵感。梅卓燕自身就有作家的才气。2009 年,她正值 50 岁。《日记 VI》以舞蹈再现半世纪日记,坦然面对更年期身心变化,屏幕显示各种数据和画外音旁白:身高、体重、蛋白质、胆固醇、血糖、血脂……竟然将医疗数字指标推上舞台,很有荒诞感、戏谑感,让人在笑中含泪。面对更年期的精神困扰、好友接连离世的消息,50 岁成为开悟的契机,追思离世的好友,感悟人生悲欢离合的无常。舞台穿插播放梅卓燕亲手为皮娜·鲍什与大野一雄拍摄的私藏视频,以此向大师致敬。梅卓燕与舞蹈剧场大师皮娜·鲍什惺惺相惜:1998 年应邀参与皮娜等乌帕塔尔舞蹈剧场 25 周年纪念节演出;1999 年参与《春之祭》演出后,皮娜邀请她为福克旺舞蹈团编排《花落知多少》;2008 年再邀参与乌帕塔尔舞蹈剧场 35 周年纪念节演出。《日记 VI》临近尾声时,一大箱的白色小泡沫被倒出来,铺满整个舞台,在空中以各种姿态挥洒,如皑皑白雪,如天女散花,异常灵动。大提琴幽怨婉转深沉,祭奠死者,令人揪心哀痛。在茫茫的雪花中,舞者舞动一把秀美的弹簧伞,大开大合,或欲开欲合,或旋转飘飞、忽上忽下、花开花落……幻化出无数的肢体动作,好像要穷尽人与伞关系的所有可能性。梅卓燕以舞剧激励自己,也激励所有观众:热爱生命,好好活在当下,"一期一会,难得一面,世当珍惜",留存记忆,留存感动。这个舞剧作为舞蹈演出季节目之一,于 2018 年 9 月 7 日和 8 日在广州大剧院实验剧场演出,座无虚席,结束后掌声雷动,叫好声一片。

梅卓燕不仅是舞蹈家,还是作家,并与其他作家有缘,比如与也斯、白先勇、林怀民等人多有改编合作,创作出《游园惊梦》《独步》《狂草》《日记》系列等佳作,港台舞文互动、琴瑟和鸣。梅卓燕曾有《舞文》杂糅改编多部文学作品:一人饰演双角,既是《边城》中的翠翠,也是《游园惊梦》中的蓝田玉;尾声部分还改编也斯的诗《诗游》,白布覆盖大地,舞者们随着俄罗斯现代音乐走过白布。

香港善于演绎文学作品的还有黎海宁,她被林怀民誉为"李清照式的编舞家、最厉害的华人编舞家"。1991 年,黎海宁以舞演绎屈原的《九歌》;1993 年,林怀民的云门舞集被改编为祭典舞剧《九歌》,两者可以对读。1995 年,黎海宁将卡尔维诺的《看不见的城市》改编为现代舞剧《隐形城市》。2001 年,梅卓燕的《花葬》脱胎自《红楼梦》。2007 年,黎海宁的《女书》以女书为灵感起点,即湖南江永一带的女人在纸扇和红布上自创文字,秘密地与其他妇女互诉愁苦;舞段标题"我、你、她/他",则恰似黄碧云小说《烈女图》的结构;该舞还取灵感于西西的小说《解体》,抽丝剥茧般呈现女性层层包裹的细腻内心,同时,再现古老的扇语、歌堂哭嫁、缠足等女性传统元素,借此致敬为自由和幸福而搏斗的女性。

香港舞蹈家像作家一样,善于故事新编,好手有刘以鬯、陶然、也斯、李碧华、董启章等人。香港舞蹈团艺术总监杨云涛编导的舞剧《倩女·幽魂》、徐克监制的经典电影《倩女幽魂》,都改编自经典名著《聊斋志异》。舞剧版浪漫唯美,展现男女主角邂逅、相恋、难舍难离的动人情节,以蓝色的冷色调为主体描绘凄美的爱情。女鬼聂小倩被妖怪威逼害人,又被书生宁采臣的正直、真诚打动,宁愿牺牲自己,助他脱离险境。宁采臣拼命遮挡阳光,试图挽留;而聂小倩回眸远去,依依难舍。舞台背景快进视频,熟悉的影像音乐唤起人们对香港文化的深沉记忆。男女主演的双人舞尤其动人,像梁祝翩翩化蝶,抒情婉约,一举一动都拨人心弦。2017 年 7 月,舞剧《倩女·幽魂》在广州大剧院上演,还有舞台剧《朝暮有情人》、话剧《最后晚餐》《最后作孽》,港味十足,进军"香港文化展演月"。《倩女·幽魂》揽获"杰出女舞蹈员演出""杰出男舞蹈员演出""杰出布景设计"三项大奖。香港舞蹈团的宣言为"融汇中西,舞动香港",近期佳作还有《清明上河图》《雪山飞狐》《双燕——吴冠中名画随想》《兰亭·祭侄》《金曲舞韵顾嘉辉》《花木兰》《梁祝·传说》《风云》《踏歌行》《红楼·梦三阕》《中华英雄》及《彩南云现》等,古韵古味十足。舞剧《舞·雷雨》,由香港主创与内地舞蹈演员合作,导演邓树荣联合编舞邢亮和梅卓燕,演员来自江苏演艺集团歌剧舞剧院,2017 年 11 月 28 日在广东歌舞剧院上演。

第三,善于向电影取经,充分运用现代声、光、电,突出技术新变。电影大师多是导演、作家、编剧身兼一体,感性与理性、文字与光影、心理与思想互相滋养,比如戈达尔、安东尼奥尼、费里尼、希区柯克、伯格曼、基耶斯洛夫斯基等人。电影即导演的个人作品,体现导演的个性和个人风格特性。影片具有某种内在含义,是后天形成而非先前存在的,不是类型电影,而是艺术片。舞蹈大师最好也是舞蹈作者,即舞家与作家身份合二为一,例如台湾的林怀民,香港的梅卓燕、黄碧云等人,都很有代表性。

梅卓燕的《日记 VI》巧用声、光、化、电,糅合舞蹈、音乐、文字与录像,再现日记系列 6 篇,呈现梅卓燕跨越 30 年的人世经历和感悟,既像电影,又像有声小说,还像夜间广播。影视技术也可用在舞蹈展演中,舞影融合成为潮流趋势。要么借助影像再现历史,为舞蹈空间艺术注入时间因素;要么利用后期技术处理,更精细地呈现高难度动作,比如用延时处理让舞蹈动作持续得更久,产生更震撼的效果;要么运用遥在全息技术,实现异地同时的即兴触感舞蹈创意实验。新科技不仅仅用在舞蹈艺术的宣传推广传播方面,更要有创意地运用于舞蹈艺术中,例如观众实时互动的舞蹈、新触感舞蹈、即兴舞蹈、跨媒介舞蹈等,开拓舞蹈艺术破局的手段。舞蹈与视频、电影、新媒体的新型关系,完全可以开拓全新的研究课题。大湾区舞蹈界强烈呼唤像梅卓燕一般的舞蹈家,创编出有创意、有思想、有灵魂的舞蹈,融汇中西文化,能在国际舞蹈圈打响知名度,切实有国际影响力。香港和台湾的舞剧发展成熟,大湾区内地城市就舞剧创意可多作交流。

五、未来之思

总而言之,粤港澳大湾区舞蹈创意发展的关键点有以下几个层面。

一是挖掘岭南本土特色。舞蹈是空间艺术。大湾区舞蹈可尝试在审美空间、教育空间、日常空间找到契合点、融合点,注重扎实认真的岭南田野调查,寻找从土壤里来、在大自然生长的民间精神,挖掘对岭南文化的集体和个体记忆,开掘有地方特色的符号。岭南风符号如岭南画派、音乐、“三雕一彩一绣”传统工艺,沙面和十三行博物馆等海上丝绸之路文化地标,这类文化创意产业如何进行传统与当代再造?疍家能否作为粤港澳大湾区文化建设的联结纽带,创造新式的疍家歌剧或舞蹈?此外,能否举办岭南风微电影大赛,与粤港澳大湾区影协的微电影大赛联动?根据每个符号在不同区域、海外华人社区的实际情况,进行创造性的再造、拓展。比如,粤绣与舞蹈是否可融合创造出新的艺术形态。

岭南有历史悠久的中外文化交流。海上丝绸之路起自广州,广州是有2000多年历史的大港、古港,但广州的海洋经济、海洋文学、创意文化有待拓展。香港、澳门、台湾经济起飞于20世纪六七十年代,文化起飞于八九十年代,《我城》《台北人》和麦兜几米、港台影视歌曲开始流行。1978年,内地的留学生计划重启。经过几十年发展,如今,北美、欧洲的华人文学文化群体活跃,迸发出大批创意产业、文化新业。广东改革开放40多年,但相比港台,较少标志性文艺产品、拳头品牌。岭南故事如何讲述,岭南形象如何建构,岭南品牌如何打造,大湾区在“一带一路”建设中如何发扬区位、经济、文化优势,如何推动大湾区创新经济发展,创作岭南风创意产品,亟待未来研究。

二是拓展全球视野。无论古今中外,不拘东西南北,视野宽广,既有传统优秀文化的重构,也有当下新潮的话题,开拓国际市场,走向世界。在深度上,省思为大湾区舞蹈注入一脉相承的文化基因;在广度上,体现大湾区舞蹈兼容并蓄、舞蹈语言丰富、地域文化突出等特色;在温度上,有扎根民间、志存高远、德艺双馨的艺术情怀,挖掘与时俱进的时代精神。上海歌舞团的舞蹈《朱鹮》至 2017 年年底,3 年间演出 200 场。广州大剧院的"2018 舞蹈演出季",推出中国歌剧舞剧院的大型民族舞剧《孔子》。北上广三地的最新舞剧精品可否多切磋交流?目前,珠海、澳门、香港联动多,舞蹈节珠澳欢舞,每年交流,轮流举办。澳门文学节、葡语系文学周,珠海、澳门互相参加,珠海、澳门、香港乐团互访。

省思中国优秀舞剧如何走向世界,需要开展岭南文化自古至今的海外传播影响史研究,不断挖掘整理"走出去"历史。比如,岭南舞蹈音乐如何遍地开花,在印度尼西亚、新加坡、马来西亚、缅甸、越南等国家传播异同的对比?舞蹈音乐流动与移民群体流动有何关联?香港、澳门、深圳、广州等都是典型的移民城市,大湾区的人流、物流、资金流、信息流活跃,可以多研究外来文化入粤情况。"引进来"的选题有当下意义。例如,白先勇策划的青春版《牡丹亭》如何进入大湾区?外来文化为什么入粤,为什么离开?热门研究与冷门研究如何结合?本地文化与外江文化如何互动?给岭南文化带来哪些文化影响?岭南文化如何"引进来""走出去",对世界文化有哪些影响?等等。

三是学科跨界交流。各行各业注重交流互动、融合。比如,岭南舞蹈、音乐、文学、影视纪录片、绘画、陶瓷等,凝结在岭南文化这个话题下,聚焦明确。大湾区不同地域多进行沟通,凸显差异或者弥合差异,互通有无,寻求创意灵感碰撞点,以实现美第奇的创意效应。推动产业发展,形成"文化+科技+金融+旅游+创意+休闲……"新模式,成为激发文化创新创造活力、促进文化事业产业高质量发展的助推器。强化产业集聚效应,形成创意产业园、设计园的规模效应。打造产业服务平台,例如深圳文博会已举办至第 14 届,多举办此类高端国际文化活动,有利于树立城市国际文化品牌。2017 年,广州致力于"文商旅活化提升区"建设,以文商旅融合发展为抓手,擦亮传统文化品牌,扶持羊城讲古坛、趣味灯谜、琴棋书画、粤剧文化广场、广府文化周等传统文化品牌,创新文化活动形式,落实文化惠民政策。每逢重大纪念庆典节点,在音乐、影视、舞台剧、美术等领域创作出能在国家级乃至国际级平台亮相的一批力作,入选中宣部"五个一工程"奖、文化和旅游部文华奖等奖项,使大湾区成为重要的文艺精品生产基地。

四是大湾区文化注重融合科技创新。当今中国,家家通网络,个个有手机,人人能创造,因此,有必要思考舞蹈与网络文化如何有效结合、"互联网+文艺"如何"+",思索网络文化社区无缝对接之道,占领网络文艺创意发展先机。广东的"舞蹈+互联网"深化升级,舞蹈大赛多采用网络抢票、现场网络直播形式,开设全民评论互动专区。比如,广州的"赞赞我的国"活动、评选文艺达人秀、小小文艺轻骑兵活动,都鼓励选手通过抖音平台发布视频,与观众互动。同时,各大报社等权威媒体对赛事进行全程跟踪报道,省市电视台对活动进行实况录制及展播,媒体结合,受众面广,影响力大,扩大舞蹈惠民的广度和深度,全方位提升岭南舞蹈的影响力,使其成为一张响亮的名片。

五是拓展传播渠道。过去,舞蹈等艺术传承多采取师徒制。而如今采取文创制,例如策划举办各式网络舞蹈大赛,用户自舞,群众共舞,海选好手,在大众化和精英化之间找到平衡互动之道。大湾区的城市既有2000多年历史的老城、商都,也有蓬勃发展的国际新城,新老碰撞融合,最能激发跨界创意。例如,广州、深圳都谋求建成纪录片之城,也拓展微纪录片。认识一座城,可以从一条街、一道河、一位名人开始。广州国际纪录片节能否发展到像广交会那般有名气?"他们在岛屿写作"纪录片系列已连续推出十几名港台作家的,比如余光中、白先勇、洛夫、痖弦等人。香港的黄劲辉一人导演两部,分别是刘以鬯和也斯的单集纪录片,获了不少奖项。推进文化强市、文化强省,就要推进城市文化名片建设。例如,多拍制舞蹈家系列、作家系列的纪录片,以及文化名人访谈系列等纪录片。

文化体现一个国家的软实力。粤港澳大湾区建设发展刚刚起步,有些问题可以深化探讨:如何打造有国际视野、民族特色、国家立场的创意文化经济?如何向世界八大湾区——洛杉矶比弗利山庄、纽约长岛、日本东京湾、悉尼双水湾、香港浅水湾、新西兰霍克湾、马来西亚湾、布里斯班Noosa

湾汲取先进经验？如何创作体现大湾区精神的文艺精品？如何讲好大湾区故事，创造"高原"与"高峰"文艺作品？大湾区文化艺术人才能否像科技带头人那般受到重视？大湾区内地珠三角9市与长三角、京津冀相比，有怎样的文化特色适合交错发展？大湾区文艺如何实现"9+2"城市群因应互动？民间交流与官方交流如何平衡呼应？如何把控好两个维度——政府支持与市场支撑？大湾区文艺如何在全国文艺创作中提高显示度？等等。这些都是值得深究探讨的课题。

异彩同根花色新，春风入画共潮声

——粤港澳大湾区美术观察

刘 春 霞

粤港澳三地同宗同源，岭南文化是共同的血脉纽带。岭南美术作为岭南文化的重要组成部分，在推动粤港澳大湾区文化软实力的发展上起着重要作用。自近代以来，岭南美术折中中西、包容并举，在艺术进程中始终保持着开创者的态势。如今，进入粤港澳大湾区时间，希望能够立足粤港澳大湾区，建立有国际影响力的美术团队，推动粤港澳大湾区美术的全面合作与创新发展。通过粤港澳大湾区内外联动，在未来美术发展中构筑一个在国际上有独特面貌的东方体系。

一、共建平台，联动发展，美术交流风生水起

（一）联动共建，形成粤港澳美术联盟

2018 年，粤港澳大湾区美术领域呈现的是一个百花齐放、异彩纷呈、健康发展的艺术生态圈。粤港澳大湾区能够三地联动发展，共同提升，以张扬中国文化精神为主导思想，传统型艺术、写实型艺术、当代艺术和试验性艺术多元并进、和谐发展，呈现前所未见的多样繁盛格局。

为增进大湾区文化融合、谋求大湾区美术共同发展，粤港澳三地美术团体共建合作，成果突出。创作上，一个明显特点是时代精神、区域文化和艺术表达紧密联系，出现了一批大湾区题材的艺术创作；艺术交流上，三地的

美术展览活动积极推动书画文化艺术不断创新,对促进大湾区美术交流提升、加深港澳同胞的祖国文化认同,意义深远。2017—2018 年间,粤港澳三地开展了一系列联动三地的展览,向大湾区献礼,以此提升文艺原创力、推动文艺创新,向全国展示三地的书画艺术成就。如 2018 年 7 月 6 日,首届粤港澳大湾区高校美术作品展暨第 3 届广东省高校美术作品学院奖双年展正式开展。由广东省教育厅和广东省美术家协会主办的此项展览活动在位于广州大学城的广州美术学院美术馆举行,来自粤港澳大湾区的 81 所高校近千件作品参展。其中,6 所港澳高校送美术作品参展,分别是香港岭南大学、香港浸会大学、香港知专设计学院和澳门科技大学、澳门理工学院、澳门大学。此届双年展增加香港和澳门高校参展,有助于加强粤港澳三地高校艺术教育的交流,推进大湾区艺术教育合作。2018 年 7 月,"一带一路"绿色走廊和"一国两制"伟大实践——预祝港珠澳大桥竣工通车暨首届粤港澳大湾区全国书画名家邀请展在香港文化中心隆重开幕;8 月,至澳门教科文中心展览馆巡展。展览共展出了来自内地和香港、澳门的书画名家为祝贺港珠澳大桥竣工通车、粤港澳大湾区加速起航,而精心创作的百余幅精品佳作。参展艺术家以不同的内容、不同的形式描绘大湾区的新面貌,如方楚雄以榕树为主题创作的《神木》,以不同视角描绘了港珠澳大桥的伟岸雄姿,歌颂了大桥建设的波澜壮阔,勾勒出大湾区的壮美蓝图,坚定了人们对美好生活的憧憬和信心。2018 年 8 月 24 日,由澳门"一带一路"书画文化艺术促进会主办的"翰墨传情"澳珠两地书画作品交流展在澳门举办,向新中国成立 69 周年及澳门回归祖国 19 周年献礼。此次展览汇集了澳门和珠海多位艺术家的 90 余幅书画作品,内容广泛,题材多样,包括书法、花鸟、人物、山水及扇面等,展现了作者们多年研习书画的创作成果和家国情怀。2018 年 6 月 29 日和 8 月 19 日,跨海长虹——陈许港珠澳大桥主题油画展先后在澳门皇冠假日酒店和珠海古元美术馆开幕,之后还陆续在东莞、阳江等地进行巡回展览。艺术家陈许以 8 年时间,全程跟随观察港珠澳大桥建设,用写意的手法进行油画创作,在油画宏大题材创作和写意油画探索方面取得成功。

　　推动三地美术联合共进是大湾区文化共同发展的大趋势,成立粤港澳大湾区美术联盟组织是其中的先行成果。2018 年 12 月 7 日,在广东省教育厅指导下,由广州美术学院主办,召开了粤港澳大湾区美术与设计教育发展联盟筹备会议,提出"创新合作、协调发展、共享成果"这一发展方向。2018 年 12 月 4 日,在广州市文学艺术界联合会的指导下,由广州市美术家协会牵头,联合香港、澳门的美术团体,以及深圳、珠海、东莞、佛山、中山、江门、肇庆、惠州 8 个城市的美术家协会共同发起的粤港澳大湾区美术联盟成立筹备会,于广州柯木朗艺术园举行。该美术联盟筹备成立,使"粤港澳大湾区美术"这一概念渐趋成形,有利于大湾区美术共同体的建立以及大湾区美术联动发展共同提升。

(二)弘扬主题,彰显岭南风

近年来,大湾区美术在大型主题性美术展览、国家级大型展览、名家专题展览、带动全球艺术发展的国际性展览、国内外艺术交流展览等方面,取得很大发展。2018 年恰逢改革开放 40 周年,广东是改革开放的前沿地,艺术家以其丰富的情感记忆和艺术探索热情,彰显广东独特的文化意味和美学价值。无论是主题性大型展览还是国家级大型综合性展览,或是名家个人专题展览,都取得大量成绩,并有所突破。美术创作弘扬社会时代主题、研究个案传承岭南美术革新传统,彰显了新时代改革开放之风。

新中国成立以来,重大题材作品就是中国美术创作当中一个非常重要的组成部分。大型主题性美术展览往往影响美术发展走向,带动大型的精品艺术创作。2017 年 7 月,一场充满南海风、珠江潮气息的展览牵动全国。由文化部、中国文学艺术界联合会、中国美术家协会指导,中共广东省委宣传部、广东省文化厅、广东省文学艺术界联合会、中国美术馆主办的其命惟新——广东美术百年大展在中国美术馆开幕。这是广东美术第一次在北京面向全国进行大规模全面展示,以精品佳作呈现岭南人文精神、传递广东美术百年的华彩篇章。此后,在广东美术馆等地相继巡展,获得了圆满成功。广东美术百年大展从民国早年至今横跨百年,精谨的美术作品以浑厚的艺术视野与思想诉求,开启历时百年的美之历程,揭示着广东美术 100 年来的重要变化过程。此次展览中,554 幅精品力作向全国人民汇报百年广东美术的发展历程和艺术成就,同时也传递出在不同的历史时期,广东的美术工作者勇于担当,不断探索,以革新精神在美术领域进行创新性发展的巨大成就。第2场代表粤港澳大湾区美术成果的大型主题展览大潮起珠江——庆祝改革开放40周年全国美术作品展,由中国美术家协会、中共广东省委宣传部、中国美术馆、广东省文学艺术界联合会、中共深圳市委宣传部共同主办,于2018年在中国美术馆隆重开展。此次展览是继2017年的其命惟新——广东美术百年大展之后的又一重大成果展。这两场大型展览通过新颖的展览模式和媒体宣传,向全国展示了大湾区的改革精神和时代面貌。

国家级大型展览的参与和国家级展览在粤港澳地区的举办,给粤港澳大湾区美术发展带来巨大动力。一方面,提高了粤港澳三地美术在全国美术发展中的地位;另一方面,促进了粤港澳大湾区与全国各地的艺术交流、学习,不断提高美术创作水平。2018年,由文化和旅游部、广东省政府、深圳市政府共同举办的第3届中国设计大展及公共艺术专题大展开展征稿工作,12月在深圳市当代艺术与城市规划馆展出。大展以“新时代,新生活”为主题,分为主题展览和学术论坛两大部分,围绕主题,在理念上将设计和公共艺术纳入国家经济社会与文化发展的总体框架中,关注设计和公共艺术的社会责任与文化内涵,凸显创新引领与生活关怀的价值理念。中国设计大展旨在通过构建专业、权威的国家级展览平台,引领并促进中国设计和公共艺术的创新发展。2018年10月由中国美术家协会主办的山水砚都,多彩肇庆——全国中国画作品展在肇庆美术馆举行。这是中国美术家协会首次在肇庆举办国家级画展,精选了203幅具有中国风骨、岭南风韵的作品。此项展览促进了大湾区美术创作,推动了大湾区文化繁荣兴盛。由关山月美术馆和大芬美术馆联合主办的2018深圳·中国写意油画巡礼展览,对进一步推动中国写意油画艺术发展、扩大粤港澳大湾区写意油画影响力,起到重要作用。深圳自2016年起,每年推出深圳·中国写意油画巡礼展览,作为文脉传薪——中国写意油画学派研究展的平行展,充分发挥著名写意油画艺术家传帮带的作用。2018深圳·中国写意油画巡礼沿用了同期举行的文脉传薪——中国写意油画学派研究展的主题“家园"。家园意识作为一种文化积淀，是体现中国文化根性和民族文化精神的一个重要载体。

粤港澳三地美术家参加国家级综合性大型展览并在全国获奖和入选，从全国视野审视粤港澳大湾区的美术创作水平，使大湾区美术创作在全国占有重要地位。如2017年的庆祝中国人民解放军建军90周年全国美术作品展览暨第13届全军美术作品展览，共有36件作品入选；其中，中国画5件，油画10件，水彩画8件，雕塑9件，版画3件，连环画1件。参展作品种类丰富、数量较多。2017年8月的第9届中国体育美术作品展览中，中国画3件作品、油画8件作品、版画6件作品、水彩画8件作品、雕塑9件作品、漆画5件作品，共39件作品入选。2017年9月，中国美术馆举办的第7届中国北京国际美术双年展中，许钦松的中国画《月上天山》、冯少协的油画《十八世纪伊斯坦布尔——远道中国归》、罗文勇的油画《阅读》、范少辉的漆画《乡村乐手》、黎明的雕塑《毛泽东与亚非拉人民在一起》等作品入选，代表了粤港澳大湾区的艺术创作水平。在这些综合性、全国性、有重要影响的大型展览中，粤港澳三地艺术家以优秀的作品取得了很好的成绩，提升了粤港澳大湾区的美术创作水平，为大湾区的文化艺术建设作出了有益贡献。

全国性的单项美术展览，也是体现一个地区美术创作水平的展示平台。在2017年中国美术家协会主办的中国梦——2017艺术草原全国中国画、油画作品展上，广东有黄亮的中国画《家园——春尧》、马映的中国画《溪山无言》2件作品入选。2017年的甘肃敦煌第3届《朝圣敦煌》全国美术作品展上，广东画家创作的中国画有5件作品入选，油画有9件作品入选。2017年11月，江苏南京的百家金陵画展（油画）上，刘建华的《绽放》、张克的《静好——吉雅村》2件作品入选。2018年6月的纪念何香凝诞辰140周年暨首届"香凝如故"——全国美术作品展上，王春华的油画《郭家沟之一》等7件作品入选。2018年8月，中国美术家协会国风盛典——首届全国中国画作品展上，广东共有9件作品入选。这些展览主要以中国画和油画作品为主览，体现了大湾区这两个画种近年的创作水平，构图、主题、材料、表现技法等都有所创新，出现了不少优秀作品。

青年艺术家群体在粤港澳大湾区形成新生力量,在全国的青年类美术展览上出现崭新的面孔和新颖的作品,使大湾区的美术创作充满青春活力。如 2017 年的首届全国大学生美术作品展上,大湾区青年画家创作的中国画 4 件、版画 2 件、油画 7 件、水彩画 4 件,共 17 件作品入选。2018 年的品真格物——全国青年工笔画作品展上,蔡小敏的《高炉雄姿》、郭华军的《似水流年》等 5 件作品入选。2018 年的第 6 届全国青年美术作品展上,大湾区青年画家创作的中国画 5 件、版画 4 件、油画 8 件、插图连环画 2 件、雕塑 4 件、漆画 2 件、水彩画 5 件,共 30 件作品入选。这些高层次的展览和作品代表了大湾区青年一代艺术家的创作水平,以不同画种、不同题材、不同形式反映了粤港澳大湾区的社会发展新面貌。年轻艺术家积极参与全国展览,为大湾区的美术创作补充了新鲜血液,是大湾区美术创作的生命活力。

粤港澳三地代表性美术家个人专题展览丰富。粤港澳地区的美术探索得风气之先,从“二高一陈”主张“折中中西、融汇古今”以革新中国画,到李铁夫、冯钢百等中国最早一批有意识地向西方学习并创新的油画家,再到王肇民、胡一川等人进一步探索西方绘画语言的中国化。在中国美术从传统转向现代、吸纳外来艺术的过程中,岭南美术作出了大胆的探索和实践。20 世纪以来的百年中国美术史,岭南本土不仅有李铁夫等杰出的油画先驱,有高剑父、高奇峰、陈树人的岭南画派代表,有黄新波、廖冰兄等一批巨匠,还有从岭南走出来而活跃在北京、杭州、上海、南京、香港等地以及海外的名家。对这些名家进行个人专题学术研究并举办展览,有利于全面提升大湾区文化软实力。其中,对李铁夫的研究是一个典型案例。作为美术史上具有很高价值的个案,对李铁夫的深入研究也是对 19 世纪末 20 世纪初中国绘画发展和当时艺术生态脉络的梳理。中国近现代美术奠基人李铁夫,以往没有得到足够重视,对其作品的研究也比较缺乏,而近两年开始受到广东美术界的重视。由广州美术学院、广东省美术家协会、北京画院等单位联合主办,其他几个重要美术机构共同承办的人中奇逸——李铁夫艺术精品展,于 2018 年 12 月 12 日在北京画院美术馆开幕。这是李铁夫的作品首次以个展形式大规模走出广东,并首次入京。李铁夫晚年活动于广东和香港,对广东美术和香港早期艺术发展都有重要意义。此次展览是对广东著名美术大师深入研究的一个大突破,也是粤港澳地区美术在全国美术史上的一个大提升。具有代表性的个案研究展览,还有2018年何香凝美术馆举办的腕底烟云未等闲——纪念何香凝诞辰140周年艺术精品展。何香凝(1878—1972),是中国近现代集社会活动家和艺术家于一身的伟大女性。2018年是何香凝诞辰140周年。全国各地相继举办各种形式的活动,缅怀这位伟大的革命老人。为了更好地纪念何香凝,弘扬她的革命斗志与艺术精神,在中共中央统一战线工作部、国务院侨务办公室的指导下,何香凝美术馆特别策划了此次展览。为进一步推进20世纪中国美术研究,深入开展馆藏精品的活用和推广,促进20世纪50年代以来梅花主题与花鸟画的图式、笔墨及时代转型研究,关山月美术馆举办2018年大地回春——关山月梅花专题展,此展还召集来自中国国家博物馆、中国艺术研究院等机构的专家学者,举办梅花与20世纪花鸟画研究学术研讨会,并于研讨会后出版图录及论文合集。2018年广东美术馆举办1949年的廖冰兄——历史转型期的廖冰兄漫画作品文献展。研究和回顾20世纪中国漫画史,廖冰兄是个绕不开的名字。他的作品与时代脉搏同步,以深入浅出的笔触揭露黑暗,在嬉笑怒骂间针砭时弊。该展览以廖冰兄在1949年的创作、言论以及社会活动为主体,辅以与作品相关的,包括照片、图书、期刊、报纸、年表等在内的丰富的历史文献和档案,力求呈现一个在社会转型期的真实而丰满的廖冰兄形象;并以此展提供的原始材料为切入点,探析在历史转型期艺术家个人选择与时代变迁的关系。2017年7月12日,由广州美术学院、北京画院主办的心曲人间——黄新波艺术研究展在北京画院美术馆开幕,并在2017年度全国美术馆优秀项目评选中,被评为优秀展览提名项目。黄新波是新兴木刻运动的重要成员,也是中国现代版画史上的代表性画家。他的作品与20世纪中国的历史进程紧密相连,成为所在时代的中国美术经典。对粤港澳地区历史上的美术名家大师进行全面而系统的研究,使岭南地区在中国美术史上的地位极大提高,也有利于客观认识岭南美术在中国艺术发展中的价值和作用,对重建粤港澳大湾区美术架构起到重要的历史基础作用,也可促进中国美术史研究的深入拓展。

（三）打造品牌，建设艺术大湾区

粤港澳三地美术，同源于岭南画派。以"二高一陈"为代表的岭南画派，是20世纪中国重要的绘画流派，在中国产生了重大影响。2017—2018年，粤港澳大湾区举办了带动全球艺术发展的国际性展览，打造品牌展览，传承、发扬岭南美术风范，以艺术发展粤港澳文化、打造城市文化品牌。由于粤港澳三地艺术发展根据自身实际情况而有所不同，三地拥有各自的艺术品牌，形成了粤港澳大湾区艺术品牌群体。

一是，广州地区。广州地区以发展艺术经济为方向的艺术展览，主要是艺术品博览会多年举办，成为城市艺术展览名片。如2017年5月18日，第7届广州国际艺术交易博览会在广交会展馆举行。2017年12月22日，第22届广州艺术博览会在广交会展馆C区举办；广州艺术博览会举办多年，2018年已是第23届，为中国艺术经济发展探索了一条艺术与市场相结合的道路。广州艺术博览会和广州国际艺术交易博览会是国际性艺术品展示、交流、交易的盛会，已成为广州的文化艺术品牌，也是中国艺术市场的一个品牌，展示广州是千年商都与广府文化的城市形象，促进广州与世界各地文化艺术的交流，打造城市文化艺术品牌，提升文化软实力。年轻艺术家的推广与品牌打造，也是广东最先在全国兴起。2017年11月23日，第7届大学生（广州）艺术博览会在广州琶洲南丰国际会展中心开幕，并首次与国外艺术院校合作开设国际展区。2018年12月14日，第8届大学生艺术博览会（广州）在广州琶洲南丰国际会展中心举办。此届博览会在学术性与当代性上更进一步，全面、多视角展现顶尖艺术学府优秀学子、优秀青年艺术家的创作风貌和艺术观点。2018年，艺术博览会模式扩展到深圳，首届大学生（深圳）博览会于2018年1月19日在深圳会展中心开幕。

以学术研究为方向的艺术展览品牌主要以广州三年展为代表。2018年12月21日，第6届广州三年展"诚如所思：加速的未来"在广州美术馆开幕。广州三年展作为一个有国际影响力的大型展览和广东美术馆的展览品牌，具备思想的厚度，能够前沿性地呈现艺术现场最鲜活的状态。广州三年展有悠久的历史，是很多新的展览不可替代的。要通过努力，使它成为一个地区文化的支撑点,具有艺术生产的引领性。

还有两个品牌展览是政府主办的。一个是广东省艺术家优秀美术作品展。3 年一届的广东省艺术节由广东省文化厅主办,始创于 1984 年,是广东省水平最高的专业艺术盛会,也是国内最早创办的省级艺术节。2017年,第 13 届广东省艺术节优秀美术作品展在广东省美术馆举行。这项展览展现广东省 3 年间的美术创作精品力作,涵盖中国画、油画、版画、雕塑、水彩(粉)画、摄影及综合媒材等艺术种类,充分体现广东美术多元发展的特征,旨在展示当代岭南美术创作的最新优秀成果,以及中华文化在当代的传承、创新与发展,以彰显中华文化的鲜明特色和时代风采。这项展览活动,已经打造成为广东省综合性、权威性的美术创作项目和广东美术品牌。另一个品牌展览是星河展。最近一次展览是 2018 年 12 月,由广东省文学艺术界联合会、广东省美术家协会主办的新域——广州美术学院油画系青年教师作品展暨星河展第 71 回在广东省文联艺术馆开幕。星河展是广东省美术家协会发掘、推介和培养有潜质的青年艺术家的展览平台。自 1986 年设立以来,已成功举办了 71 回展览,成为广东美术界最重要的展览品牌。星河展呈现新时代语境下青年艺术家的新观念、新探索、新语言,展示广东美术界的新生力量,共同构筑当代美术的最前沿。

二是深圳地区。深圳以建设"设计之都"为文化发展战略,对设计艺术品牌的打造做了大量探索,取得了瞩目成就。其中一项为促进中意双方设计交融。2017 年 3 月 2 日,在深圳麒麟山庄揭幕 2017 首届意大利全球设计日(深圳站)活动。此次活动由意大利外交部和意大利驻广州总领事馆主办,计划今后每年都举办。中意双方在设计领域的交流将更加直接、深入,对中国设计界也会产生很大影响。深圳经过多年发展,创造了城市发展的奇迹,正迈向创意时代。国际设计与中国设计发生交流、碰撞,对中国设计的发展起到助推作用。在绘画方面,与香港联合举办的水墨双城——深港都市水墨画作品交流展已经成功举办了 8 届。深港两地艺术家共同关注"都市水墨"这一绘画课题,成为共同实践探索和切磋交流的艺术载体;这一展览平台成就了一批水墨艺术家,并产生了一批精美的艺术作品。现在,深港两地承担着共建环球创意文化中心的责任和目标。水墨双城——深港都市水墨画作品交流展发挥链接两地艺术的作用,成为深港文化艺术交流的重要项目和展览品牌。

三是香港地区。香港美术的发展因其城市的定位呈现国际范儿,带动当代艺术发展风向。香港巴塞尔使香港成为亚洲艺术品交易的重镇,也形成香港美术展览最重要的品牌。每年的3月是"香港艺术月",其间,香港将呈献多元的国际艺术盛事和精彩的本土创意活动。热爱艺术的香港市民可趁此出游,体验香港艺术与生活紧密交融的独特文化魅力。2017年和2018年的"香港艺术月"不仅汇聚了三大国际级艺坛盛事——香港艺术节、艺博会和巴塞尔艺术展香港展会,带来世界大师级艺术作品和重量级表演节目,更有遍布不同社区的本土艺术创意。随着粤港澳大湾区时代的到来,香港艺术品牌的打造更具国际视野。作为亚洲贸易重要枢纽的香港,早已成为亚洲地区重要的艺术品交易中心及拍卖场所。第5届巴塞尔艺术展香港展会于2017年3月25日圆满结束,它超越了一个艺术博览会能承载的意义,更大程度上是一个艺术生态的重要引领者。在市场表现上,巴塞尔是成功的,但其作为艺术博览会的艺术性是逐年降低的,画廊每年带来的作品出现形式趋同和类型化等问题。2018年香港巴塞尔展会,有来自32个国家及地区的248家顶级画廊参展。尽管时值中国经济转型期,但香港展会现场依然富豪与明星云集,与其他艺术博览会相比,有更强的销售能力。两大艺术展会——巴塞尔香港(Art Basel HK)、"Art Central"接连开展,号称"直立式艺术空间"的H Queen's大厦也在同期开幕。自举办第一届香港巴塞尔艺术展起,围绕这个艺术博览会的褒贬之声从未停止。不可否认的是,香港作为艺术热土,凭借其独特的地理优势,很快就在国际上形成著名品牌,也给粤港澳大湾区带来经济和艺术的发展。

粤港澳大湾区的文化艺术品牌,将以香港为代表的亚洲区域艺术市场中心的形成而出现,以及在东亚地缘概念中,东亚艺术品市场的现象与区域内各重点地带的艺术品市场发展状况,梳理并考察艺术品市场的特性与共性,进而试图归纳一种属于东亚经验的艺术品市场的"东亚模式"——借用传统经济发展东亚模式的概念与区域经济发展经验,打造艺术品牌,探索一种区域内艺术品市场发展与协助模式,从而为区域艺术品市场与经济在未来共同发展、合作共赢提供可能。

(四)立足岭南,拥抱世界,展现大湾区软实力

大湾区美术界积极参与共建国内以及海外交流展,丰富了大湾区艺术生态,提升了大湾区艺术影响力。

一是积极举办大型国内国际性美术展览。由广州艺术博物院主办的金陵古韵——广州艺术博物院藏明清金陵画家精品展,于 2018 年 4 月 29 日在广州艺术博物院一楼关山月艺术馆展出。广州艺术博物院的中国古代书画藏品数量,在全国美术馆中位居前列,其中,明清及近代的绘画尤为完备。借着江苏省美术馆送新金陵画派精品来羊城展出之机,广州艺术博物院首次以明清金陵绘画为专题策划学术展览,从丰富的藏品中精选明清时期活跃于金陵地区的 30 位艺术家的绘画精品。2018 年 6 月 9 日,第五届丹青记忆,守望家园——中国文化遗产美术展(2018),作为 2018 年文化和自然遗产日广州主场城市活动的重要内容之一,在广州粤剧艺术博物馆开展。这个展览通过 41 位艺术家的丹青妙笔,着重表现广州的全国重点文物保护单位以及中国的 4 项世界文化与自然双重遗产,充分展示文化遗产与古城的历史底蕴,以艺术的方式诠释文化遗产的精深内涵。2018 年 6 月,由广东省美术家协会、安徽省美术家协会主办的苍穹之间——滋芜广州画展开幕式,在广东省文联艺术馆隆重举行。参加此次开幕式的有粤皖两地学术团体代表,还有来自全国各地的画家、美术史论家、教授、学者。

大湾区美术界同人还积极地引入海外画家的作品,举办大型国际性美术展览,对大湾区放眼世界、促进国际艺术交流、传播文化艺术,起到了积极作用。2018 年 4 月,在深圳罗湖美术馆举办的首届中国(深圳)国际水彩画双年展上,广东地区艺术家有 59 件作品入选,同时特邀港澳台、海外作品参加展览,有黎胜锁的《桃园》(澳门特邀作品)、赵志军的《晨》(香港特邀作品)、沈平的《香江晨曦》(香港特邀作品)。海外作品,有韩国特邀作品、澳大利亚特邀作品、马来西亚特邀作品、英国特邀作品、蒙古国特邀作品、日本

特邀作品、加拿大特邀作品、德国特邀作品。此次展览加强了中国水彩画与国际水彩画的交流,对中国水彩画发展有积极的促进作用。2018 年 8 月 8 日,世界插画大展——国际安徒生奖 50 周年展——设计互联在海上世界文化艺术中心举行。国际安徒生奖是儿童文学的最高荣誉,被誉为"儿童文学的诺贝尔奖",以童话大师安徒生的名字命名,每两年评选一次。随着图画书创作成为视觉思考的重新探索,绘本也随之蓬勃发展。作为全球最重要的儿童文学交流平台,国际安徒生奖自 1966 年起增设画家专项奖,即国际安徒生奖插画家奖。其创设宗旨在于推动儿童阅读,提升文学和美学的艺术境界,建立儿童正面的价值观,促进世界和平。这届世界插画大展上,近 300 幅真迹作品组成的豪华阵容,让中国广大艺术爱好者可以近距离看到画家细腻的笔触和天马行空的创意,感受艺术家用技法和色彩营造的恢宏世界。

2018 年 9 月 15 日,第 3 届海外华人艺术家邀请展——别处/此在:海外华人艺术抽样展由何香凝美术馆举办。"别处/此在",是对海外华人生存经历、精神状态和身份问题的一种描述:海外华人"特殊"的身份、文化背景——"别处",在全球化的当下表现出个性化的作为——"此在"。此次展览以综合视角关注海外华人艺术家的文化身份、创作观念和表现手法,并分析取样、展示研究这些有着特殊生活经历的华人艺术家,探讨他们的思想特征与个人化的艺术表达。

2018 年 10 月,广州美术学院主办的"中国——十年"桑德罗—特劳蒂油画研究暨捐赠作品展,在广州美术学院美术馆举行。来自意大利罗马美术学院的桑德罗—特劳蒂先前来广州美术学院开展教学工作,历经 13 年之久,为中国培育了一批油画艺术家;同时,他也创作了大量作品。他的艺术观念开放,富有开拓精神,既是外来艺术的传播者,又是中国艺术的汲取者,在中西文化的融合方面有新的突破,在新时期美术吸收和转换不同文化的探索道路上给予我们启示。

2018 年 10 月深圳市大芬美术馆举办了开放与融合——2018·首届中国大芬国际油画双年展,为各国带来文化意识的创新与发展,达到了和谐共处、多元融合、互助双赢的目的。大湾区艺术家陈许的《建设中的港珠澳大桥》、罗文勇的《华人华侨奋斗的丰碑——碉楼系列之二》等作品参展。国外，有来自巴基斯坦、白俄罗斯、德国、俄罗斯、伊朗、以色列、越南、阿根廷、埃及、澳大利亚、巴拿马、冰岛、波兰、法国、菲律宾、哥伦比亚、哥斯达黎加、哈萨克斯坦、韩国、荷兰、加拿大、克罗地亚、拉脱维亚、黎巴嫩、马来西亚、毛里求斯、美国、孟加拉国、秘鲁、摩洛哥、墨西哥、葡萄牙、日本、瑞典、塞尔维亚、塞浦路斯、突尼斯、委内瑞拉、希腊、新加坡、匈牙利、也门、伊拉克、新西兰、意大利、印度、印度尼西亚、英国的 76 位画家参加展览。

2018 年 11 月 9 日，由广东美术馆和美国华人油画会主办的时差折叠——美国华人油画会作品邀请展在广东美术馆举办。这是一个特殊的展览，邀请来自美国华人油画会的 19 位艺术家创作的油画作品参展，向国人展现在中美文化交融的国际环境里华人的艺术实践现状。这也是美国华人油画会首次到中国举办联展。这些艺术家在中国接受过艺术院校的基础训练，而后走出国门，在从美国本土的优秀艺术中汲取养分的同时，也给美国艺术界带去了一股清新的空气。他们经过在异国他乡的艺术实践，具备中西合璧的艺术特点。

艺术是无国界的，艺术交流是艺术发展的有效途径。大型国际性美术展览对大湾区立足本土、放眼世界，促进中国艺术对外传播，增强与国际的艺术交流，推动中国文化软实力的发展，具有积极作用。

二是港澳美术界与外界的交流展览繁密。香港、澳门地区与内地和国外的交流展览繁密，赴港展览和离港展览都较往年增多。例如，2017 年 1 月 9 日，中国香港美术家协会主办的两岸艺术内地作品展前往香港展览，2017 年 4 月 6 日，水墨中国·叙事中国——香港回归 20 周年艺术展新闻发布会在北京 798Art100 空间举行。2017 年 7 月 19 日，在西安举办庆祝香港回归 20 周年·当代水墨艺术展。2017 年 11 月 6 日，香港回归 20 周年——艺术交流展、2018 翰墨飘香——庆香港回归 20 周年书画展、2018 年庆祝香港回归 20 周年——香港·清远美术作品展等多项展览相继举行。透过近两年诸多交流展览活动和展览、讲座和艺术博览会把内地具备潜质和实力的艺术家的信息传递给香港，也把香港的艺术发展状况呈现给内地。澳门与内地的美术交流展览也出现前所未有的面貌，交流的地区和作品都开创了新局面。2017 年 7 月 14 日,由澳门美术协会和西藏自治区文学艺术界联合会联合主办的澳门美术家协会绘画作品展,在位于拉萨的西藏自治区群众艺术馆举办。包含油画、中国画、素描、书法、水彩画、版画、混合素材等多种类型的 80 余幅书画作品参展,既有对澳门本地风土人情的形象描述,也有对西藏独特风情的生动展示。2018 年 8 月 31 日,三人行——北京、澳门、香港中国画先锋交流展在澳门教科文中心开幕。展出了北京画家江源、澳门画家冯钟云、香港画家林天行三人的 60 余幅中国画作品。主办单位是澳门基金会,支持单位有北京市朝阳区文学艺术界联合会、北京朝阳书画院、中国画院、澳门莲花卫视、澳门莲花国际艺术交流协会、香港国际艺术交流协会。2018 年 10 月 5 日,由澳门文化局和澳门美术协会合办的意向纵横——澳门美术协会会员作品展 2018,在澳门南湾旧法院展出。此次展览展出作品 176 件,是澳门美协会员的新近创作,风格、题材多样,从传统的山水画、花鸟画到西方的水彩画、油画,以及当代的抽象绘画、漫画都有,异彩纷呈,是澳门本地美术创作的一次大规模展示。粤港澳美术交流还有一项特色展览。2017 年 1 月 10 日,由香港柳公权范宽书画艺术研究海外促进会、香港《国际书画》杂志社、陕西省于右任书法学会、西安书学院、深圳承明美术馆、香港尚真集文化艺术公司、香港紫荆国际文化发展有限公司、中国香港美术家协会、澳门美术家协会、陕西省美术家协会、"台湾中国标准草书学会"共同主办,"中国梦·丝路情"第 2 届两岸四地柳范书画艺术国际书画作品(深圳)邀请展暨《大道致远·海纳百川》"尚真集"两岸四地优秀书画(深圳)作品展,在深圳承明美术馆隆重开幕。此次展览的作品汇集了全国及海外专业书画人士的精品佳作近百幅。令人惊喜的是,西安尚真集艺术品有限公司为本次展览慷慨呈供了珍藏已久的国宝级书画艺术大师的作品,有左宗棠、于右任、齐白石等近现代人士的作品,也有刘文西等当代艺术家的作品。所有参展作品主题鲜明,积极向上,功力深厚,各有其美,具有极强的思想性和艺术性。

三是粤港澳三地参加国际交流展览渐多。粤港澳三地面向国际,在其他国家和地区举办的国际交流展览也逐渐增多。2017 年 1 月,漆·缘——中国青年漆画日本石川展在日本石川县政府展览厅开幕。本次活动,由日本石川县国际文化交流局、广东省美术家协会漆画艺术委员会、广州市美术家协会漆画艺术委员会、广州青年美术家协会以及广州文学艺术创作研究院联合主办,由石川县轮岛漆艺美术馆馆长四柳嘉章博士、沈金工艺"人间国宝"前史雄先生和广东省美术家协会漆画艺术委员会主任苏星担任学术主持。中国香港美术家协会通过举办"一带一路"——东盟交流巡回展,使不同国家、不同艺术风格的艺术家相互学习、相互借鉴、共同进步。2018 年 1 月 15 至 20 日,中国香港美术家协会联合东盟国家文化艺术机构,举办"一带一路"——东盟文化交流巡回展第一站——走进柬埔寨,在柬埔寨金边国家博物馆开幕。2018 年 6 月,"一带一路"东盟文化交流巡回展第二站——走进万佛之国·泰国站,在泰国潮州会馆开幕。2018 年 8 月 18 日,"一带一路"东盟文化交流巡回展第三站——走进"狮城",在新加坡醉花林展览馆举办。香港艺术家联合会、中国香港美术家协会、深圳市行一带一路文化有限公司、"一带一路"东盟文化交流巡回展组委会,共同组织了此项系列展览。广东的对外国际美术交流展也有不少。其中,2018 年 2 月,由中国美术家协会漆画艺术委员会给予学术指导,尼泊尔国家美术馆、广东省美术家协会漆画艺术委员会、广州市美术家协会、中尼"一带一路"文化交流促进联合会、广州市小洲艺术区联合举办的登峰造极·中国漆画展——首届中尼"一带一路"文化节,在尼泊尔国家美术馆隆重开幕。此次展览,共展出来自中国 32 位艺术家的 35 幅漆画作品。对外国际美术作品交流展,不仅展示中国文化艺术的深厚传统底蕴,同时也展示新时代中国艺术风貌和技法创新,更是进一步加强中外文化建设与交流。

二、不拘一格,多元发展,美术创作呈现新动态

2017—2018 年,粤港澳青年美术家的创作尤为引人注目。题材新颖,技法多元,美术观念不断创新,美术创作立意不群,形式多样,风格独特,融思想性和艺术性于一体,体现了青年美术家在传承和创新发展中所作的努力。

（一）中国画创作

在全国性的大型展览中,粤港澳地区的中国画创作涌现了许多优秀作品。(1)人物画创作方面。庆祝中国人民解放军建军 90 周年全国美术作品展览暨第 13 届全军美术作品展览中,方土创作的《未来战士》、李春阳创作的《男儿当自强》都关注了社会发展的新动向,陈勇的中国画《抗洪纪事》以写实手法记录了社会重大事件。这些作品融合传统水墨人物技法,跨越时代新题材,推动中国画人物创作向前发展。陈建用的国画人物创作在第 4 届广东岭南美术大展上获得银奖,运用水墨积彩的手法,速写构图,吸收水彩画的色彩,表现旅途情节和社会的快速发展。工笔人物画创作上,罗寒蕾的作品《网——秀红》以极尽精微的细腻手法刻画形象,构图形成以当代简约大气的构成组合色块,制造出强烈的效果,在美术界一枝独秀、风格明显。(2)山水画创作方面。许钦松创作的气势磅礴的大山水《月上天山》,入选第 7 届中国北京国际美术双年展,在传统笔墨的基础上,融汇西方造型的光影体积表现技法,形成新的视觉感受。黄亮创作的《家园——春尧》、马映中创作的《溪山无言》,以新颖的现代构成图式打破了传统山水画构图框架,为山水画的发展提供新的可能。(3)花鸟画创作方面。花鸟画创作一直是中国画创作中较难突破的一个方向,但在近年的美术大展中还是有一些新面貌出现。首届全国大学生美术作品展上林森超的中国画《绿荫幽草胜花时》、第 6 届全国青年美术作品展上陈史军的中国画《一纸青花》等作品,都开始形成个人的艺术面貌和风格。水墨画在中国当代艺术发展过程中比工笔画要快速,特别是实验水墨画与国际艺术发展方向非常契合。粤港澳美术的水墨画部分,深圳的创作更具前瞻性,组织了系列展览。其中,水墨双城——第 8 届深港都市水墨画作品交流展于 2018 年 9 月 29 日在深圳画院美术馆展出。展出作品为深港两地水墨画家表现当代都市情怀的主题性创作,从不同角度诠释新水墨的概念,挖掘水墨艺术的当代理念,拓展水墨绘画的国际视野,把水墨艺术创作提升到新的高度。粤港澳三地的中国画创作,以青年艺术家为主力。在品真格物——全国青年工笔画作品展中,广东青年画家蔡小敏的《高炉雄姿》、郭华军的《似水流年》、华灵的

《独立》、李建锋的《国之重器》、王凯生的《秋风曲》等作品入选,首届全国大学生美术作品展上,罗丽媚的《岁月有痕》、王跃的《凉山见闻》、张馨月的《新语》作品入选;张静的《中国速度》、莫淑莹的《小小鱼排岸边连》,入选2018 年第 6 届全国青年美术作品展。这些作品,以青年一代的视角关注社会、关注青春。广东省美术家协会主办的第 4 届广东岭南美术大展,涌现出一批新的青年美术家的新颖创作。其中,金奖获得者黄涛的《忆——幡影》以大面积的黑白灰块面构图形式,跳出了传统中国画的图式,吸收了现代艺术的简洁和禅意,让人耳目一新。在其他展览中粤港澳地区的中国画创作也出现了不少佳作。第 9 届中国体育美术作品展览上,曾庆荣的中国画《激流勇士》、李琪的中国画《花开五千年》、邱俊尉的中国画《梦想加速度》,表现了中国勇于拼搏进取的精神。2017 年 9 月 15 日,甘肃敦煌第 3届“朝圣敦煌”全国美术作品展开幕,广东画家创作的《火红的日子》《青春交响之急板》《西部放歌》《榴园秋韵》《圣果》等作品入选。纪念何香凝诞辰 140 周年暨首届“香凝如故”——全国美术作品展中,广东的中国画有 3件作品入选。国风盛典——首届全国中国画作品展上,广东有 9 件作品入选。这些作品都在主题性创作的题材选择和构图形式、材料、技法等方面有深入思考,对中国画的创新发展有个人的见解和研究。

(二)油画创作

油画作品在全国大型展览中,展出代表了粤港澳地区的油画艺术水平。庆祝中国人民解放军建军 90 周年全国美术作品展览暨第 13 届全军美术作品展览上,朱广新的油画作品《人民不会忘记——抗日英雄成本华》《永恒的星光——击毙阿部规秀的抗日英雄李二喜》入选,在油画人物肖像创作方面取得很高成就。第 9 届中国体育美术作品展览中,广东有 7 件油画作品入选。异彩纷呈——深圳市青年油画提名展在福田文化馆开幕,展出了21 位深圳青年油画家的 42 幅代表作品。这些作品,展现出深圳青年油画家极富创造力的艺术语言、多元化的艺术探索、敏锐的艺术视角以及对时代的人文关怀。首届全国大学生美术作品展中,广东有 7 件油画作品入选。此展览是年轻一代艺术家初试锋芒,作品有新意,但还较为青涩。林锋的

《春花秋实》、陈林的《钢与泥——格斗》、韩维娜的《春意》、何永兴的《收获者》、黄胜贤的《西藏风情——迁徙》、谢郴安的《荒原俱乐部》、周威的《驭尘记》等油画作品,入选 2018 年第 6 届全国青年美术作品展。百家金陵画展(油画)上,刘建华的《绽放》、张克的《静好——吉雅村》入选。这两项展览是中国艺术展览中具有权威性和学术性的展览,入选的作品代表了中国当代油画艺术创作的最高学术水平。代表广东入选的这些作品是粤港澳地区青年艺术家最新创作的佳作,也是粤港澳地区油画创作的高水平作品。其他综合类的展览也有不少粤港澳地区美术家的作品入选,展现了新时代的油画创作艺术风貌。如第 3 届"朝圣敦煌"全国美术作品展上,广东 9 件油画作品入选。开放与融合——2018·首届中国大芬国际油画双年展上,广东有 7 件作品入选。2017 年第 7 届中国北京国际美术双年展中,冯少协的油画《十八世纪伊斯坦布尔——远道中国归》、罗文勇的油画《阅读》入选。2018 年的纪念何香凝诞辰 140 周年暨首届"香凝如故"——全国美术作品展上,王春华的《郭家沟之一》、杨福徐的《岁月》、王应良的《家园系列——晨阳》、余长华的《何香凝　宋庆龄》等油画作品入选。这些作者挖掘生活中的创作亮点,契合主题,创作出内容积极向上的好作品。青年油画艺术家的创作在新时代有更多开拓空间,思维更加敏捷,观察的视角也更加锐利。

(三)水彩画创作

　　水彩画创作是广东美术创作的品牌,在全国美术界有着相当高的地位。水彩画创作中,有写意水彩和写实水彩两种方向。在题材上,有水彩人物画、水彩风景画、水彩静物画三类。除了传统写实风格,还出现了精微超写实水彩画和趣味水彩画两种新的创作风格。趣味水彩画一是注重肌理效果的表现,二是注重趣味情怀的传达。这些风格在粤港澳三地水彩画创作中都有佳作出现,并参加了全国多个展览,向社会展现了粤港澳地区水彩画发展的新面貌。在庆祝中国人民解放军建军 90 周年全国美术作品展览暨第 13 届全军美术作品展览中,广东水彩画有 8 件作品入选。2017 年的第 9 届中国体育美术作品展览上,广东水彩画有 8 件作品入选。肖蓉的作品《流年——1》,获 2017 年第 1 届大卫国际水彩大奖赛优秀奖、2017 年第 3 届中国粉画展优秀作品奖。2017 年的首届全国大学生美术作品展中,邓汉平的《梦曲》、李鸿雄的《时间之外——离合》、刘超的《华夏图腾》、苏军权的《听戏》等水彩画作品入选。2018 年的第 6 届全国青年美术作品展上,广东水彩画有 5 件作品入选。2018 年的首届中国(深圳)国际水彩画双年展中,广东有 59 件作品入选,港澳地区有 4 件特邀作品参展。水彩人物画创作方面,方晓龙的《孕育》、刘向东的《盲艺人》、何显标的《卓玛》、胡声畅的《触摸幸福——春暖花开》、刘东的《藏区人物系列组画》,都注重描绘日常生活。还有比较多的水彩画创作,是表现乡土、风景题材的作品,如金伊称的《潮汕民居——金木水火土》、晏清的《家乡》、方向辉的《故乡的山水》等作品。以大湾区为表现题材的水彩画创作,还有郝强的《深圳海市蜃楼》、罗文勇的《繁荣的南沙湾》、陈波的《南海》等作品。不论是从具有深厚传统的写实风格来看,还是从新出现的精微风格和趣味风格水彩画的蓬勃发展趋势来看,粤港澳水彩画坛将迎来一个杰作辉煌的新时代,新一代青年画家将在优良传统传承中谱写粤港澳水彩画的新篇章。

(四)版画创作

庆祝中国人民解放军建军 90 周年全国美术作品展览暨第 13 届全军美术作品展览中,张晓东、赵红雨的《晴朗的天系列》,张治华的《忆往昔　峥嵘岁月稠》,赵红雨的《红色记忆之到前线去》等版画作品入选。赵红雨是广东杰出的新一代女性版画家,她的版画创作明显吸收了中国传统元素,却以强烈的现代视觉形式,展现出新颖的艺术风格,并以红色主题创作为主。2017 年的第 9 届中国体育美术作品展览上,陈尧刚的《奋勇争先》、红雪飞的《斗牛记》、吴俊明的《梦想天地》、肖映河的《奋进的水花》、张晓东的《那时——那刻》、张治华的《跃击——之二》等版画作品入选。2017 年的首届全国大学生美术作品展中,刘科技的版画《怪物与它们的产地》、卢潇的版画《我的镜像 Ⅳ》入选。薛绍雄的《关于记忆的变奏》、杨穆金的《可阅的时间之三、四》、喻涛的《见证——红军不怕远征难》、张成熙的《城》等版画作品,入选 2018 年的第 6 届全国青年美术作品展。喻涛的版画作品一直在探索红色题材创作,并以极度简洁的物象形式呈现深刻的内涵,在版画艺术创作方面独树一帜。近年参加全国展览的粤港澳三地版画作品,明显出现了作者年轻化、作品主题性强等特点。

(五)雕塑创作

参加庆祝中国人民解放军建军90周年全国美术作品展览暨第13届全军美术作品展览的雕塑作品中,有黄奔凯的《突击》,黄河的《黄埔军校》,李雄的《阳光灿烂的日子》,陆增康的《烽火少年》,欧华星的《蓝盔丹心铸和平》,唐颂武的《战利品》,俞畅、邓栋宁、徐英华的《求真务实,以致千里》,吴金茂的《我们也有枪啦》,陈文才的《战争与和平》等作品。2017年的第9届中国体育美术作品展览上,简锡昭的《银狐逐雪》、黎明的《龙舟》、李雄的《生如夏花》、梁建创的《春转夏——浪生花》、刘畅畅的《搏》、罗志奇的《战胜寒冷》、潘放的《奔》、谭旭的《丝路之盛唐大朝会——投壶》、唐颂武的《一夫当关》等作品入选。第7届中国北京国际美术双年展中,黎明的雕塑《毛泽东与亚非拉人民在一起》是广东唯一入选的雕塑作品。冯国豪的《跨越四十年》、李雄的《阳光灿烂的日子》、秦文志的《平沙万里行》、张超的《延水谣》等雕塑作品,入选2018年第6届全国青年美术作品展。广东的雕塑创作,呈现名家牵头、后起之秀云涌的局面。黎明为首的雕塑名家以精湛的艺术创作为广东赢得了盛誉。年轻一代的雕塑家则以极大热情创作出大量主题性作品,展现了年轻的活力,这也是粤港澳大湾区发展需要的活力。

(六)漆画和连环画创作

漆画和连环画作为较小众的艺术创作形式,在全国展览中作品数量不多,但也努力地以独特的艺术材料和技法,去描绘现实的新生活,展现时代气息。2017年的第9届中国体育美术作品展览上,范少辉、林琳的《合力》,胡宇鸣的《童年是一首歌》,黄奕的《金狮大战托塔天王》,叶国才的《跨时代》,邹宇的《竞争与和谐》等漆画作品入选。2017年的第7届中国北京国际美术双年展中,范少辉的漆画《乡村乐手》入选。李思思的漆画《帆影憧憧》、吴君茹的漆画《浮游》，入选 2018 年第 6 届全国青年美术作品展。这些展览以年轻作者的作品为多，题材既有主题性也有时代性。连环画创作方面，赵健的连环画《拯救——一个苏联飞行员的故事》，入选庆祝中国人民解放军建军 90 周年全国美术作品展览暨第 13 届全军美术作品展览；曾小仪的插图连环画《三国故事》、邱卿云的插图连环画《新时代的青年》，入选 2018 年第 6 届全国青年美术作品展。

（七）实验艺术创作

总体来看，粤港澳三地的美术创作，在中国画、油画、水彩画、版画、雕塑、漆画、连环画等方面取得了优秀的成绩，为粤港澳地区美术的多元发展作出了有益探索。近两年的美术展览作品，涵盖绘画、雕塑、综合材料、摄影与数码艺术、影像等多个门类，展现了粤港澳大湾区的艺术创作水准。美术创作作品从内容到形式、从题材到技法、从材料到语言，都体现了岭南美术的创新与兼容精神，以及作品关注现实、表现社会、对艺术与美的探索。粤港澳大湾区的美术创作展览，促进艺术家在交流中展现自我、提升自我，达到了共同发展、进步的目的，并推动粤港澳大湾区的美术创作向更高水平发展，创作出更多新时代的好作品。

三、美术理论和学术研究开创新局面

粤港澳大湾区建设发展为粤港澳三地的美术理论与学术研究带来了新的发展格局，美术理论与学术研究呈现新的特点：一是回顾性研究与展览取得较大发展，并创新开拓了新型学术研究展览模式。二是国家级艺术课题的研究水平有所提高，获得国家立项支持的课题研究增多，对粤港澳大湾区美术理论和学术研究的发展起到推动作用。

近年来，广东举办了一系列历史与历史回顾研究性展览，在中国美术界呈现出一种新动向，使广东的美术研究与呈现过程发生了重要转变。过去的美术研究，对影像资料、文献保存、某种事件的系列性记录做得不够。因此，从现在开始，深入研究过去的历史、已经消失的历史，并关注身边的历史,成为新的研究动态。其中,广州美术学院开展了一项开拓性的学术研究活动,启动广州美术学院 987 口述历史工程。此乃广州美术学院在 2018 年重点推进的口述史项目,重点在于抢救式收集老一辈艺术工作者的口述史料。此举对广东的美术研究而言,具有里程碑意义。2018 年 10 月 17 日,由广州美术学院、广东省美术家协会主办的大德化人——广州美术学院 987 口述历史工程第一阶段汇报展,在广州美术学院美术馆举行。2018 年 3 月和 4 月,在岭南画派纪念馆举办了两次广东当代艺术 30 年——后岭南文献展。2018 年 12 月 19 日,广州美术学院主办的广东当代艺术研究——后岭南文献作品展,在广州美术学院美术馆举行。这几个展览是广州美术学院的学术项目,将文献展览做成观摩式的开放性展览,邀请被研究者参与鉴定、勘误和补充文献资料,同时,获取研究对象 30 年来更多的艺术文献与信息。文献展脱离了以往“展览+研讨会”的展览和研究模式,而是通过对“后岭南”的追踪式观察研究,以及开放的、持续变化的文献陈列现场,探索开辟一种新的学术研究方式。

参与国家级艺术类的科研课题研究,是粤港澳地区美术类学术研究的新突破。2017—2018 年,粤港澳地区在国家社科基金项目和国家社科基金艺术学项目申报中获得多项立项,极大地推进了粤港澳大湾区的学术研究高度和深度。2017 年,深圳大学高建平的申报课题“美学与艺术学关键词研究”获得国家社科基金项目立项。2017 年,广东获得国家社科基金艺术学项目立项的有:当代水彩画中国化研究,李铁夫与中国早期油画研究,广东都市绿道景观的理论与实践研究,16—18 世纪“中国风”主导的全球化设计,中美重症病人的功能性服装设计调研和创新应用研究,中国流失海外的古船模收集与研究,共计 6 项。国家艺术基金 2017 年度资助项目中,传播交流推广资助项目有:深圳大学的“海上丝绸之路两千年”美术作品欧洲巡展,华南农业大学的“破茧成蝶”香云纱时尚化作品展,深圳市关山月美术馆的“文脉传薪”写意油画展,共 3 项。获得艺术人才培养资助的项目有:深圳市关山月美术馆的“青年艺术设计人才培养计划”,广东工业大学的“历史文化名村保护规划创意设计人才培养”,深圳市龙华新区的“中国·观澜版画原创产业基地版画艺术青年创作人才培养”,广州美术学院的“岭南传统手工艺再生的创新人才培养",共 4 项。获得青年艺术创作人才资助的有:陈欢迎、胡江、许永城、陈子君、张西、张良、逄耀坤、罗菁,张立川 9位艺术家。这些立项项目的研究,将对粤港澳大湾区的美术展览海内外传播,以及美术创作人才培养与推广,产生很大的社会影响和积极作用。2018年度国家社科基金艺术学项目中,广东立项的课题有:以公共艺术驱动粤港澳大湾区公共环境创新提升的设计策略研究,岭南传统村落教化空间的营造与传承发展研究,中国古代造物设计思想在当代"中国智慧"的应用研究,失智老人可穿戴产品的交互设计研究,面向生活方式的跨学科交互设计方法论研究,共计 5 项。国家艺术基金 2018 年度资助项目中,广东也获得多个立项支持。传播交流推广资助项目有:广州美术学院的当代国际藏书票巡展,深圳书画艺术学院的纪念改革开放 40 周年美术作品国内巡展,广州美术学院的中国陶瓷艺术瑞士芬兰巡展,广州美术学院的篮筐编织技艺应用作品展览,深圳大学的中国古代船模作品巡展,共 5 项。艺术人才培养资助项目有:广州美术学院的国际青年美术创作人才培养、中国传统版画创作创新人才培养,共 2 项。获得青年艺术创作人才资助的有:陈川、林亚谨、谢郴安、陈林、段远文、李长兴、蔡远河 7 位艺术家。2018 年的研究范围更为广阔,也更注重研究成果的实际运用价值;美术展览项目更具主题性,以庆祝改革开放 40 周年和"一带一路"中国文化传播为主导研究方向。美术创作人才培养项目以大画种为主要支持对象,美术研究成果和创作作品也以大题材为主要表现对象。

粤港澳大湾区美术发展面临一些亟须解决的问题。比如,美术创作投入不够、精品不多,缺乏系列创作品牌。再如,美术交流大型展览相对缺乏,社会宣传不足、群众关注和参与程度不高。例如,美术教育投入不足,普及审美教育和培养专业人才意识有待进一步强化。又如,美术研究起步较迟,研究内容有待拓宽,在全国的学术排名有待提高;美术理论的发展与美术创作相比过于滞后,应强化学术性和专业性的引领作用,举办高水平的艺术展览与学术研究。粤港澳三地传承了近现代岭南画派的绘画传统与创新画风,影响着粤港澳地区的艺术观念与发展。在粤港澳大湾区的格局下,大湾区美术需秉承优良传统,引领创新风范,联合粤港澳三地共同发展,辐射国际,为中国美术转型探索一条中国特色的独特发展路径。

2018—2019 年,粤港澳大湾区美术呈逐渐成熟的发展趋势,更具包容性、多元性、革新性的发展状态。2019 年,中共中央、国务院印发《粤港澳大湾区发展规划纲要》,积极推动了粤港澳大湾区三地美术更进一步的繁荣发展。(1)美术展览内容丰富、主题明确。2019 年规模最大的美术展览——第 13 届全国美术作品展系列展览在广东展出,分别有水彩·水粉画作品展、港澳台海外华人邀请作品展、综合画种·动漫作品展。同年,还举办了庆祝中华人民共和国成立 70 周年的相关系列展览。(2)美术研究学术氛围浓郁。在国家社科基金艺术学项目、国家艺术基金项目中的美术研究方面,取得可观成果。主要围绕大湾区的项目有:以公共艺术驱动粤港澳大湾区公共环境创新提升的设计策略研究,粤港澳大湾区时尚文化产业协同发展研究。美术创作人才培养项目以重大画种为主要支持对象,美术研究成果和创作作品也以重大题材为主要表现对象。(3)美术交流活跃。粤港澳大湾区美术家联盟于 2019 年成立,粤港澳三地围绕"一带一路"主题举办了相关活动。例如,澳门举办的第 11 届海峡两岸暨港澳地区艺术论坛、庆祝人民政协成立 70 周年的同心筑梦——粤港澳大湾区书画联展、粤港澳中青年艺术家邀请展、粤港澳大湾区文化艺术节等活动,都极大地促进了三地美术交流和发展。

2019 年,大湾区艺术发展呈现出观念加强、创作提质的总体态势。在思想观念上,广大艺术工作者进一步深入贯彻习近平新时代中国特色社会主义思想,以及《粤港澳大湾区发展规划纲要》,造型艺术领域异彩纷呈,主题创作与展览丰富多样。粤港澳大湾区既是经济湾区,也是文化湾区;既是中国近现代中外文化的交汇地、现当代流行文化的发源地,也有望成为我国文化发展与对外展示的新高地。

本土·迁移·联动

——粤港澳大湾区书法观察

王 碧 凤

珠江三角洲河网密织、三江汇流、八口入海，独特的地理位置，带来了文化和经济的风云际会。港澳之间隔伶仃洋相望，又分别与广东的深圳、珠海相连。粤港澳三地之间语言互通，开放包容，以海纳百川之态让东西方的文化在这里交融共存。

2017 年，粤港澳大湾区建设上升为国家战略。2017 年 7 月，广东省政府下发《粤港澳合作框架协议 2018 年重点工作通知》，提出要落实粤港澳大湾区规划。2018 年 11 月，港珠澳大桥的开通，进一步深化了内地和港澳的交流合作。在三地繁荣稳定并推进全面开放新格局的背景下，书法艺术也迎来了新的局面。

一、粤港澳三地书法交流联动及发展成果

粤港澳三地的书法文化交流，历史久远。尤其是明清以降，粤地书法文化艺术的发展达到一个新的高度，精究书艺的学者、文人多不胜数。到近代，冯康侯、赵贺琴、吴子复、黄维猷、罗叔重、谢熙、陈语山、陈融、陈荆鸿、香翰屏、黎心斋、李研山、卢鼎公、曾克端、苏文耀、丁衍庸、顾青瑶、李楼、饶宗颐等学者，频繁游走于三地之间，开展诗文酬唱活动。这些学者、大儒大多精于书画艺术，间接地把书法文化带到香港、澳门。20 世纪初，随着政治格局的变化，又出现一批南迁书家，将内地不同时期的书法风格移植到香港、

澳门的土地上,逐渐在港澳扎根成长,与本地书家共同形成现今港澳的书法面貌。

文化交流是文化发展的内在规律,也是文化繁荣的必然要求。聚焦2017—2018年,在政府、社会多方联动,推动粤港澳大湾区建设过程中,书法艺术的交流、发展也进入新阶段,表现在平台的搭建、项目的合作、人才的流动等方面,形成良性的书法文化生态。

(一)延续"品牌"赛事,传承岭南书风

近年来,在有识之士的共同努力下,广东书坛打造了一批具有品牌效应的书法赛事,如红棉杯、南雅奖、大沥杯和新人新作展等。梳理 2017—2018 年广东书坛的成果,首先需要聚焦的是这些"品牌"展事活动的延续。

2017 年 8 月 5 日,在广东书法院举行 2017 红棉杯——广东省青年书法篆刻大赛暨广东省青年书法篆刻十佳提名展。此次红棉杯书法赛事,是广州市文学艺术界联合会在历年红棉杯——广州市青少年书法大赛基础上,联合广州市青年联合会和广州市青年书法家协会共同创立的一个重要奖项。自面向全国公开征稿以后,在书法界引起了广泛的关注,共收到书法、篆刻作品 1200 余件。经过赛事组委会评选,甄选出 220 幅入选、入展和获奖作品;其中,入选 100 名、入展 100 名、获提名 10 名、十佳 10 名。特别是获提名和十佳的 20 名青年书法家,都是活跃在广东书坛的青年创作骨干。他们的书法创作既深入传统,又富于创新意识。书家们经过多年的探索和努力,创作出一批功力精湛、形式新颖、风格多样的精品力作,反映了当代广东青年书法创作的总体水平和审美走向。

2018 年 1 月 22 日,由广东省书法家协会、广东书法院、佛山市南海区丹灶镇政府联合主办的第 5 届全国康有为奖书法评展获奖作品展,在佛山康有为书学艺术院隆重开幕。这届全国康有为奖书法评展,收到了来自美国、加拿大、新加坡及中国香港、中国澳门、中国台湾等国家和地区的 3600 多份作品。其中,中国书法家协会会员的作品就有 500 多件。分别评出特等奖 2 件、创作奖 10 件、优秀奖 106 件,从展览现场效果可见,相较于往年,整体创作水平有较大提高。

每 3 年举办一届的全国康有为奖书法评展,致力于弘扬康有为书学、培养书法人才、扩大康有为奖在全国书法界的影响力。举办这种高水平的赛事,有助于让全国更多的书法家了解广东、了解南海,对扩大广东书法在全国的影响、促进文化交流,起到了积极作用。

2018 年 11 月,大沥杯广东省第 2 届硬笔书法作品展在广东书法院开幕。这次作品展,以中共十九大精神为指引,坚持"二为"方向和"双百"方针,分为成人组和青少年组。成人组评出优秀作品作者 30 名、入展作品作者 100 名,18 周岁以下青少年组评出优秀作品作者 20 名、入展作品作者 80 名。广东全省各地市县的硬笔书协、中小学、书法培训机构,组织会员和学生积极参与、精心创作。参赛作品中,各种书体齐全,形式多样。征稿共收到广东全省 21 个地市的硬笔书法成人作品 2858 件、青少年作品 2136 件,初评后共评选出成人作品 500 件、青少年作品 500 件进入终评,代表了广东省硬笔书法界的最高水平,极具广泛性和权威性。

大沥杯广东省第 2 届硬笔书法作品展弘扬了祖国优秀传统文化,全面展示了广东省硬笔书法的艺术成就和创作实力,为广东全省硬笔书法爱好者提供了一个学习和交流的平台,让广大群众体会到中华书写文化的魅力。值得一提的是,这届硬笔书法作品展收到残疾人书法爱好者作品 10 幅。为鼓励残障人士提高书法艺术修养、丰富他们的精神文化生活,大沥杯广东省第 2 届硬笔书法作品展组委会研究决定,增设特别入展提名奖 3 名。

2018 年 12 月 22 日,第 8 届广东省新人新作书法作品展在广东省文联艺术馆隆重开幕。广东省书法家协会每两年举办一次新人新作书法展,每一届的征稿都受到广大书法爱好者的热烈响应。这届展览共评出优秀奖 199 件,透过作品能感受到每位作者积极认真的创作态度和不凡的创作能量。新人新作展为挖掘广东书坛新兴力量建立了一个良好的平台,具有发现和培养书法界新晋英才的意义,为书坛注入了新鲜血液,体现了岭南书法艺术朝气蓬勃的未来。

这些延续多年的赛事已经成为岭南书坛品牌。这些展览的作品体现出,岭南地区一直以来都遵循着书法的传统和本质的书法艺术风貌,追求雅正醇厚的书风,在重技法的同时,也不断加强文化修养。对于略显浮躁的当今社会来说,这是难得的现象,体现了岭南书人既能坚守传统,也能引领创新,在传承中发扬,在自信中前行,不断打造地域品牌,吹响岭南号角,为推动中国书法事业繁荣发展贡献力量。

(二)个展、联展纷呈,凸显岭南翰墨精神

除由书协等官方机构举办的书法盛事外,2018 年,广东书坛的陈春盛、李远东、刘小毅、刘斯奋等名家也纷纷举办个展、联展,呈现出百花齐放、百家争鸣的盛况,带来了一场场文化视觉盛宴。

2018 年 1 月 28 日,由广东省书法家协会、广东省政协书画艺术交流促进会、广州市书法家协会、广州市政协书画院联合主办,广州图书馆、国雅学堂承办的翰墨春风——陈春盛书法作品展在广州图书馆开幕。此次展览共展出陈春盛近几年的精品力作 120 余件,书体形式多样,内容丰富。陈春盛的书法既有清雅妍丽的一面,也有古拙沉雄的一面,并有丰富的时代特征,较好地反映了书家博采众长、以古为徒的书学思维和扎实的书法功力。

2018 年 2 月 28 日,由中国书法家协会、广东省文学艺术界联合会、佛山市南海区政府共同主办的南海香华——王学岭诗文书作展开幕式,在佛山南海隆重举行。展览的作品包括《林良与南海》《朱九江与南海》《邹伯奇与南海》《黄飞鸿与南海》《龙舟之》等,由王学岭根据南海区的历史、文化等创作的诗词赋联,并以书法艺术形式展现出来,共计 135 幅。

2018 年 3 月 3 日,由中共珠海市委宣传部、中国书法家协会草书委员会、广东省书法家协会、珠海市文学艺术界联合会主办的珠海春韵——张旭光草书艺术展,在珠海市古元美术馆开幕。展览还增设《珠海之韵》章节,包括一组以珠海前贤诗词及部分自作诗句为内容的书法艺术作品。展览主题鲜明、内涵博大精深,以最富表达性情的草书艺术来展现,气势磅礴,又挥笔如流星、放神于八纮。这个展览比较全面地反映了张旭光的草书艺术风貌,也为广东书坛对草书的探索和发展提供了思考。

2018 年 3 月 18 日,由中共广东省委宣传部为指导单位,中国书法家协会、中国书法院、广东省文学艺术界联合会、广东省政协书画艺术交流促进会、广东美术馆联合主办,广东省书法家协会承办的此心光明——纪光明书

法作品展,在广东美术馆隆重开幕。这次展览的作品以纪光明的行草为主,兼及楷书、隶书、篆书,形式多样。纪光明的行草创作,小字作品温文尔雅、朗朗有君子之风,大字作品则雄健飞扬、爽爽有大将气度,具有较高的欣赏价值。

2018 年 4 月 29 日,由中共广东省委宣传部、广东省政协文史委为指导单位,广东省文学艺术界联合会、中国书法家协会展览部、中国国家画院书法篆刻院、广东美术馆为主办单位,广东省书法家协会、广东书法院为承办单位,新时代赞歌暨岭南春望——李远东书法艺术作品展研讨会与开幕式,先后在凯旋华美达大酒店、广东美术馆成功举办。本次展出作品近百件,形式多样,或丈二榜书,或盈尺小品,或恣肆的行草,或静穆的魏碑,全面展示了习近平总书记用典,以及李远东自作的讴歌新时代精神、展现新时代风采、描写壮丽河山等诗、联。本次展览,综合展现了李远东在阐释经典、诗词歌赋、书法创作等方面的不懈探索。

2018 年 5 月 27 日,由东方现代美术馆主办的意境·意净——刘斯奋、刘小毅、陈达意境书画联展,在广州二沙岛东方现代美术馆隆重开幕。此次书画联展共展出 70 余幅写意作品及书法精品,值得一提的是,其中大多数作品是首次展出。业界众多艺术大咖纷纷前来助阵,为联展增添了不少色彩。每一幅美术精品都主题鲜明、生动盎然,再现了中华民族的悠久历史和优秀传统文化,也使得此次书画联展不仅精彩纷呈,而且意义非凡。

2018 年 7 月,在八一建军节即将到来之际,为庆祝中国人民解放军建军 91 周年,中国理想中国梦——"我是一个兵"书法作品展(第 3 回)在广州高剑父纪念馆隆重开幕。"我是一个兵"书法方阵,包括高荣发、罗益群、刘明虎、李业成、秦柏柳、黄宏贵、邹敏德、朱墨 8 位老兵。他们以笔抒怀,表达对中国人民解放军这所大学校培育之恩的感激之情。该展览共展出这 8 位老兵近期精心创作的真、行、草、隶、篆各体书法作品 108 幅。

2018 年 7 月,岭南墨妙——詹安泰、佟绍弼、何绍甲、卢子枢、麦华三书法精品展暨学术座谈会在广州美术学院岭南画派纪念馆隆重举行。展览回顾了广东老一辈书家的不凡历程,展示了岭南已故书法名家的传统功力和艺术成就,通过对岭南前辈书法作品的展示,让大家对岭南书法传统有了一个全新的认识。

这些书家开办的个展、联展主题明确,体现了书家对于在传统中求创新的艺术创作的一种思考,也成为书友交流心得、探求真知的一种方式。

(三)开设公益活动、培训,弘扬岭南书风

2018年6月16日,广东书法院名家汇聚,翰墨飘香。由广东省文艺志愿者协会、广东省书法家协会、广东书法院联合主办的"岭南翰墨传承"广东书坛首届书法导师(公益)班作品展,在此举行。该班自2018年5月正式启动到6月底截止报名,共收到广东省内150多名书法家和地级市推荐的书协骨干、书法爱好者的申请资料。经过初审、导师提名、导师组集体审核3个环节,最后确定拟录取名单并公示。录取的50名学员,都是千挑万选、具有一定代表性的广东省内书法创作骨干。公益班为期1年,以公共理论课加导师工作室实操课相结合,为公益性质,导师无私奉献,义务为学员上课。此次公益班的导师团队阵容强大,都为国家级广东省内名家,书法学术研究与创作都具有很强的代表性,旨在培养高精尖的书法人才。

书法导师公益班的开办,在广东省尚属首次,开创了风气之先。为了努力践行习近平总书记在文艺座谈会上关于加强文艺人才队伍建设的讲话精神,结合广东省中长期社会发展规划,积极响应广东省文联文艺人才培养计划的工作部署,参照中国书法家协会的青年国学骨干班,由广东省书法家协会主席张桂光倡导,以"弘扬岭南书风"为定位,广东书法院发起并筹划,广东省书法家协会、广东书法院联合举办了该公益班。公益班着力打造岭南书坛精英,通过1年的学习,在提升学员自身书法艺术水平、树立标杆的同时,也去感染、引导身边更多的书法爱好者与普通百姓,在更广范围内推广和普及传统书法文化,秉承老一辈岭南书家优秀的学艺、治学传统,薪火相传。

2018年8月4日,大道之行——广东省书法评论家协会系列公益展第1回·王世国、蔡显良、郑荣明书法作品展览举行开幕式。为了弘扬中华优秀传统文化、推动广东边远地区中小学校的书法教育,广东省书法评论家协会特别设立了岭南书法教育基金,并发动书法家捐赠作品,通过义卖筹

集善款。该项基金专门用于广东经济欠发达地区的中小学书法师资培训,免费为这些学校培训书法教师。本次展览中,王世国、蔡显良、郑荣明3位著名书法家、书法评论家,共捐赠出60幅精心创作的书法作品,支持社会公益事业。在展览现场,爱心人士踊跃认购,积极为岭南书法教育作出贡献。

(四)联动粤港澳三地,提升三地书法地位

文化是一个国家和民族的灵魂。文化兴国运兴,文化强民族强。没有高度的文化自信,没有文化的繁荣兴盛,就没有中华民族伟大复兴。为了不断满足人民日益增长的美好生活需要、丰富粤港澳市民文化生活,2017—2018年粤港澳三地举办了一系列联动展览,向大湾区献礼,以此提升文艺原创力、推动文艺创新,向全国展示粤港澳三地的书画艺术成就。

2018年7月,"一带一路"绿色走廊和"一国两制"伟大实践——预祝港珠澳大桥竣工通车暨首届粤港澳大湾区全国书画名家邀请展,在香港文化中心隆重开幕;8月,至澳门教科文中心展览馆巡展。展览展出了来自香港、澳门和内地的书画名家,为祝贺港珠澳大桥竣工通车、粤港澳大湾区加速起航而精心创作的百余幅精品佳作。例如,书画篆刻家萧春源精心创作的《三地牵情中国梦,一心立志大湾区》的书法对联、方楚雄以榕树为主题创作的《神木》,以不同视角描绘了港珠澳大桥的伟岸雄姿,歌颂了大桥建设过程的波澜壮阔,勾勒出粤港澳大湾区的壮美蓝图,坚定人们对美好生活的憧憬和信心。

2018年8月24—26日,由澳门"一带一路"书画文化艺术促进会主办的"翰墨传情"澳珠两地书画作品交流展在澳门举办,向新中国成立69周年及澳门回归祖国19周年献礼。此次展览汇集了连家生、黄玉灵等多位澳门和珠海艺术家的90余幅书画作品,内容广泛,题材多样,包括书法、花鸟、人物、山水及扇面等,展现了作者们多年研习书画的创作成果和家国情怀。黄玉灵致辞说,展览活动能够推动书画文化艺术发展,促进澳门与其他地区在文艺和经贸等领域的交流,弘扬中华文化,为促进澳珠两地书画艺术界的交流合作贡献实际力量。

2018 年 9 月 25 日,粤港澳大湾区青年总会举办的"最大规模书法课"活动在香港亚洲博览馆举行。来自大湾区的 3000 名青年身穿 56 个民族的服装,同时以隶书书写"儒"字,以此来纪念孔子诞辰,同时尝试挑战群体书法书写的吉尼斯世界纪录。3000 名青年同心合力,向世界弘扬中华民族的汉字书法文化。

2018 年 10 月 10 日,由澳门大学中国历史文化中心、澳门文艺评论家协会、海外暨港澳台中国书法家协会主办的中国风书法国际展(澳门),在澳门回归贺礼陈列馆专题展览厅举行。该展览将在"一带一路"沿线近 20 个国家和地区陆续展出。澳门举办这个展览的预先交流展,为今后的大展提供更优秀的作品。参加展览的书法家皆为海外暨港澳台中国书法家协会的成员,来自全球近 50 个国家和地区,都是当地最具实力、最有影响的书法家。交流展览的作品丰富多彩,包括由澳门大学中国历史文化中心副主任朱寿桐撰写的《"一带一路"赋》,并由海外暨港澳台中国书法家协会主席吴任以草体书写。各国书法家分别用楷、草、篆、隶等各种书体,进行交流探索,百花齐放。此次展览,墨客聚首,高朋毕至。它的成功举办,标志着海外华侨华人在传承与弘扬中华优秀传统文化领域又迈出了坚实的一步,并将为海外书法艺术注入新的活力,开启新的历史篇章。

2018 年 12 月,由广州市政府文史研究馆、尚雅书社、澳门中国书艺会主办的"穗澳笔墨情,共筑中国梦"广州·澳门书法作品联展,在广州市海珠区文化馆举行。该展览以庆祝改革开放 40 周年和澳门回归祖国 19 周年,弘扬中华传统文化艺术,响应"粤港澳大湾区文创"发展,促进穗澳两地书画文化交流,凝聚中国梦正能量为宗旨,以反映新时代、唱响主旋律的诗词为主,共展出穗澳两地书法作品 80 余幅,五种书体俱全,形式多样。

这些粤港澳三地联动的展览,在广东甚至全国书法文化圈留下了独特印记,加强了港澳与广东乃至内地文化艺术工作的交流,促进了港澳文化艺术的繁荣发展,对粤港澳大湾区的全面建设具有重要的现实意义和历史价值。粤港澳三地艺术家携手创作,共同描绘国家建设的辉煌成就,以实际行动推动大湾区建设,为实现中华民族伟大复兴的中国梦贡献智慧和力量,展现了新时代文艺事业的大繁荣大发展。

（五）重视青少年书法赛事和活动，培养书坛新力量

青年朝气蓬勃，敢于担当与创新、敢于警醒与批评，承前启后、继往开来的同时，又兼有浮躁与孤愤、困惑与迷茫。这些特质在青年书法家的书法上体现得比较明显。

青年是书法的未来和希望，作为新一代的书法研究与创作者，对传承中国文字的整体性和书卷气的传统，是承上启下的中坚力量。书法青年在不断充实和学习传统文化的同时，也需要用已有的知识来感染社会，起到引领的作用，挑起书法的大梁。

2018年7月28日，由广州市文学艺术界联合会、广州市青年联合会指导，广州市青年书法家协会主办，广州钰兴工艺品有限公司协办的新时代正青春——第3届广州市中青年书法艺术双年展暨第4届羊城青年书法篆刻大赛作品展开幕及颁奖仪式，在广州文艺市民番禺空间举行。

2018年10月，为了贯彻国家关于"全国广大青少年要志存高远，增长知识，锤炼意志，让青春在时代进步中焕发出绚丽的光彩"的要求，进一步落实教育部《中小学书法教育指导纲要》，举办了岭南新星奖首届广东省中小学生书法大赛。征稿历时4个多月，共分20多个赛区，覆盖广东全省各市区县，共收到6300多件作品投稿。经过分赛区初评、组委会复评、终评、抽查4个环节，评出岭南新星奖30名、金奖80名、银奖100名、铜奖200名、优秀奖若干。

2018年10月，广东省星河展·第7回书法展在广州开幕。该展览由广东省书法家协会主席、副主席从广东省45岁以下中青年书法作者中，遴选、推荐德才兼备者参加。每位导师推荐1名，共11名。展出的这11名优秀中青年书法家作品共88件，形式多样，书体丰富，风格各异，精彩纷呈，皆是参展作者的倾力之作。这些作品，让同行们、书法爱好者直观感受到参展年轻书法家的创作水平和作品风貌，展现了广东书坛厚积薄发的景象。

广东省的星河展作为广东省文学艺术界联合会主办的系列艺术展览，是广东文艺界推出人才、推出精品的重要展览活动。星河展的书法展旨在为建设广东书法强省、振兴岭南书风培养骨干人才，是让书法界同人和爱好

者了解近年来广东省优秀青年书法家创作水平与作品风貌的平台,反映了广东书坛欣欣向荣、充满创作活力的新景象。

2018 年 11 月,广东新快报社联合广东省美术家协会、广东省书法家协会,再次共同主办"翰墨青春,传承岭南"广东青少年书画大赛。广东青少年书画大赛已成功举办 3 届,并邀请广东画坛、书坛最高规格的组合作为顾问,分别是:中国美术家协会原副主席、广东省文学艺术界联合家主席许钦松,中国美协副主席、广州美术学院院长、广东画院院长、广东美术家协会主席李劲堃,广东省书法家协会主席张桂光。大赛选拔对象覆盖面广泛,广东省内外各艺术机构的成员、大专艺术院校学生、中小学校学生、幼儿园小朋友以及社会各界青少年均可报名参加,只需要参赛者围绕岭南传统文化艺术的特点,创作健康积极向上并具有创新意义的中国画、儿童画和毛笔书法作品。这届大赛共收到书法、美术作品 1.6 万余幅,经过几轮评选,选出 1100 余幅美术作品分获等级奖、优秀奖及入围奖,同时选出 1700 余幅书法作品入围"千人书法"现场总决赛。大赛的举办,培养了青少年对岭南传统文化艺术的兴趣,激发了青少年书画爱好者的创作激情和灵感。同时,现场再进行总决赛等赛制,真正体现了公平、公正的比赛原则,给了孩子们一个展示自己、体现水平的平台,并为岭南文化艺术界挖掘优秀艺术人才、提升美育素养作出努力。

2018 年 11 月,为贯彻中共十九大精神和中共中央办公厅、国务院办公厅《关于实施中华优秀传统文化传承发展工程的意见》精神,落实《国家语言文字事业"十三五"规划》和教育部关于加强规范汉字书写、开展书法教育的要求,弘扬中华优秀传统文化,广东省教育厅举办了"规范汉字书写中华经典"第 10 届广东省大中小学规范汉字书写大赛。经过广东各地市具教育局、语委办和中小学的积极发动、参与,共收到参赛作品 3700 余份,评出学生获奖作品 875 件,此项赛事是针对目前中小学生书写潦草、不规范开展的专项赛事,旨在加强学生规范汉字书法教育,促进学生全面发展。

这些专门针对青少年的书法展览,培养了广大青少年对书法艺术的热爱与文化自信,选拔了优秀的青少年书法才俊,弘扬了中华传统文化,推动了青少年素质提升,提高了青少年对书法艺术的学习兴趣,也检阅了广东省青少年书法艺术的教学成果。

二、粤港澳书法现状的特点与问题

（一）专业书法团体不断涌现，地域局限开始破冰，但整体创作水平和理论研究还有提升空间

随着弘扬中华文化工作的深入推进，港澳与内地之间交流频繁。近两年，港澳地区涌现了一些书法团体。2017 年，西泠印社与香港著名文化艺术品牌——集古斋携手创办的香港西泠学堂，是第一家以西泠印社名义创办的学堂，旨在通过举办书画、国画、篆刻等中国传统艺术培训及系列文化艺术交流活动，搭建一个全新的文化艺术交流平台，推动中华优秀传统文化在香港及海外的普及、传承和发展。

2017 年以澳门大学为依托，澳门大学中国历史文化中心成立并举办中国风书法国际展，推动了书法文化在澳门居民中的传播，扩大了中国文化在世界文化中的影响。

同时，在粤港澳大湾区文化建设的推进下，粤港澳三地书法的发展势头迅猛，成果丰富，并逐渐打破"岭南"这一地域的束缚。书法风格、面貌多样，既有江南清丽之气，也有中原豪迈之风，已无"南北"之分，这是相互交流下文化发展的一种必然趋势。但是，我们还应该清醒地认识到，在这些大型展览活动之后，往往缺乏系统的对展览的总结与评述，未能充分发挥展览的影响力。比如，2018 年在佛山市石景宜刘紫英文化艺术馆举办的广艺舟——纪念康有为诞辰 160 周年全国书法名家学术展暨座谈会，虽然是学术展，但展览形式还是以书法家书法作品为主，只是书写内容选取康有为论魏碑、康有为的诗文联句等，缺乏关于康有为书论思想和书学系统等的史料支撑。

不管是内地也好，还是港澳也好，书法群体越来越大，书法社团越来越多，书法活动越来越丰富，书法家容易陷入单纯追求创作技法突破的困局。尤其是青年书法家渴望成名、获奖，而忽视理论知识和文化素养，致使书法

作品难以塑造有自身艺术思想风貌的风格。因此,在书法人才培养过程中,更需要书家注重提升书法理论知识水平和文化素养,并培养书法理论研究者,在书法展览的基础上,开展相应主题的书学思想研讨活动,实践结合理论,对已取得的成果适时总结,设定出书法文化未来可持续发展的道路。

(二)港澳与内地联动不断加强,书法交流频繁,但交流形式呈现单一化

书法是中华文化中最为独特而受众广泛的一门艺术。在港澳地区民众中推广书法艺术,对于加强文化认同具有重要作用。在粤港澳大湾区文化建设方针指导下,2017—2018 年,港澳地区各类书法团体举办了多场与广东省及内地的书法交流展览,如首届粤港澳大湾书画名家邀请展、穗澳笔墨情,共筑中国梦——广州—澳门书法作品联展、"一带一路"与香港发展——书画名家艺术展、四海同根,书画同源——珠海、澳门两地书画展等等,甚至扩展到河北、内蒙古等内陆地区。这些与内地联手开展的展览活动,借助内地丰富的书法资源,以书法艺术凝聚人心、弘扬中华文化、彰显中华文化的力量。

香港、澳门与内地的书法交流虽日趋普遍,但因为港澳的社会体制、生活方式和文化传统与内地存在着较大差异,书法团体以民间组织的形式存在,极少有官方色彩。因而,相对分散、独立。通过上文的梳理可知,几地之间的交流方式比较单一,基本以联合展览、考察活动为主。在书法理论学术交流、书艺交流、联合培养书法人才等方面,可以加强规划,深化交流层次,以增强交流的作用和成效。

(三)书法教育逐渐受到重视,但教育形式纷乱,高等教育与基础教育衔接断层

2011 年,教育部下发《关于中小学开展书法教育的意见》,要求在义务教育阶段语文课程中,要按照课程标准要求开展书法教育,其中三至六年级的语文课程中,每周安排一课时的书法课。2013 年出台的《中小学

书法教育指导纲要》指出："要逐步形成以语文教师为主体、专兼职相结合的书法教师队伍"。2014 年,又发布《完善中华优秀传统文化教育指导纲要》。随着这一系列文件的出台,中小学的书法教育逐渐引起社会的普遍关注。

自 20 世纪 90 年代初,我国的高等师范院校就开设有书法课程,已经具有 20 多年的发展。目前,广东拥有书法本科专业的学校有 7 所,开设书法选修课的高校有 20 余所。广东高校的书法教学工作早在 20 世纪 80 年代就已经开始。1987 年,广州美术学院开始招收书法方向的研究生。2006 年,暨南大学开设中国书画鉴赏专业,开启了书法本科教育之路。2010 年,广州美术学院开设书法篆刻方向本科专业,岭南师范学院、广东技术师范学院等高校都开始拥有书法专业。近些年,已经毕业一批优秀的青年书法家,并逐渐成长为书法教育工作者。但是,相关的问题和弊端也逐渐凸显。现行教育观念、教学内容、教学方法培养出的高校书法专业毕业生,还不能适应和满足现今中小学素质教育的要求,这值得我们进行反思。

相较之下,港澳地区一直欠缺正规的书法教育,而正规教育机构亦未提供足够的艺术专科学额。虽然香港中文大学艺术系在这方面一直在作相应的努力,然而亦有相当大的局限性。据香港中文大学教授介绍:"入读艺术系的学生,普遍对中国艺术欠缺基础及认识。"因此,当代港澳地区大学生的艺术能力与知识,皆偏向于西方,对中国传统文化及传统的书法艺术知之甚少。

粤港澳三地经济发达,生活节奏快。业余书法学生用于学习书法的时间有限,他们一般都以比较简捷、明快的方法,通常从两方面发展其书法:一是临习古典碑帖,掌握技法;二是摹拟老师的风格。姑且不论这些方法的优劣,书法史、书论等理论知识都被忽略了。教学中,除了部分在高校书法专业学习的科班学生有书法史论类课程之外,大部分书法书写者在某种程度上需要自发性追求知识。所以,业余书法学生普遍欠缺对书法史发展的认识,在书法理论分析、提升书法水平、学术修养及创作方向等方面,面临对更多的疑难和忧虑,间接窒碍了书法的发展。

同样的,香港、澳门中小学的书法教育一直得不到重视,只能沦为课外活动之一,有兴趣学习书法的学生少之又少。此外,绝大部分中小学美术教师一直欠缺书法方面的培训,书法导师水平参差不齐,学生的学习得不其所,与书法的宗旨背道而驰。而艺术教育亦以西方艺术为主,书法更在中学会考的美术科中被剔除,书法基础教育方面的发展并不理想。没有适当地培养本地的年轻书法家,一向漠视书法教育,加上学生的学习压力有增无减,学习心态亦以成绩为导向,书法大都只成为陶冶性情一类的活动,有心学习书法的年轻人少之又少。另外,有兴趣学习书法的年轻人都依赖民间的教育机构或私人导师来学习,根本没有正规的书法教育支持。一些具备潜质的年轻学子,又因升学、前途或生活问题放弃学习书法,以致书坛青黄不接。而且,大部分业余书家没有正规艺术教育的配合,很难在理论、研究和创作三方面全面发展。在种种的局限之下,港澳两地书法的发展显得有心无力,整体书风在创作上亦缺乏突破。

三、情牵粤港澳,共书新时代

2019—2020 年,随着大湾区文化建设的不断深入,书法作为中国传统文化的代表,以大湾区的战略背景为契机,在延续原有稳步发展基础上有了新的融合与创变,具体表现为:

(一)内地赛事精彩纷呈,港澳书家积极参与

2019—2020 年,广东书坛赛事依旧精彩纷呈,红棉杯、新人新作展等品牌赛事持续举办,并逐步在全国范围内有了一定的影响力,2019 年 8 月,广州书法双年展之红棉杯青年书法篆刻大赛,共收到包括台湾在内的 29 个省份书法家、书法爱好者寄来的稿件 2725 件。从来稿范围扩展至全国可以推想,广东书坛努力发展在全国有了一定的回响。不仅如此,港澳书家也积极参与。比如,2020 年的第 9 届广东省新人新作书法展专设港澳展区,参展作品由港澳地区选送。从这些赛事中,我们看到广东书坛举办的赛事,呈现稿源覆盖广、创作水平高、传统功底实、评审环节正的特点,以良好的势头,在稳步发展中不断创新。

（二）以青少年为中心的书法活动成为新方向

近两年,以青少年为主的书法活动越来越多。2020 年 10 月,穗港澳青少年文化交流季系列活动之粤港澳青少年书画展,在广州中山纪念堂举办。来自大湾区的 80 名小书画家以"创新·未来"为主题,用笔书写感悟,作品独具匠心。同年,以大湾区青少年为主的"情牵粤港澳·共绘新时代"2020年粤港澳大湾区青年美术书法摄影大赛,广泛发动大湾区的青年艺术家,以美术、书法、摄影等手法,记录大湾区的自然风光、建设场景、历史文化、民俗风情、城市面貌、百姓生活,共征集到美术、书法及摄影作品数千件。这些活动增强了粤港澳青少年的国家认同、民族认同、文化认同。深化内地与港澳青年之间的交流互动,助力粤港澳人文湾区建设,促进大湾区青年全面融入大湾区建设发展,反映了粤港澳大湾区青年的精神风貌和文化自信,彰显了大湾区青年积极向上、勇于创新、敢于拼搏的精神面貌。

（三）书事论坛研讨,共谋发展前景

2019—2022 年,随着中小学对书法教育的重视,书法教育成为关注热点,书法如何开展"教育"引起了社会各界专家学者的思考。2019 年 11 月,广州美术学院举办广东省首届书法教育研究生论坛,集结广东各高等院校从事书法教育的教师、学者及硕士生、博士生,齐聚广美,切磋讨论,从教育角度以新的理念共谋广东省书法教育发展,激发学术碰撞,发现和培养高等书法教育尖端人才。2020 年年底,广东省高等教育学会书法教育专业委员会的筹备工作紧锣密鼓地开展。配合该委员会的成立,2021 年 1 月,在广州美术学院美术馆举办广东省高等教育学会书法教育专业委员会筹委会作品邀请展,展出广东省内高校以书法专业教师为主的书画精品数十件,体现了当今广东书法高等教育的最新成果。此外,还举行了研讨会,与会嘉宾围绕"中华美学精神的历史渊源与传统""书画艺术创作与中国文人传统"两个议题展开了热烈讨论。大家一致认为,中华美学精神不仅与当前倡导的美育有重要关联,而且更值得细化和落实到当下美育教学科研活动的实现途径上来。

除了高校在积极探求书法教育的发展途径外,各中小学的书法教师也在积极进修,提升专业知识和技能。2019 年 9 月,韶关学院文学院承办了广东省中小学书法骨干教师培训项目。2020 年 9 月,惠州学院承办了广东省中小学书法骨干教师培训项目。这类培训项目邀请广东省内名师讲学,拓展了中小学教师的书法知识视野,提升了他们的书法技法,还深入了解了中小学书法教学策略以及书法教育活动组织方法,提高了广东省内书法基础教学的能力。

四、粤港澳三地书法文化发展展望

粤港澳大湾区是继美国纽约湾区、旧金山湾区和日本东京湾区之后的世界第四大湾区,是国家建设世界级城市群和参与全球竞争的重要空间载体。以粤港澳大湾区为整体的文化建设,在全国文化建设中有着举足轻重的地位。

(一)加大书法文化宣传力度,举办融汇粤港澳三地书家的展览,树立大湾区书法文化和艺术精神的特色

自从国家提倡文化自信以来,中国传统文化、非遗文化等越来越受到重视,书法艺术在建设粤港澳大湾区的背景下积极联合。三地的联动发展既是大湾区内部良性互动及资源整合的过程,打造成为一体的名片,也以大湾区为核心对外辐射,增强大湾区的文化自信及国际文化影响力,有着不可忽视的重要意义。

(二)人才培养模式更加综合、全面,理论结合技法,“道技两进”,强调文化涵养和素质,具有独立的创作精神

书法教育要加强理论研究,对于这一点,广东书坛有清晰的认识和共识。近些年,广东高校已经引进了 20 余名来自中国艺术研究院、中国人民大学、首都师范大学、南京艺术学院等专业类院校的书法尖端人才——书法博士,如广州美术学院的祁小春、吴慧平,暨南大学的蔡显良、陈志平、朱圭

铭,岭南师范学院的李永、段永成等人。这些人才在高校任教过程中,着重培养学生的学术科研能力,形成了以高校为中心的书法理论研究重要场域。人才培养的方向上,要求技法与文化兼顾,在讲求技法的同时,更注重文化内涵的提升,着力培养学识深厚、基础扎实的书法艺术人才,传承中国书法的传统和精髓。

可以看到,近两年在举办一些展览活动的同时,也召开相应的研讨会,要求相关专家对展览的主题及含义作出总结和评述,

(三)书法教育不断受到重视,在中小学基础教育成为必修课,将带动书法的不断发展

中小学书法教育承载着书法的未来。自 2011 年以来,随着一系列相关文件的出台,中小学书法教育逐渐引起社会的普遍关注。

中小学是书写入门和打基础的阶段,在这个阶段,教师是否正确引导,有至关重要的作用。中小学书法教学的重心在于教导学生如何正确、规范地书写,作为实践性质的教学,除了要注重书法技能训练,也要让学生具备一定的书法知识和书法创作、欣赏能力,同时,要考虑中小学教学的实际需求、学生的接受和理解能力等多方面综合因素。根据笔者的走访,近两年,广东省大部分中小学都已经开设书法课程。比如,位于广州市天河区的暨南大学附属小学、华阳小学、中海康城小区,海珠区知信小学,越秀区东风路小学、泰安中学、广州市第五中学、广州市第十八中学等校,都以校本课程或者第二课堂的形式开设书法课程。不仅如此,大部分孩子还利用课余时间,在课外培训机构的书法兴趣班继续深入学习。

与此相呼应,2018 年,教育部集结一批书法名家、优秀的书法教育工作者出版了中小学书法教学用书,明确指定使用分别由秦永龙、曹宝麟、于茂阳、沃兴华、贾铎、欧阳中石、尉天池、刘绍刚、沈鹏、赵长青、张信、刘江编著的书法练习指导教学用书。这 11 套教材中,既有老一辈学者如首都师范大学教授欧阳中石领衔主编的华文版教材,中国美术学院教授、西泠印社执行社长刘江领衔主编的西泠版教材,也有新一代学者如复旦大学教授沃兴华等人主编的湘美版教材、北京师范大学教授秦永龙主编的北师大版教材,无

论内容设置还是编排设计，都各具特色。此套义务教育三到六年级《书法练习指导》的出版，解决了目前中小学书法教育中缺乏权威性、合理性教材的问题，为尽快完善中小学书法课程和教学目标设置，逐步形成规范、系统的中小学书法教材体系作出了努力。

在内地如火如荼推进书法中小学基础教育的同时，2018 年 6 月，中国书法家协会主席苏士澍带队前往香港和澳门调研"书法进港澳校园"，并进行《书法在港澳》主题纪录片的拍摄，通过实地走访有关中小学校和港澳 70 多个书法社会团体，真实记录了中华优秀传统书法在港澳地区的现状和发展、传承趋势，让我们深入了解港澳两地中小学书法教育的情况。例如，澳门濠江中学的书法教育历史悠久、师资配备全，已经取得一定成果和社会认可。纪录片《书法在港澳》还就港澳地区书法面临的一些实际困难，剖析了港澳地区在书法教育、书法创作方面存在的问题，调研团队专家也提出了相应的建议。这些举措为港澳地区中小学书法教育指明了发展方向。

粤港澳三地的书法艺术，具有本土、迁移、联动的特色。随着大湾区建设不断推进、文化不断融合，可以预见，大湾区内书法文化人才培养、艺术创作、艺术展演、文化传承、书法产业、学术研究的建设都将进入重要的新时期。以粤地为主的本土文化艺术随着艺术家的迁移、寓居，逐渐辐射至港澳两地，使得三地之间的文化交流愈加密切，联动了三地之间的文化艺术共荣。港澳艺术将通过交流从粤地延伸到整个内地，打造出以粤港澳为创新平台、与大湾区相匹配，集书法交流、研究、教育于一体的共同体，进一步强化粤港澳大湾区发展、发挥书法艺术的聚合优势。

记录时代观看，摄影人间诗意

——粤港澳大湾区摄影观察

吴 吕 明

文艺是时代的先声，文艺创作在共建繁荣、和谐的粤港澳大湾区过程中不可缺位。广东作为中国近代史上的重要地域，对中国摄影有着至关重要的意义。自摄影进入中国以来，一大批南粤人开始了中国式的摄影叙事。那么，摄影作为当今文化建设队伍中最生猛又贴近生活的生力军，到底呈现怎样的势态？在大湾区城际融合发展中，又将怎样推动摄影艺术的交流合作？

若以 1839 年 8 月 19 日，法国科学院公布达盖尔银版摄影术作为世界摄影术诞生日算起，摄影术诞生至今不过 180 多年的历史，但在此间的 150 多年，摄影一直不是人人皆可为之的技艺。摄影是"奢侈"的消费，价格不菲的相机和镜头、菲林和冲洗、照片的印放……每一张照片都要花费金钱才能得到。无论是摄影的行为还是摄影的结果，都是摄影者生活境况与境界的写照。就像 1857 年 O.G.雷兰德创作出经典作品《人生的两条道路》，摄影术甫一问世，就朝着"有意义"和"无意义"两个方向发展。所谓的"有意义"摄影，是指记录时代观看，注重记录的实用性，以再现为目的，定格瞬间，旨在实现资讯的可视化，通过照片可将不同的观看进行交流传递，比如新闻档案记录摄影、地理勘探科学摄影、照相馆商业广告摄影等，是一些人"有用"的谋生手段；而所谓的"无意义"摄影，是指摄影人间诗意，注重光影绘图的写意骋怀，进行情感表达、艺术探索，旨在满足精神层面的追求，是消费性的、"无用"的业余爱好，诸如沙龙摄影之类，以及后来发展成为艺术新形态的摄影。朝着这两个方向发展的摄影,各有精彩,并在社会文艺思潮的推动下不断嬗变、演进,衍生出更多的摄影门类与艺术流派,把摄影发扬光大。

摄影"有用"与"无用"的两个方向,造成摄影圈子的不同,这一点在香港、澳门表现得尤为突出。追求"摄影之用"的摄影师为了"揾食"谋生,与以摄影为爱好、做消遣的"发烧友"基本上没有交集,甚至可以说老死不相往来。倒是在广东,两者之间尚不存在这样的鸿沟。广东各级摄影家协会,在文联的领导下,"是党和政府联系广大摄影家、摄影工作者的桥梁和纽带",从理论上来说,凡是摄影领域的事都是摄影家协会的事。当然,在实际上,作为挣钱谋生的职业摄影,影楼、照相馆等商业类摄影由工商联的摄影行业协会主管,新闻媒体的摄影记者、图片编辑等归属于新闻工作者协会,以摄影做媒介的艺术家隶属于美术家协会;真正构成摄影家协会中坚力量和人数最多的会员,是业余的摄影爱好者和其他摄影从业人员。因此,大众摄影可以说是整个摄影文艺繁荣发展的基石。正是不同的摄影圈界,构筑起整个摄影的现实生态。而粤港澳大湾区摄影生态呈现的丰富多样性,可以成为窥探当下中国摄影现状的一个视角。

本书主要根据2017—2018年粤港澳大湾区摄影生态的现实,进行梳理总结,作综合、客观的观察与评论。

一、记录时代观看,留住历史印记

摄影,使人类对资讯可视化的追求得以实现。摄影的照相写真造就了"有图有真相"。摄影作为记录与传递视觉信息的重要载体,成为社会历史变迁的图证,在资讯传播、文化交流、科学研究等人类生活的各个方面发挥着重要作用。

摄影直面现实,可以"给时代和社会看一看自己的形象和印记"。记录、见证、表达、评价……用摄影反映社会现实生活、反映民生,揭示社会现象,彰显时代精神,秉持担当与使命去记录时代的观看,留住历史的印记,是纪实摄影的功能与责任。著名写实摄影大师路易斯·海因说:"我要揭露那些应加纠正的东西;同时,要反映那些应予表扬的东西。"广东摄影家推动摄影多元化的最大贡献,就是在爱好摄影的人群中唤起了纪实摄影的广泛开展。

2018年恰逢改革开放40周年。广东是改革开放的桥头堡、排头兵。安哥的《生活在邓小平时代》、张新民的《农村包围城市》、李伟坤的《原乡人》,都是广东摄影家在改革开放40年的进程中,用镜头记录、反映当代中国发展进步的故事和社会变迁的人文影像,具有很强的时代感、社会性和人文情怀。这3位广东摄影家的代表作是中国纪实摄影发展进程中具有岭南标志性的影像,是广东改革开放40年珍贵的全景影像史料。2018年3月31日,来自中国摄影界的名家学者和媒体代表齐聚佛山市南海区大沥镇,参加由广东省摄影家协会主办的时代的观看——安哥·张新民·李伟坤摄影作品展暨研讨会。各路专家围绕这3位广东摄影家的影像风格、自觉担当及其社会价值和意义,各抒己见,并从纪实摄影的功能与责任,纪实摄影的定义、困惑、面临的问题以及新时代如何创新多元发展等方面展开研讨。可以说,这既是一场具有开放性、前瞻性和引领性的学术争锋,也体现了身处改革开放前沿的广东摄影人在实践和理论探讨方面敢为天下先的大胆突破与引领。

"为人民留影,为百姓写真""不让历史留下空白",用镜头记录生活、反映民生、揭示时代精神,通过有态度、有温度、有高度的摄影纪实,做时代观看的记录者。广东省摄影家协会主席李洁军希望广东摄影人在新时代,努力打造粤派纪实摄影的精品力作,既重视传统文化的积淀和积累,又注重针对现实、面向未来的实践性、开放性和创造性,强化与文化的融合、思想的跨界、艺术的创新,形成独特的摄影文化品格和精神气质。

2018年5月15日,由广东省摄影家协会副主席、深圳市摄影家协会副主席钟国华策展的深圳"二线":一段可以触摸的历史摄影展,在罗湖区东门商业步行街摄影广场开展。这是钟国华于20世纪八九十年代在当时的深圳边防第七支队拍摄的"二线"建设和官兵生活,以及他在2017年8月发起的"深圳摄影师用镜头看如今",以新旧图片对比、全线田野考察等多重视角,全方位展现了深圳"二线"的变迁。

东莞作为改革开放的前沿地,40多年来,从全国第一家"三来一补"企业——太平手袋厂蹒跚起步,到闻名全球的"世界工厂",到实现转型升级、汇聚创新要素的"东莞智造",东莞的跨越式发展、东莞人民生活的转变,都让世界瞩目。东莞市摄影家协会以高度的使命感,引领全体摄影人在东莞每一次华丽转身时,为东莞留下精彩瞬间,记录当下,成就历史,关注东莞故事,用镜头讲好东莞故事。东莞市摄影家协会围绕"发现东莞制造之美"拍摄项目,创办东莞制造摄影工作坊、新工匠影像特训营,深入工厂企业,关注东莞成功转型的智能制造企业,采集第一线影像,举办"发现东莞制造之美"摄影展,宣传新时代新东莞的新世界工厂形象,为弘扬东莞正能量、讲好东莞制造新故事、让东莞形象在世界飘香,作出了积极的努力。同时,还与东莞市文化馆联合启动"发现东莞'非遗之美'"影像拍摄项目,为东莞"非遗"留影,弘扬工匠精神,很好地实践"立足本土"、以"文化推动经济,影像促进产业"的目标。2018年8月18日,由东莞市长安镇政府宣传文体局、东莞市摄影家协会主办的第5届中国·长安摄影周在长安镇开幕,由中国摄影家协会等机构主办的第13届全国摄影理论研讨会也同期举行。围绕"中国风景40年"的主题,李志良、胡克嘉策展的"东莞风景40年",纵跨东莞20个镇区及多个重点项目,以影像的视觉语言讲述东莞蜕变的传奇风景。在中国改革开放40周年、东莞撤县建市30周年这个特殊的节点上,"新时代新东莞"主题摄影大展于2018年10月27日在东莞展览馆开幕。还以"你是传奇——东莞"摄影作品展参展2018北京国际摄影周于10月20—29日在北京中华世纪坛举行的"中国摄影地"交流展,展示东莞40年的砥砺前行、40年的奇迹腾飞。

珠海、中山、江门三市,为配合粤港澳大湾区建设和"珠中江"经济一体化发展,于2014年联合举办首届"西江能见度"珠中江摄影联展,加强三市摄影艺术的交流互动。2018年1月28日,第2届"西江能见度"珠中江摄影联展开幕。突出珠三角地方特色的25组180幅作品,主要以纪实摄影的形式,全部以专题或组照的形式呈现,反映珠海、中山、江门三地的风土人情、百姓生活、喜怒哀乐、自然环境、生态状况,记录变革时代的新特征。西江摄影人以社会责任和历史责任的担当,以西江流域文化传承与发展的当下观看为脉络主线，通过近距离的观察，直面自己的城市，直面自己的生活，推动了珠海、中山、江门三市摄影事业的繁荣和发展，给广东摄影界增添了一道亮丽的风景线。

香港、澳门是东西方文化的交汇地。特别是香港，作为一个自由、开放的国际都市，具有全球视野与现代意识，新闻出版业发达，新闻摄影记者具有较高的职业水准，只是由于疲于应付日常"揾钱"的工作，局限于区域题材，较少关注"揾食"之外的视域，而且缺乏相应的机构去引领和挖掘纪实摄影的资源，因此，比较少有香港摄影师在新闻纪实摄影领域崭露头角。港澳的摄影爱好者都以"打龙"获奖为荣耀，相当长的一段时间，这里是世界沙龙摄影的鼎盛之地。随着"北风南下""时过境迁"，他们对沙龙摄影的参与热情也在逐渐消退，参加沙龙比赛的人日益减少，开始反思沙龙唯美的摄影，慢慢接受纪实摄影理念，向多元分化的方向发展。在澳门，由于得到澳门基金会对艺术发展的扶持，大量的摄影比赛和摄影展览构成澳门摄影文化的一种生态，摄影也以一种新的社会属性存在并发展。原籍中山市的著名摄影家陈显耀通过作品、展览和行动，慢慢影响着澳门摄影人思想的转变，成为澳门表现最突出的纪实摄影家。他在 2017 年就先后出版、展览了《艺匠显影——澳门艺术家肖像》《镜像澳门——陈显耀纪实摄影集》《丹青大地——陈显耀澳门航拍摄影集》等多维度、多系列的澳门专题摄影，结合他以前已经出版的系列澳门纪实摄影作品集，成为改写澳门摄影历史的摆渡人。另外，由于珠澳比邻，一些谋求转变的澳门摄影人，就到珠海拜师学艺，摆脱沙龙摄影的影响，走进纪实摄影的行列。比较显著的就是澳门女摄影人严芳，她过去一直沉浸在唯美沙龙之中，后来到珠海向时任中国摄影家协会副主席、广东省摄影家协会主席的李伟坤和中国摄影金像奖获得者吴旗学摄影，开始把镜头转向拍摄澳门的人文景观和社会生活，逐步转变了摄影观念，还把个人展览做到丽水国际摄影节。另一个比较瞩目的事例是，2017 年 7 月 18 日，由澳门基金会主办的澳门艺术家推广计划项目之一——重构·谢炳润摄影展在澳门教科文中心展览厅开幕。作品反映澳门在过去 10 多年博彩及旅游休闲事业兴起之后，建筑景观、人文生活等发生的明显变化，让人们思考澳门城市建设中变化的本土文化传承与发展。这也是珠澳摄影人深度合作的又一成果,是由珠海的中国摄影在线总编陈伟录(现为珠海市摄影家协会主席)作为策展人,历时近两年,与作者一起选题、制定方案、提升主题、编辑作品,从不同的角度摄影诠释澳门。

二、追求生活美好,摄影人间诗意

追求美好生活、对美产生渴望,可以说是人的本能。英国诗人济慈说:"美是一种永恒的愉快。"在日常生活之中重视艺术和美学,接受美的熏陶和影响,就能更切实地使心灵得到净化,感受到生活的美好。美的东西、艺术之美,具有博大的精神魅力,对人具有强烈的感染力。发现美,欣赏美,传播美,通过美滋润人的素养,能使人超脱世俗的平庸和鄙陋,在精神上获得愉悦和满足。美是给人输送正能量。"诗意地栖居在大地上",体现出人生境界。

很多人好奇,为什么广东的大众摄影人群都喜欢山水风光、花鸟虫鱼、风花雪月等沙龙摄影、艺术摄影,而不太喜欢纪实摄影?其实,这与文化环境和文化传承大有关系。一方水土养一方人,一个地方的文化环境和文化传承,会影响到当地人的艺术品味与偏好。对于土生土长的广东人来说,追求实在生活美好完满的思想,一直深刻影响着广东人的审美志趣。同时,广东毗邻港澳,而港澳地区的摄影,无论是沙龙摄影还是商业摄影,都曾在世界上赫赫有名,成为中国摄影人瞭望世界摄影的窗口。像陈复礼、简庆福、何藩、李公剑等国际级的华人摄影大师,都曾是广东甚至中国摄影人敬仰的对象。在耳濡目染之间,广东的大众摄影人群普遍追求唯美的画意与沙龙性的"甜味",以好看、完美、甜美、唯美作为艺术摄影的观赏标准和喜好,与广东人的传统习性和生活观念大有联系。这是因为,纪实摄影必须进入到别人的生活圈子去窥视、探究、拍摄,与广东人不喜欢说三道四、多管闲事、无病呻吟的传统习性和生活观念存在很大距离。所以,诗情画意、赏心悦目、通俗易懂、轻松唯美的山水风光、画意摄影,更得到广东大众的普遍喜爱,在相当长的一段时间里成为广东大众摄影的岭南特色。

应该看到，画意摄影是以人类视觉的共通审美经验去聚焦世界、表达情感，更讲究摄影艺术的传统"规矩"。从"美"或"唯美"入手，是打好摄影"童子功"的必要途径。"不积跬步，无以至千里"。无论过去还是现在，所有成名的中外摄影大师，都具有良好的美学素养和美术功底。确实，艺术求新，所有规矩都是要被打破的，但只有先熟知规矩，才有可能去打破规矩。因此，对于人数最多的业余摄影人热衷于追求"赏心悦目"的唯美画面，拍摄好看的照片，不能单纯用业余美学和沙龙趣味去评价，不能一刀切地批评为"糖水片"。中国的摄影家90%以上都是票友，本来就不吃摄影这碗饭。尽管不少人有积极的追求，但大多数是把摄影作为一种陶冶情趣的爱好。更主要的，就像著名画家吴冠中所说："今天中国的文盲不多了，但美盲很多。"我们的社会现实中，对艺术普及教育的水平不高，太多人缺失美学教育，不像欧美国家的人，从幼儿园起就花大量时间泡在博物馆和美术馆里，欣赏艺术史上的杰作、真迹，接受美育熏陶……可以说，现在的很多人其实是通过学摄影才受到美学教育，在学摄影构图的时候才补课进行美术学习，进而打开"发现美"的眼界，提高艺术鉴赏能力和人文艺术素养。摄影的普及，承担起更多拍照之外的美育补课职责，是为社会文化建设贡献力量。

随着经济发展，越来越多的"新广东人"到来，广东的人口结构和人文习惯在逐渐改变，而广东摄影也在不断推动多元化发展，因此，广东摄影很快就走出了港澳沙龙摄影的单一模式，在多个层面展开"追求生活美好，摄影人间诗意"的新追求。同时，在这个读图时代，社会各行各业都需要好看易懂的靓丽图片来做宣传、展示，吸引关注。社会需要美图。存在就是合理。大众摄影的业余美学，也与社会相适应地合理存在。

为了满足人民群众追求美好生活的精神需求，引导大家学习摄影，并用摄影去圆艺术之梦，广东最大的群众性摄影组织——广东省摄影家协会，认真学习贯彻习近平总书记在文艺工作座谈会上的重要讲话精神，围绕中心、服务大局、开拓创新，积极开展各项主题摄影活动、文化惠民活动、学术活动、教育活动，以高度热情和责任担当贯彻中共十九大精神，通过"到人民中去"为主题的摄影采风创作和惠民活动，倡议团体会员结合实际，整合社会资源,大力组织发动所在地区、所在行业的摄影家和摄影工作者,组成若干小分队,深入乡镇、社区、学校、军营、工矿企业等建设一线,对不断提升影友的摄影技术及艺术修养,作出了不懈的努力和贡献。

2017—2018年,广东省摄影家协会在组织开展丰富的摄影文化活动、引导摄影创作正确导向、丰富群众文化生活等方面,做了一系列的工作。例如,与中共广州市天河区委宣传部联合开展"花开广州·天河醉美"摄影大赛,展示广州市近年来的发展成果;与广州市设计院联合举办"花城美筑"优秀建筑摄影大赛,展现广州的新时代形象;与广州市从化区文化广电新闻出版局联合主办全民运动、健康从化——碧水湾杯(广州·从化)全国摄影大赛;在广州举办"艺术人生·三人行"——廖衍强、蔡江瑶、黄汝广摄影作品展;在广州举办"山海情韵"——郭小宁摄影展;在广州举办"不忘初心、牢记使命"——广东公安百名英模肖像摄影展"及摄影研讨会;与惠州市罗浮山风景名胜区管理委员会联合举办"喜迎十九大·全景看罗浮"广东省摄影大赛;与中山市火炬开发区管委会等单位举办"新社区·新风貌"中山火炬开发区摄影大赛;在广东省文联艺术馆举办庆祝香港回归20周年香港摄影家作品广州展,展现香港回归后的社会发展成果,庆祝香港回归祖国20周年,进一步促进粤港两地摄影家和摄影艺术的交流合作与繁荣进步;与深圳市福田区摄影家协会一起举办"铸梦粤港澳大湾区"全国摄影大展,以摄影艺术交流活动为桥梁,积极响应粤港澳大湾区这一伟大的战略构想,推动大湾区领域的交流与合作……广东省摄影家协会还举办每月一讲的广东摄影公益大讲堂活动,邀请国内著名摄影家胡武功、赵迎新、傅拥军、孙京涛、任悦、陈小波、严志刚、张国田、那日松、鲍昆等人来广州讲课,以及组织"百家千场艺术讲座下基层""摄影大篷车下基层""广东红色文艺轻骑兵走基层"等活动,让摄影家、摄影爱好者接受更多摄影知识与观念的更新和提升。

广东省摄影家协会所属粤港澳大湾区的各团体会员单位也结合各自优势,组织开展了丰富多彩的摄影文化活动:深圳市的深圳国际摄影大展、深圳国际摄影周、"广深双城"摄影联展、深圳"二线":一段可触摸的历史摄影展、奇趣大自然摄影作品展、阳光女性·精彩世界——深圳市女摄影家作品展、第 3 届深圳摄影作品年度展，企业家摄影协会（深圳）的第 4 届万科杯深圳企业文化摄影大展——"聚焦地球一小时，关注节能环保"摄影大展、世友杯梦想丝路全国摄影大展，首届"星耀大浪，炫彩霓裳"全国摄影大展，纪念蒋齐生诞辰 100 周年摄影艺术作品展，深圳（福田）市民摄影季等；东莞市的"发现东莞制造之美"摄影作品展，"发现东莞'非遗'之美"摄影展览，第 4、第 5 届中国·长安摄影周，《东莞影像志》，黄江杯东莞第 6 届摄影展览，"我们在黄旗山下"——东莞市（东城）摄影大赛获奖作品展；惠州市的 2017 惠州摄协嘉年华、第 3 届"我拍惠州"摄影展览、第 6 届惠州国际龙舟邀请赛摄影大赛、"舞动惠州"摄影展览、"新时代·新惠州"摄影作品大赛、第 5 届我拍惠州（民俗）摄影展览、桥胜杯 2018 惠州市摄影展览、"一带一路"异域风情摄影展览、国瑞镇隆荔枝小镇摄影大赛；佛山市的 2017 丝路印记摄影作品展（新疆篇）、"醉美佛山"2017 佛山旅游摄影大赛、佛山市第 6 届摄影艺术作品展览；肇庆市的肇庆市第 4 届摄影艺术展览、包公文化杯摄影大赛、廉政文化摄影展、"活力肇庆，精彩南粤"摄影比赛；江门、中山、珠海三市摄影家协会联合举办的第 2 届《西江能见度》珠中江摄影联展；江门市的江门市第 3 次全国农业普查摄影大赛、"众志成城，重建家园"公益影像展览、江门市"花好月圆"创意摄影大赛、迈进新时代——江门五邑骏贤杯摄影大赛、江门市第 31 届摄影作品展览、江门市五邑民俗民间艺术摄影作品展；中山市的"绿色中山，你我同行"摄影比赛、"健康中山"摄影大赛、"建智慧公安，铸忠诚警魂"摄影比赛；珠海市的珠海市、怒江州摄影家作品展，珠海建设成就摄影展，珠海传统村落与古建筑摄影大赛作品展，"万众一心，众志成城"——珠海抗击"天鸽"台风摄影图片展；等等。这些摄影展赛活动的开展，极大地丰富了群众的文化生活，促进了广东摄影事业的繁荣发展。

　　香港、澳门作为世界沙龙摄影最繁荣之地，众多的摄影学会、协会或俱乐部等机构每年都会举办众多沙龙摄影比赛活动，对活跃社团起到有力的推动作用。诗情画意的"靓相"，以光影的唯美，让摄影者得到精神的愉悦和美的满足。追求美，直至脱离现实、走向抽象表达的摄影，有着调节精神健康的艺术治愈作用。

三、"看得懂""看不懂",静看摄影"裂变"

在 2017 丽水摄影节之后,"看得懂"与"看不懂"迅速成为中国摄影界的热议话题。所谓"看得懂"的是摄影家或摄影爱好者的摄影,属于传统审美的摄影;"看不懂"的是艺术家或美院学生的摄影,是现当代艺术的"观念摄影"。前者时常被认为是老派的、传统的,后者则被认为是当代的、潮流的。或许是太多的摄影人都有这样的心结:希望自己的摄影作品被认可为领先的、执牛耳的。因此,搞艺术的与搞摄影的,特别是搞当代艺术的与业余爱好摄影的,当作品摆在同一个平台上亮相,同台竞艺,比如同在某个摄影节、摄影周展览,任人观赏、点评,那么,对于怎样跨界、如何融合的讨论,又怎么可能不热闹?

事实上,摄影除了兼具"照相写真"与"艺术写意",在社会生活各方面的应用也越来越广泛,细分出许多类别与圈子,呈现多元化的蓬勃发展。在摄影细分的各个类别里,各按各行内的规矩办事,各行其道;跨过另一个摄影类别就是另一番天地,没有什么固然的必然。"怎么拍"取决于"拍什么"和"为什么而拍"。作为视觉艺术,摄影可以做反映客观的纪实性直观记录,也可以为表现主观情感去塑造形象;作为再现艺术,可以像电影和绘画那样通过各种摆布、设置去"再现"场景,造型实现艺术表达的创作需要。现代科技的给力支持,改写了摄影的过往概念,更加赋予摄影以无限的艺术可能。所有的艺术创作都讲求内容与形式的统一,形式为内容服务。因而,不同的摄影目的,就决定了摄影可以使用不同的形式来呈现内容。当然,新闻摄影不能摆拍,这是为了保证真实的铁律。但其他摆拍都不是罪过,现当代许多摄影艺术家的创作就通过摆拍来完成。艺术的主张与诉说,从某种程度上说就是为某种需要服务的。特别是进入到现当代,艺术不断进行创新,艺术表现形式与观念不断抛开程式化的规范和固有的概念,各种艺术门类之间横向渗透、吸收,交融互补;摄影艺术更是得到科技发展的技术支持而不断颠覆传统观念,兼收并蓄其他艺术之长,使其自身获得更大的包容性与多义性。在现当代艺术家的眼内,摄影不再是"照相",而是"造像"。画面内容可以根据作者表达思想感情、理想愿望，反映主观愿望、诉求等需要，通过设置具体可视的形象，通过再现，来塑造典型环境中的典型人物，强调和强化艺术形象的表现力……也因此，摄影成为领衔艺术创新最主要的表现手段和呈现方式。

广东摄影的"多元身份"，在当代演进中不断推陈出新，不断显明其一以贯之的先锋性与启蒙性，以及与时俱进的创新精神和"以人为本"的平等观念。广东之变，变于精神深处与思想高处，并由此带来一系列机制、体系与格局的变化。这些变化不仅属于广东，也折射着整个中国的巨变。20世纪90年代，摄影进入个性化、观念化、实验性的当代表达之后，广东摄影家就成为最早的探索者，而且从一开始便有了属于自己的方向与风格。

2017年12月15日至2018年3月8日，在广东美术馆举办的"复相·叠影"——广州影像三年展2017，前身为广东美术馆主办的广州国际摄影双年展，是国内具有代表性的大型国际性摄影双年展之一，坚持国际化的视野和影像社会学的人文立场，参与和推动中国的当代摄影及文化的发展。

将广州国际摄影双年展正式更名为广州影像三年展，是基于如下的思考：随着数字化和互联网的发展，技术视觉媒介领域不断拓宽和发展，摄影在很大程度上已属于广义的影像文化的一部分。同时，越来越多的艺术家开始使用各种新的媒体介入摄影领域，拓宽了摄影多元的表达力。对于当下社会、文化，以及艺术发展变化的事实，固有艺术媒介与类型的划分已不足以去应对这样的变化，因此，美术馆应即时关注、回应那些基于摄影但又超出摄影范畴的艺术实践，将这些艺术实践现象涵盖更广泛的定义——"影像"之中。影像包含图像、声音、运动与三维动画等多种元素，作为新艺术媒介的一部分，更能够囊括各种跨媒介的艺术实践现象。广东美术馆立足于媒介现象发展的观察与思考，把研究重点从原来的"社会人文的摄影"，拓展为更具包容力和学科性的"视觉研究的影像"，力图在更具开放性与方向感的工作中，推动中国当代影像艺术的实践与研究。

从"摄影"向"影像"的过渡，预示着摄影"本体"概念的转变，即从最初的注重呈现，变成了对呈现本身的研究。这次广州影像三年展分为两部分。

一部分是讲珠三角的摄影历史。19世纪上半叶,摄影技术诞生之初,广东作为摄影技术诞生的参与者,留下了很多有历史价值的作品。另一部分是探讨摄影作为一种艺术创作媒介的可能性,探讨影像边界问题。给观众带来很多创新的表现手法,是艺术家以摄影为媒介,对时间、空间、色彩关系等问题的表达体系。艺术家经过长期思考和研究,通过影像做出来作品。相片不再是现实的"肉身",其中的逻辑让人有些无所适从,不是一眼就能看懂。为了让"看不懂"的观者能够更好地理解,广东美术馆开设了导览、解说、工作坊;而且,每个作品都有二维码,扫一扫可以了解作品的创作理念。

当今,当代艺术受到热捧。许多学美术的画家不再单纯绘画,改用摄影与影像来做媒介表达自己的艺术观念,称呼也改为艺术家了。艺术家的摄影与摄影家的摄影,是一回事吗? 可以说是一回事,其实也不是一回事。相当多的当代艺术家将艺术变成一个概念,成为哲学的某个观念的注解。他们使用摄影或者影像,纯粹只是为了能够图示那些不可言说的意念,有些图像甚至可能就是"指鹿为马"的借喻,所以,与"讲故事""以图示意"的阐述性和图解式的传统摄影相比,已经不是一回事。当代艺术中很重要的一个现象,就是每一件观念艺术作品都有自己的文本,阐释艺术家的创作构想和要表达的观念。观看一件当代艺术作品,除了看作品,还要看文本,要熟知艺术家作品中包含的那部分文化和知识。更加强调哲学思想表达的当代艺术,是一个思想综合体。我们看不懂一件当代艺术的作品,很可能就是因为缺失了相应的文化知识储备。

当今摄影进入一个全新的发展阶段。"全民摄影"改变了整个摄影原生态。拍摄、传播、分享成为民众日常生活的重要组成部分,不分职业,每个个体既是图像的生产者,又是图像的传播者、接受者和评论者。在这个摄影"最好的年代",或许可以说,摄影已经从"有用"与"无用"的双向发展,转变为"大众化"与"精英化"的两极分化。"看得懂"与"看不懂"问题的出现,就可以看作是不同文化层次和艺术素养的人群,对摄影艺术在新时代新发展方面存在认知差异的反映。由于历史断层、文化传统、语言不通等的影响,西方艺术的每一次跳跃都会让观者感到赏析时的难度。

摄影处在了一个"裂变"的时代，因此，要推动人民文艺的健康发展，亟须具备全球化的视野和胸怀，重视摄影面临的当代新课题，既要对社会大众阶层的摄影艺术观赏能力和全民文化艺术素养进行普及提高，又要对艺术家脱离现实、走向"高冷"的摄影进行反思，还需要更新观念，以跨界包融的新思想，做兼顾现实的通俗化阐释引导。

2017 年 12 月 28 日，在广州举办的"不忘初心、牢记使命"——广东公安百名英模肖像摄影展，作为对外宣传广东公安形象的摄影作品展，在宣传理念和创作手法上就与过往做了一个截然不同的靓丽转变。塑形、造像、再现、英雄、本色，充分运用摄影光影的艺术语言和拍摄技术，塑造出充满现场感、情节性、故事性、观赏性，活现英雄本色的"真"形象；每一张公安英模肖像都是艺术和技术的成功结合，高水平、高质量呈现公安警察形象的摄影精品。如此全面展现公安英模的摄影肖像，用工匠精神去打造文化品牌，彰显警队风采，为忠诚信念、担当精神、英雄气概谱写新篇章，这在广东公安史上是第一次，在全国公安摄影史上也是第一次，对于"宣传摄影"或者"摄影宣传"来说同样具有开创性的意义。

阳春白雪与下里巴人并不矛盾。摄影大众化的话题，并不妨碍做高精尖的学术性课题研究。深圳大学传播学院副教授、硕士生导师杨莉莉就从社交网络和手机摄影崛起的社会现象出发，通过分析丰富的艺术家实践案例，大胆提出了一个全新概念——"社交摄影"，并作为近几年主要的研究领域。杨莉莉针对出现在社交网络媒体上的图像行为，认为社交摄影是一个"新物种的进化姿态"，是摄影一个前所未有的重大时刻。她还从传播学的角度，将当代艺术的一些观点与社交摄影勾连起来作为课题项目。她深入研究的成果，改变了人们对摄影的传统理解。《财新》周刊 2017 年第 29 期，刊登了杨莉莉的文章《社交摄影：一个新物种的进化姿态》。2018 年 1 月 20 日，杨莉莉在广东美术馆举办的广州影像三年展上，举行"不是手机摄影，是社交摄影"分享会。若然藏在"象牙塔"里搞科研的专家教授能够多走出校园，把理想国里的艺术世界与现实生活的大众话题结合起来，做出大家既能看懂又饱含先锋意义的课研成果，那肯定就不会有这么多"看得懂"与"看不懂"的艺术问题了。

四、互动交流发展，粤港澳一家亲

因地处沿海，得以较早接触外来事物、外来观念和外来文明，在中西文化交融、传承和发展中，广东站在了中国近代史发端的位置。作为全国摄影大省、强省，广东具备极其鲜明、多样的摄影生态样本，以及生动、生猛的摄影创作景观。广东是中国摄影的发祥地和前沿地，西洋摄影术最早从广东登陆进入中国，在广东留下深刻的历史印痕和记忆绳结。因得风气之先，广东摄影一直走在全国前列，拥有众多的摄影全国之最。而撑起广东摄影繁荣鼎盛的中坚力量，基本上就是广州、深圳、东莞、珠海、佛山、中山、江门、惠州、肇庆粤港澳大湾区内地 9 市。位于东西两翼的惠州、肇庆显得薄弱，而香港、澳门两个特别行政区作为延伸出去的"触角"，摄影群众基础厚实，正好为内地引进先进经验、瞭望世界艺术发展动向等起到提供信息前瞻等作用。

2018 年是广东省摄影家协会成立 60 周年。为了梳理广东摄影史，乃至明晰广东籍摄影精英在中国摄影史上的地位、意义，广东摄协首次跨越174 年，对在摄影创作、教育、交流、传播、技术、公益等方面，为广东摄影事业繁荣发展作出贡献的人士予以表彰。在 83 位获颁致敬奖的老前辈、摄影家和 334 名获得贡献奖的摄影者中，港澳两地的摄影家就占了约 40 位。恰好，香港中华摄影学会、澳门摄影学会也都在 1958 年宣布成立。为庆祝三地摄影家协会成立 60 周年，广东省摄影家协会、香港中华摄影学会、澳门摄影学会联合在广州举办广东香港澳门摄影 60 年经典作品展，集中展出 60年间广东、香港、澳门的经典摄影作品，彰显粤港澳三地之间因地缘和语言等关系，在摄影文化交流和沟通上形成互动、携手互补共进的深厚渊源。

过去常说"省港澳一家亲"，现在叫作粤港澳大湾区。生活在同一个粤语语系的族群，在长期的经济合作、生活联系、文化交流、艺术传承中彼此感染，也就是所谓的"同声同气"，人们的喜好与品味都大致相同。因为有着种种的缘由和便利，20 世纪八九十年代，广东这边有许多的摄影人跑下去，结识并跟随港澳台甚至是东南亚的摄影大师取经学艺、采风创作。而在港澳回归之后,广东摄影的发展跃上了另一个层面,无论是摄影技艺还是摄影内容,向着多元化发展更显得丰富精彩。于是乎,港澳地区的许多摄影人与团体,倒过头跑上来,与乡里乡亲联谊搞活动,借助南粤大地更加广阔的田园山水、摄影视野和学术氛围,壮大声威,增强凝聚力。例如,广州市增城区新塘摄影会与香港大众摄影协会、澳门数码摄影协会联合主办的"荔林磋艺"摄影活动,到2018年,已经是连续一年一聚地举办到第21届了。大家联合起来,一起采风创作、座谈联展,搞得有声有色。佛山市顺德区乐从镇摄影协会与香港元朗大会堂长青摄影学社,从2012年起,每年都进行一次两地间的摄影轮流展览,为两地摄影爱好者搭建一个互动和文化交流的平台,活跃和推动两地的摄影事业向前发展。比如,2017年,由香港元朗艺术节统筹委员会主办,元朗大会堂长青摄影学社、香港摄影家文化交流协会、深圳市罗湖区摄影协会、佛山市顺德区乐从镇摄影协会共同举办粤港两地摄影家作品交流联展暨"大城小景"专题摄影比赛;2018年,举办粤港两地"七一庆回归"摄影联展。东莞市摄影家协会则在2017年6月,与东莞市归国华侨联合会共同举办"莞港同心,荔影情浓"莞港摄影联谊活动,邀请了香港摄影研究会、香港影联摄影学会、英国皇家摄影学会香港分会、香港大众摄影会等11个香港摄影学(协)会的会长和摄影家共19人出席,为莞港两地摄影家搭建友谊的桥梁,进行深度的摄影文化互动,体现"同饮东江水,共聚两地情";此外,还为香港人像摄影学会的罗托恩20年师生摄影展在东莞市文化馆举办展览,并到茶山、塘厦等多个镇街展开巡展。深圳、珠海与香港、澳门,因为邻近的地理便利,两地民间的互动交往十分频繁,难作详细收录。其他各地之间也经常有不少民间摄影交谊活动,大家你来我往,忙得不亦乐乎。

过去是向港澳学习、靠拢,现在是内地后来居上。改革开放40多年来,随着广东经济发展的突飞猛进,特别是加大文化建设力度,文艺创作硕果累累,"今时不同往日",内地文化更显实力。倡导多元化多年的广东摄影界,无论是在摄影技艺的实践上,还是在摄影理念的学术研讨上,都已经比港澳地区领先。但香港、澳门作为特别行政区,"一国两制""五十年不变",始终具有不一样的自由空间和发展优势,成为内地艺术家瞭望西方艺术创作发展新动向的门户与窗口。也因为两地之间存在一些制度差异的空间,不少有经营意识的文化人落户深圳、珠海,到香港、澳门注册成立办事机构,与香港、澳门的摄影社团保持密切合作,在两地之间穿针引线,既为内地摄影家参与港澳摄影活动提供服务,也为港澳摄影人士进入内地发展提供指引帮助,探索和促进粤港澳大湾区的摄影艺术交流与跨界融合,为推动摄影文化发展作出积极的贡献。其中比较有代表性的活跃机构,就有珠海的中国摄影在线、深圳的港深珠澳摄影联盟。珠海的中国摄影在线与香港、澳门的摄影社团保持密切合作,多年来联合举办摄影创作和交流活动,成为粤港澳之间会员交流、融入的顺畅平台。特别是协助澳门摄影界开展创作的多元化探索,为澳门摄影家提供摄影作品呈现和梳理作出努力,提供展览策划、作品梳理、摄影创作引导等方面的帮助,得到澳门基金会等机构的广泛认可。

巴塞尔艺术展是近年入驻香港的、当今世界公认水平最高的艺术博览会,其中不少当代艺术作品,就是使用摄影影像来做视觉艺术的呈现,因而,内地许多热爱艺术的摄影人,每年也会像赴宴一样赶去香港参观巴塞尔艺术展,而且认为非去不可。2018 年 3 月 31 日,第 6 届香港巴塞尔艺术展落幕,来自全球的 248 间艺廊呈献了各地知名及新晋艺术家创作的精彩作品,吸引访客总数高达 8 万多人。伴随着城中艺廊开幕以及一系列平行活动的增加,巴塞尔艺术展让香港成为国际艺术焦点。

在人们过往的观念中,都认为港澳地区是沙龙画意摄影的天下。实际上,当代香港摄影已经进入一个新的发展阶段。港澳新一代摄影人都通晓英文,熟知西方文化,思想开放,视野开阔,更有不少年轻人直接去欧美接受专业的摄影或艺术高等教育,因此,更加了解世界当代艺术的发展动向,能更好地和国际接轨,用影像来生产他们的作品。香港的艺术家和新锐摄影师已经“北上”,在中国当代摄影艺术领域取得不少席位。例如,广州影像三年展、深圳国际摄影大展,以及北京、上海、连州、平遥、丽水、大理等摄影节(展)上都有他们的身影。

近些年,广东省文学艺术界联合会十分重视加强同港澳文艺界的联系与合作,吸收港澳文艺界知名人士担任广东省文联委员,加强与香港文联、各协会的沟通,建立起对外民间文化交流的协调机制。广东省摄影家协会也在这一届主席团增设了两位港澳籍兼职副主席,进一步加强相互间的交流合作。中国摄影家协会理事、香港中华摄影学会永远名誉会长、广东省摄影家协会副主席吴连城表示:愿意乘着粤港澳大湾区、"一带一路"发展的契机,为中华文化走向世界贡献一份力量。中国摄影家协会理事、澳门摄影学会会员大会主席、广东省摄影家协会副主席郭敬文说:与我们交往最多的当然是内地的摄影团体,大家经常聚在一起举办活动。我们将一如既往,记录澳门的每一点变化。时间将会继续证明,那无数瞬间会联结成永恒。

随着港珠澳大桥建成开通,粤港澳大湾区建设的号角越吹越响,探索大湾区主题艺术创作的交流活动越来越频繁地举办,但一些门槛障碍问题也开始浮出水面。例如,2018 年 7 月 8 日,"黑白情怀"世界华人摄影家银盐摄影作品联展暨百年老照片、百年老相机展,在佛山市南海区大沥镇文化站开幕。展览展出近 300 幅作品,全部由粤港澳台两岸四地数十位华人摄影家使用黑白菲林拍摄、以传统银盐技艺手工制作,其中包括沙飞拍摄的鲁迅像和沙飞自拍像等珍贵摄影原作照片。粤港澳台两岸四地的参展作者和来自周边的摄影人士过百人欢聚一堂,交流影艺。世界华人摄影学会会长杨绍明在致辞中,盛赞广东这个摄影大省、强省在全国摄影发展方面发挥的积极作用,呼吁重视黑白摄影,并提出这个展览要争取到广州去办,发挥更大的影响。这个以粤港澳大湾区作者为主的银盐黑白摄影作品联展,内容丰富,品质精致,是少有、难得的一个摄影艺术展览,作品展现的内容正好就是"记录时代观看,摄影人间诗意"。那么,这个展览为什么不能到广州去展?原来是香港、澳门摄影家的作品展览或大型讲座等,若要进入到内地有一定影响力的文化殿堂,必须办好有关"入场"许可;门道不清和各种审查材料、手续的烦琐,往往就成为一道道门槛。不然,港澳摄影家的作品展览或大型讲座就只能降低规格,去到一些非主流的场所举办;或者打打擦边球,作为个别作者"混"进一些大型学术展览里去。如何保证渠道顺畅,方便大湾区的文艺创作力量相互沟通交流,形成联动的融合发展,能否破除自由流通的障碍,建起一座行得通、办得到、得人心的互联互通的"艺术之桥",成为当务之急。

曾有人预言,粤港澳大湾区将成为全球最大的城市群,全球文化艺术中心将向大湾区转移,粤港澳大湾区将取代纽约成为新的全球艺术中心,大湾区诞生的混合型新文化艺术也将引领全球文化艺术形态。那么,增强粤港澳大湾区各地区之间摄影社团的艺术交流活动,你来我往,互补视野和资源,就是十分有益于大家保持良好关系及延续互动、促进合作发展的良好途径。

广东,面向大海;大湾区,自有海纳百川的胸怀和情怀。包容、消化、吸收、成长……是广东人的特质。今日的摄影,已不单是摄影人的摄影,而是全民众的摄影。摄影突破文化、观念、层次、边界、区域、代沟等拘囿,兼收并蓄、自我发展的思想和经验,就足以成为在新时代追求美好生活,以包容、跨界、融合的心态和气魄,把各个群体都聚拢在一起的软实力。把握新时代文化发展的机遇,积极配合国家战略,大力推动和展现粤港澳大湾区发展,挖掘整理、宣传弘扬岭南优秀传统文化,发挥文化引领作用,以粤港澳大湾区为基点而构建的"粤派摄影",将在增强大湾区文化软实力、共建繁荣和谐人文湾区的历史征程中发挥积极作用。

吹响集结号，谱写粤韵新篇章[*]

——粤港澳大湾区曲艺杂技观察

汤 红

2017年、2018年时逢中共十九大召开和我国改革开放40周年，特别是在国家重点建设粤港澳大湾区的时代背景下，大湾区曲艺杂技工作者坚持以习近平新时代中国特色社会主义思想为指引，坚持"以人民为中心"的工作导向，不忘初心、牢记使命、勇于担当，以高度的文化自觉、文化自信，在广东省文学艺术界联合会、广东省曲艺家协会和广东各地文联、曲协的组织指导下，以满足人民群众对美好生活的向往为目标，以践行社会主义核心价值观为指针，积极主动有作为，在弘扬主旋律、惠民演出、精品创作创新、曲艺杂技技艺传承发展等方面取得令人瞩目的成绩。

特别是大湾区"9+2"城市群依托地理优势，不断拓展曲艺杂技艺术对外交流空间，探索新的形式，使大湾区曲艺杂技事业呈现繁荣发展的喜人景象，在给国内观众带来耳目一新的视觉享受的同时，更走出国门、闪耀海外，成为文化交流的使者，用内涵丰富、充满乡情乡音的精湛技艺讲述中国故事，传播中国文化。

但是，粤港澳大湾区曲艺杂技发展仍有一些不足亟待面对和解决，比如：部分地市缺乏经费和政策支持，精品创作匮乏，曲艺杂技传播的手段、方法与时俱进的创新性不够，曲艺杂技理论研究有待深入，曲艺杂技艺术资源的信息化建设滞后，曲艺杂技艺术教学方法的标准化、系统化尚未形成，等等。只有

---

* 本书主要介绍广东省（粤港澳内地）曲艺杂技发展，兼论港澳相关情况。

着眼于大湾区曲艺杂技艺术的长远发展,制定曲艺杂技发展规划,统筹整合大湾区各地之力协同发展,才能不断开创大湾区曲艺杂技艺术发展的新局面。

一、曲 艺 篇

2017—2018 年,大湾区曲艺事业在广东省文学艺术界联合会、广东省曲艺家协会和广东各地文联、曲协的组织指导下,以满足人民群众对美好生活的向往为目标,以践行社会主义核心价值观为指针,积极主动有作为,在弘扬主旋律、惠民演出、精品创作、曲艺传承发展等方面取得令人瞩目的成绩。

(一)聚焦新时代,唱响主旋律

文章合为时而著,歌诗合为事而作。习近平总书记在中共十九大报告中阐述的繁荣发展社会主义文艺的重要思想,为曲艺发展指明了前进的方向。大湾区的曲艺工作者紧跟新时代,为时代而歌,为祖国而颂。文艺是铸造灵魂的工程,文艺工作者是人类灵魂的工程师。曲艺工作者在新时代用新颖、高尚的文艺形式引领社会风尚,向人民群众传递社会主义核心价值观,才能精准对接党的声音和群众的心声。"党的话记紧,心中便有底蕴,贯彻中央指示,开班唱'解心韵'。"这是佛山市老曲艺人吴炯坚创作的广东小曲《党的话记紧》。以人民群众喜闻乐见的曲艺艺术宣传中共十九大精神,把党的关怀和温暖传递给老百姓,在大湾区形成了一道文艺惠民的亮丽风景线。

2017 年 10 月 18—24 日,举世瞩目的中共十九大在北京胜利召开,大湾区曲艺界也奏响了献礼赞歌。2017 年 10 月 30 日,由广东省文学艺术界联合会、广东音乐曲艺团、深圳市曲艺家协会等单位联合举办的广东文艺界首场"喜庆十九大,颂歌献给党"——广东曲艺精品专场演出,在广州隆重举行。晚会在粤曲联唱《不忘初心》激昂慷慨的旋律中拉开帷幕,快板《好人的故事》、评书《一杯清茶》、群口快板《讲规矩》、粤语相声《说一不二》等节目,生动活泼地宣传了社会主义核心价值观,展现了广东人奋进不息的精神面貌;粤曲表演唱《陪嫁新歌》、粤曲对唱《璀璨花城夜》等节目,展现了中共十八大以来一系列为民惠民政策给社会主义新农村建设带来的新变化,同时让观众领略了广东建设之美;国家一级演员、中国曲艺牡丹奖得主梁玉嵘献上粤韵演唱《文明广州》,为观众描绘了千年古郡广州风清日丽、高速发展的人文景象,把晚会气氛推向高潮。在两个多小时里,晚会以 9 种极富粤式文化底蕴的表演形式,讴歌党和祖国,揭示出中国梦、"一带一路"和构建人类命运共同体的深刻内涵。

大湾区内地其他城市也在各市文联和曲协的组织下,开展形式多样的、以讴歌党的十九大为主题的惠民演出。中山市曲艺家协会在 2017 年 10 月18 日以"南粤粤韵,响奏东区"为主题送戏下乡,戏曲晚会在东区土瓜岭桃园社区文化广场举行,现场表演了 7 个最能全面展现粤曲粤韵魅力的剧目,400 多名村民观看了这台晚会演出;10 月 25 日,节目组又在中山东区新鳌岭社区经联社球场举办晚会,600 多名村民观看了演出。江门市曲艺家协会和台山市曲艺家协会联合主办、主题为"不忘初心,继续前行"、学习贯彻中共十九大精神曲艺下基层巡回演出,于 2017 年 12 月 25 日在台城石化文化广场上演。一曲极具岭南特色的粤曲小调《南国红豆荔枝情》拉开演出帷幕,引来不少观众驻足观看。粤曲对唱《断桥遗梦》《鸾凤分飞》、小曲对唱《剑合钗圆》、莲花板《荬乡特产美名扬》、折子戏《天仙配之重逢》等节目,也博得了观众阵阵喝彩。

2018 年是贯彻中共十九大精神的开局之年,也是祖国改革开放 40 周年隆重纪念之年。为弘扬改革创新精神、推动曲艺全面发展,2018 年 3 月10 日,由广州市曲艺家协会、广东音乐曲艺团承办的,主题为"新春共贺改革开放 40 年"曲艺新作品展演晚会,在广州文化公园中心舞台举办。一众曲艺名家、新秀和广州市各区曲艺好手轮番登场,为现场观众献上一个又一个精彩动听的粤曲、故事和小品节目,热情讴歌改革开放 40 年来城乡人民生活和社会环境的巨大变化,赢得台下阵阵热烈的掌声。

4 月 25 日,由广东省文学艺术界联合会、广东省曲艺家协会、深圳市曲艺家协会指导的"新思想引领新时代"——广东曲艺名家说唱十九大演出暨深圳市福田区"广东省曲艺之乡"授牌仪式,在深圳市福田区委会堂举办。这场演出是广东省曲艺家协会为宣传贯彻中共十九大精神,用新思想引领新征程,精心指导、策划的一场曲艺惠民活动。演出为观众呈现了包括粤曲、曲艺说唱、相声、快板、评书、小品、单弦等形式多样、内容贴近生活的曲艺精品,受到现场近千名深圳市民的热烈欢迎。这些形象生动的曲艺作品,把习近平新时代中国特色社会主义思想植根到广大群众的生活和工作中去,推动了中共十九大精神在南粤大地落地、生根、开花。

(二)曲艺为民,惠民乐民

习近平总书记在给乌兰牧骑队员的回信中指出,乌兰牧骑的长盛不衰表明,人民需要艺术,艺术也需要人民。曲艺和曲艺工作者只有深深扎根于人民之中,曲艺事业才能真正地繁荣昌盛。大湾区各地曲协组织积极带领曲艺工作者及会员下农村、进校园、入社区,开展丰富多彩的曲艺惠民活动,为人民群众送去欢笑和温暖,满足基层人民群众的精神文化生活需求。

2018年1月16日,"广东红色文艺轻骑兵新春走基层"活动正式启动。广东省曲艺家协会、广东广播电视台南方生活广播在广东文学艺术中心,率先举行了广东省曲艺家协会广东红色文艺轻骑兵小分队新春走基层出发仪式。广东省文学艺术界联合会党组成员、专职副主席李仙花,在出发仪式上的致辞中号召广东全省广大曲艺工作者:大力弘扬乌兰牧骑的优良传统,扎根生活沃土,服务人民群众,永远做岭南大地上的红色文艺轻骑兵。广东省曲艺家协会名誉主席杨子春,以全军著名的为兵"一团火"演出队"行走一部车、吃饭一个桌,演出一台戏,官兵乐呵呵"的光荣事迹勉励大家,广东曲艺人要做新时代的乌兰牧骑,自觉投身到讴歌党、讴歌祖国、讴歌人民、讴歌英雄的曲艺为民惠民乐民活动中去。第一支曲艺轻骑兵小分队由全球微粤曲大赛获奖选手组成,接旗后即赶赴东莞市东坑镇井美村的田间。当天,小分队走进了武警广东省总队边防第六支队,为广大部队官兵送去冬日的问候。之后,小分队先后走进了深圳市福田区"非遗"主题馆、阳江市江城区四围村、佛山市南海区里水镇河村社区等地。曲艺家们站在田埂上,背着扩音器,扛着红色队旗,以天为幕布,以地为舞台,在欢歌笑语中为人民群众讲述中共十九大精神,传递中国共产党的声音和关怀。

2018年2月6日，曲艺小分队又来到广州市南沙区东涌镇小乌村泰诚船厂、珠江饼业食品有限公司厂区和大稳村文体中心，连走三地、连演三场，唱曲迎新春，送欢笑进万家。

大湾区内地各市在当地曲协的组织下，都开展了形式多样的曲艺惠民活动。比如，广州市的"粤韵群星醉羊城"——春夏秋冬系列演出，深圳市的"到人民中去"文艺家进基层活动、温暖你我心"欢乐下基层"和"道德模范故事汇"，以及"博笑堂""每周一乐"小剧场演出，珠海市的"艺术点亮人生"文艺名家下基层讲座志愿活动，肇庆市的"牌坊百姓大舞台"粤曲专场，江门市的"金秋曲艺敬老活动周""粤韵金秋""社区曲艺展演""送欢乐到基层、进企业"活动，中山市的"送欢乐下基层""曲艺人生""南粤粤韵，响奏东区"送戏下乡等活动，东莞市文联文艺志愿者"送欢乐下基层"的曲艺专场"到人民中去——今夜笑不停""艺起秀——今夜笑不停"相声专场"艺起秀——我学习、我践行社会主义核心价值观"曲艺专场，佛山市的"送戏进村惠民曲艺周活动"，惠州市的"文化惠民大讲堂"等，都以实际行动践行了文艺为人民的宗旨。

"说书唱戏劝人方"，曲艺艺术不是阳春白雪，而是具有鲜明的民间性、接地气的特点，为城乡群众所喜闻乐见。"说书一股劲，唱曲一段情，句句警人心，听者自动容"，这种讴歌真善美、批判假恶丑、寓教于乐的传播方式，能更为广泛、深入、通俗地传递党和政府的声音，并凝聚健康、欢乐、昂扬向上的正能量，为人民群众带来新风貌、新气象、新作风。

（三）铺路搭桥，薪火相传

近年来，在广东省曲艺家协会的指导下，各地曲协着力完善曲艺人才梯队建设，为青年曲艺工作者搭建平台、创造机会，开展生动活泼的曲艺传承活动，打造出影响广泛的广东曲艺传承"一带一"公益品牌，同时，通过构建系统化、多层次的办赛体系发掘人才和作品，推动大湾区曲艺事业的薪火相传。

一是公益文化品牌活动有声有色。广东曲艺传承"一带一"公益行动，是2016年由广东省文学艺术界联合会、广东省曲艺家协会联合广东广播电视台南方生活广播等推出的公益文化品牌活动,旨在通过师生结对子、传帮带、展示展演等形式,推动广东曲艺事业的蓬勃发展。经过两年的实践,"一带一"的品牌得到社会各界普遍关注和中共广东省委宣传部、广东省文学艺术界联合会、广东广播电视台的高度重视,被纳入《广东省"十三五"文艺精品创作生产推进计划》。

2017年8月8日,在广东省友谊剧院举办的"大爱有声·动听南粤——广东曲艺传承'一带一'公益行动"暨庆祝建军90周年曲艺晚会——杨子春从艺60年师徒演出专场,由杨子春和广东省曲艺家协会副主席史琳带领一众优秀青年曲艺演员"杨家将"齐登台。晚会演出的节目,比如单弦《节马颂》、相声《谈心》、曲艺小品《晨练》等,大多在全国、全军各类赛事中包揽多项荣誉。更有为庆祝建军90周年新创作品曲艺说唱《辉煌九十年》,在晋京参加中国文学艺术界联合会、中国曲艺家协会举办的庆祝建军90周年精品曲艺专场演出期间广受赞誉。当天,晚会现场座无虚席,广东各地文化部门、文联、曲协、部分曲艺社团代表,文化馆文艺骨干和广州市民1000多人观看了演出,数十万听众及观众通过广播和网络视频直播同步收听、收看了当晚的精彩表演。这也是广东曲艺传承"一带一"公益行动主动借力新媒体,发挥"互联网+"优势,传播岭南传统文化的新举措。

2017年9月28—30日,"大爱有声·动听南粤——广东曲艺传承'一带一'公益行动"又走进深圳市,通过展演挖掘了一批新文艺群体(曲艺工作者),充分展示了深圳市在传承曲艺艺术、推动北方曲艺融入岭南地区社会生活的成功尝试。

2017年12月27日,在广州的粤剧艺术博物馆,粤曲《醉美·梦里水乡》拉开了"新时代,新征程——践行党的十九大精神暨广东曲艺传承'一带一'公益行动(广州站)"的精彩大幕。广州站公益晚会以践行中共十九大精神为主旨,以曲艺传承体现时代精神为脉络,汇集了南北曲艺精品。中国曲艺牡丹奖得主、著名粤曲星腔表演艺术家梁玉嵘携徒弟林婷婷献唱粤曲《广州好》;国家一级演员、粤曲琵琶弹唱家陈玲玉携一众弟子演出粤曲弹唱《海缘》;老艺术家杨子春的《梦想成真》颂扬了广东援藏好干部精准扶贫,帮助藏区人民踏上小康路;被誉为军中"四小杨"的杨蔓、杨婷、杨苗、杨倩联袂演出的新创曲艺说唱《不忘初心,砥砺前行》压轴演出,引发全场高潮。晚会上,曲艺新苗纷纷展露才华。例如,快板剧《爸爸回来了》中的小演员黄文骞和陈卓曦,分别获得第 10 届和第 11 届广东省青少年曲艺"明日之星"选拔赛"明日之星"称号;评书节目《状元坊秀才斗诗》中的陈禹舟年仅 12 岁,已是粤语说书新生代传人,曾获 2017 年"明日之星"大赛一等奖。这些表现出色的曲艺新人,也显示了大湾区曲艺事业后继有人。

二是曲艺专场新人展露风采。"蛇矛丈八枪,横挑马上将"……2017 年 4 月 9 日,这首历经熊飞影、源妙生、白燕仔、李丹红等名家不断磨砺和打造的粤曲经典大喉名曲《夜战马超》,拉开了广东省文艺人才培养扶持计划之徐颖端曲艺专场"白燕飞翔展新姿"粤曲演唱会的序幕。这个专场演出,集中展示了青年大喉演员徐颖端(艺名:白燕飞)近年来的大喉艺术成果。开场前,主办方精心设计了播放著名大喉演唱家白燕仔对白燕飞言传身教、谆谆教诲视频片段的环节。演出过程中,主持人还将白燕飞的成长成才经历娓娓道来,引出当晚的压轴节目——粤曲对唱《平台授剑》。著名粤曲平喉演唱家李丹红、陈玲玉和白燕飞共同演出,再现了当年白燕仔、李丹红、陈玲玉师徒三代"雪梨红"的感人场景。广东广播电视台南方生活广播现场网络直播,广东电视台新闻频道《正点报道》做了详细报道,南方网、新快报、大粤网等媒体进行了全方位宣传,直播平台的点击量超过 20 万人次,

此前,2017 年 1 月 13 日,在广州彩虹曲苑举行的"婷婷妙韵星辉映"——林婷婷曲艺专场晚会上,梁玉嵘、何克宁、黄鼎世、陈芳毅等新老曲艺人,就与新人林婷婷同台演出,为羊城曲艺迷献上一场新春曲艺大餐。

这种专场演出突出创新演绎方式和传播渠道,既宣传和弘扬了老一代曲艺家德艺双馨的人格和精湛的专业素养,又激励了年轻一代曲艺工作者修炼人品和专业、打磨作品,达到人品与艺品俱佳的境界。

三是曲艺赛事展演出彩出新。曲艺赛事及展演,是适应当前新形势、新常态,着眼于曲艺事业长远发展,选拔培育曲艺新人,培养年轻曲艺观众,传播曲艺之声,引发提升社会公众对曲艺艺术的关注,扩大曲艺艺术影响的有效途径。作为曲艺新人新作的展示平台,南山杯全国曲艺新人新作邀请赛、广东省青少年曲艺"明日之星"选拔赛、黄俊英"艺术之星"大赛已打响品

牌,为曲艺工作者和曲艺爱好者提供了展示艺术才华、进行艺术交流的舞台。

南山杯全国曲艺新人新作展演自2010年举办以来,现已成为全国知名的曲艺专项活动品牌。2017年6月19—21日,第4届南山杯全国曲艺新人新作展演和中国曲协文艺志愿服务团送欢笑走进深圳暨第4届南山杯汇报演出,分别在深圳市南山实验剧场和南山区文体中心大剧院上演。此次展演从各省、自治区、直辖市曲协组织报送的153个节目中选出33个优秀节目参加现场表演,来自全国的曲艺新秀在舞台上崭露头角,呈现了一批有影响力的曲艺新作,基本代表了当前全国曲艺新人新作的整体风貌。

2017年11月25日、12月9日,素有广东曲艺"小牡丹"美誉的广东省青少年曲艺"明日之星"选拔赛综合曲种专场、粤语曲种专场,相继在深圳南山和顺德均安举行。这届"明日之星"选拔赛共收到106个节目,经专家评委初步评选,共有16个节目入围综合曲种专场、30个节目入围粤语曲种专场。这届选拔赛的题材作品突出的亮点是,更加贴近青少年的学习生活。在孩子们的欢声笑语中,陈禹舟、余家莹等17名小选手脱颖而出,斩获"明日之星"称号。

2018年9月5日,由广东中华民族文化促进、广东省民间文艺家协会主办,广东音乐曲艺团协办,广东黄俊英艺术有限公司、黄俊英艺术中心承办的粤港澳大湾区粤语相声、小品大赛,在广州二沙岛岭南会举行新闻发布会。此项活动的目的是传承优秀岭南文化,增进大湾区语言艺术交流,挖掘培养更多优秀艺术人才,提高三地民众,尤其是青少年对岭南文化的兴趣及认同。大赛分设少儿组和成人组别,比赛形式以粤语相声(对口、群口、单口)、粤语喜剧小品为主,内容要求健康、积极向上。题材既可反映新时代的好人好事好风尚,以及粤港澳风土人情等;亦可针砭时弊,善意批评不良现象。总决赛与颁奖典礼于2019年3月在广州市文化公园中心舞台举行。

(四)曲艺之乡,抓建设、谋长远

自1998年中国曲艺家协会授予广东省第一批"中国曲艺之乡"称号以

来，广东省对接曲艺之乡层级管理，开展"广东省曲艺之乡"建设工作，曲艺之乡建设成绩斐然，已创建广州荔湾、佛山南海、佛山祖庙、东莞麻涌、东莞中堂、东莞道滘、顺德区、顺德大良、顺德容桂、顺德均安、江门新会、江门台山、江门开平、珠海斗门等 14 个"中国曲艺之乡"，占到全国总数的近三分之一；并相继评选出东莞中堂、东莞虎门、中山古镇、东莞厚街、东莞石龙、东莞高埗、深圳南山、深圳福田等 8 个"广东省曲艺之乡"。

2017 年 4 月 25—27 日，中国曲艺家协会在辽宁省大连市西岗区举办了创建"中国曲艺之乡（名城）"工作推进会暨大连市西岗区曲艺名城授牌仪式。广东共有 14 名基层曲艺工作者受到表彰，占到全国的四分之一；此外，东莞市道滘镇荣获"中国曲艺之乡"先进单位称号。

2018 年 9 月 19—20 日，"粤韵满中堂"——广东省（中国）"曲艺之乡"曲艺精品展演暨广东全省曲艺之乡工作会议，在中国曲艺之乡、广东省曲艺之乡东莞市中堂镇成功举办，表彰了粤曲《龙舟结良缘》、粤曲弹唱《情牵家园》、粤曲《启超家风永相传》等 3 个金奖节目以及一批优秀曲艺节目。各曲艺之乡负责人、广大基层曲艺工作者及当地群众近 1000 人观看演出。广东省曲艺家协会还组织召开了 2018 年广东全省曲艺之乡工作会议。广东省曲艺家协会主席梁玉嵘深刻分析了广东省曲艺之乡的发展形势，聚焦曲艺之乡创新发展的热点和难点问题，提出了共建共享共融的发展思路，以及争取再创建一批"中国曲艺之乡"和"中国曲艺名城"的目标。

"曲艺之乡"作为曲苑交流平台、展示窗口、传承基地和培养人才的摇篮，切实保护、传承、推广了一批优秀的地方曲艺曲种。基层曲艺工作者在舞台上讲大湾区故事、唱岭南之音、传播时代精神，同时也增强了曲艺在基层群众中的影响力，促进了大湾区曲艺事业的繁荣发展。

（五）交流传播，探索新路

大湾区"9+2"城市依托地理优势，不断拓展曲艺交流空间、探索新的形式，以品鉴会、微粤曲大赛等创新模式加强内地与港澳台地区的曲艺文化交流，用内涵丰富、充满乡情乡音的曲艺艺术讲好中国故事、传播中国声音，提升两岸三地同胞对中华文化的认同感和归属感。

2017 年 7 月 3 日,广东省曲艺家协会、香港文化艺术基金会等单位联合主办的"庆祝香港回归祖国 20 周年粤曲群英荟"在香港红磡体育馆隆重上演。粤曲表演名家汇聚红馆,共庆香港回归 20 载。国家一级演员、中国曲艺牡丹奖得主、广东省曲艺家协会主席梁玉嵘,国家一级演员、中国曲艺牡丹奖得主、广东省曲艺家协会副主席陈玲玉,以及广东音乐曲艺团一众青年曲艺演员,以独特的粤曲星腔演唱和琵琶弹唱形式,在红馆的舞台上,凭借精湛的演唱技巧折服了香港观众,《雏凤新声颂伟人》《星海·黄河》受到香港观众的极力追捧。当晚,香港各界人士及市民近 5000 人观看了晚会。这台晚会节目集中展现了中国人民在革命、建设、改革各个历史时期伟大的奋斗历程和取得的巨大成就,唱响了共产党好、社会主义好、改革开放好、伟大祖国好、各族人民好的时代主旋律,同时,也进一步强化了粤港同根同源的骨肉亲情。

全球微粤曲大赛自 2015 年举办以来,在全球粤曲爱好者的大力传播下,已不仅仅是一场曲艺比赛,更成为具有全球影响力的粤曲文化交流平台。2017 年 10 月 28 日(农历九月初九重阳节),全球微粤曲大赛第三季总决赛在广州粤剧艺术博物馆成功举行,来自中国、美国、加拿大、新西兰、法国、英国、澳大利亚、荷兰、匈牙利、比利时、马来西亚、中国香港等地的几十位选手同台竞赛。经过一番龙争虎斗,来自佛山的黄心俞凭借过硬的唱功斩获成人组的金奖,17 岁的谢敏如获得青少年组的金奖,谭镜明获得老年组的金奖,来自港澳地区及海外组的美籍选手马晶晶斩获最受媒体欢迎奖。当晚,剧场座无虚席。广东广播电视台南方生活广播官方微信公众号、南方生活广播官方触电号、看直播官方触电号、南方生活广播官方新浪微博、南方网进行了现场视频直播,引发数十万网友的围观和点赞。

曲艺艺术既要坚守传统,又要紧随时代的步伐,以开放、宽容的心态拥抱全球化、信息化的浪潮。全球微粤曲大赛第三季的创新思维,在于延续了"微"字的两点奥妙:其一是赛事自始至终运用新媒体手段,比如微信、微博、QQ、网站等手段征集参赛选手、推广赛事、展演比赛、互动投票等,借助互联网手段,突破时间和地域限制,在全球范围传承和弘扬中华优秀传统文化;其二是将传统岭南文化融入时代创新元素——例如精选短小精悍的唱段进行比赛，鼓励词、曲、唱和演绎风格大胆突破与创意创新。此外，大赛共设广州、佛山、江门、东莞、高校五大赛区，各赛区的决赛晚会精彩纷呈，真正做到了把大赛办到群众家门口。

2018年9月21日，广东省曲艺家协会主办的中国曲艺家协会会员互动年活动"天涯共此时"——粤港澳大湾区粤曲品鉴会，在广州彩虹曲苑成功举办。这也是广东省曲艺家协会"百家千场艺术讲座下基层"项目走进高校，面向海外师生普及广东曲艺的又一次创新。当晚的品鉴会面向来自东南亚、非洲、欧洲等10个国家的近60名暨南大学华文学院的留学生，特邀嘉宾示范指导并与他们互动交流，在边讲边演、一问一答的过程中为留学生们普及中华优秀传统曲艺文化艺术。参加这次活动的既有国家一级演员、广东省曲艺家协会主席梁玉嵘，也有廖绮、白燕飞、林婷婷、卢妙杏、吴思拓、萧诗琳、莫倩雯等广东省内一众青年曲艺工作者，更有中国曲艺家协会香港会员联谊会荣誉主席、中国曲艺家协会澳门曲艺家联谊会主席叶幼琪。这场品鉴会搭建了粤港澳三地粤曲表演者、爱好者交流展示的平台，促进并推动了大湾区曲艺大观园的繁荣兴盛。

2018年10月27日，由珠海市戏剧曲艺家协会主办的第3届珠深港澳四地粤剧粤曲交流展演（珠海站），在珠海大剧院拉开帷幕。来自珠海、深圳、香港、澳门四地的粤剧粤曲演唱名家、评论家齐聚一堂。琼霞（珠海）、冯刚毅（深圳）、叶幼琪（澳门）、谭倩红（香港）、杨丽红（香港）等多位造诣深厚的珠深港澳四地粤剧粤曲艺术家罕见同台，带来多个名段，赢得现场观众一次次热烈掌声。这次展演使四地粤剧粤曲爱好者的联系更加紧密，增进了情感，提高了技艺，同时也为四地粤剧粤曲的传承发展注入了新的活力，推动了粤剧粤曲文化遗产的保护与繁荣，为珠深港澳四地的文化交流赋予了更加丰富的内涵。

二、杂技篇

作为中国历史最悠久的传统表演艺术之一的杂技，始于新石器时期，兴盛于唐代，至清代衰落。新中国成立后，经一代又一代杂技人的坚守与传承,历经沧桑,杂技在今天重又焕发生机,成为活态的文化遗产。2017—2018 年,大湾区杂技工作者在各地文联及杂协指导关怀下,不忘初心,积极赴基层开展文艺志愿活动,不断树立新标准,努力实现新突破,杂技、魔术艺术水平不断提高,国际赛场捷报频传,打造出了系列杂技魔术文化品牌活动。特别是杂技人顺应时代的潮流,跨界融合,大胆创新,使传统杂技艺术迸发出新的生命力,并逐渐探索出杂技艺术发展的新路径,使大湾区杂技事业呈现繁荣发展的喜人景象,在给国内观众带来耳目一新的视觉享受的同时,更走出国门、闪耀海外,成为文化交流的使者,用精湛的杂技技艺讲述中国故事、传播中国文化。

(一)杂技惠民,精彩纷呈

为满足人民群众不断提高的审美需求,在广东省杂技家协会的组织下,大湾区杂技工作者围绕香港回归祖国 20 周年、建军 90 周年等重大时间节点,以及粤港澳大湾区成立、"一带一路"建设、粤港澳台文化交流等主题题材,精心策划,举办活动几十场,直接观众达 50 多万人次。

特别值得一提的是,杂技艺术已成为深圳、珠海等城市靓丽而精致的文化名片。以杂技、魔术为特色的文艺演出和文化活动,正悄然成为政府施政的得力好帮手,成为群众喜闻乐见的文化好伴侣。深圳市杂技家协会文艺志愿服务队积极组织开展"到人民中去"慰问演出,比如深圳的福永杂技艺术团,虽已声名鹊起,但仍常为当地居民和打工者演出,足迹遍及工厂、社区、学校,给基层群众带去党和政府的深情问候,2018 年 4 月 25 日,由福永杂技艺术团承办的"温暖你我心·到人民中去"文艺演出在深圳恒明珠工业园上演。文艺志愿服务队的演员们,为工业园的建设者们表演了久负盛名的杂技《剪窗花》《单手顶》《力与美》《科技灵光——晃圈》等获国内外杂技节大赛金奖的节目。整场演出高潮迭起,掌声不断,让建设者们感受到深圳大家庭的温暖。而由文化和旅游部、广东省政府主办,珠海市政府、广东长隆集团承办的文化盛事——中国国际马戏节,始终坚持文化惠民原则,自第一届开始便精心组织多个优秀参演节目,走到珠海、澳门市民身边进行文化惠民演出。2018 年,第 5 届中国国际马戏节借助港珠澳大桥通车,首次跨越港珠澳大桥走进香港,更启用全国首辆马戏巡游巴士开到珠海市区,真正实现了"马戏就在身边"。

大湾区其他城市的杂技工作者也在各地杂协的组织下深入基层、深入一线,结合当地群众的文化需求,开展形式多样的公益志愿服务演出活动。例如 2017 年 6—9 月,广州杂技团在湛江、河源、深圳三地举办了杂技惠民活动;2017 年 7 月中、下旬,广东省杂技家协会、东莞市清溪镇政府举办了"与人民在一起"——街头魔术系列活动;2017 年 12 月 2 日,由广州市杂技艺术家协会等单位共同主办的学习贯彻中共十九大精神——广东魔术大师惠民演出专场,在广州文艺市民空间举办,来自港澳台的魔术师和广州、深圳的魔术师、杂技艺术家齐聚一堂,为广州市民奉上精湛、幽默的魔术、滑稽和杂技表演;2018 年 5 月 31 日,由佛山市杂技艺术界协会等单位组织的佛山红色文艺轻骑兵走进佛山市南海社会福利院,为该院儿童及长者举办了一台迎六一儿童节慰问演出活动,给 100 多位长者以及重度残疾儿童带去了心心相连的关怀和无限的欢乐。

(二)精品创作,成果丰硕

创新是艺术的生命,创新也是艺术的灵魂。习近平总书记在文艺工作座谈会上强调:"要大力提倡和鼓励作家艺术家创作具有鲜明的社会主义时代精神、深刻反映现实生活、讴歌社会主义新人、富有民族特色的作品"。对于杂技艺术而言,不断创作精品力作才是培育观众的关键。杂技的惊、奇、险、美,无不来自大胆的想象、个性的创意和精巧的设计。杂技《肩上芭蕾》和《芭蕾对手顶——东方的天鹅》的成功,就是把舞蹈的元素充分吸收到杂技艺术中来,极大地提高了艺术表现力。近几年,大湾区杂技界为杂技艺术注入新思维和新动力,创作活力不断激发,在面向市场、服务群众的过程中发展壮大,精品创作不断涌现。例如,原创杂技情景剧、杂技音乐剧、杂技曲艺剧等走上舞台、走进荧屏,并取得巨大成功。

继文华奖剧目《西游记》之后,广州市杂技艺术剧院倾力打造的大型武侠杂技剧《笑傲江湖》,突破传统表演模式,融汇武术、舞蹈、戏剧表演、广东地方曲艺等多种形式,通过演员们技艺高超、惊险刺激的表演,让杂技也能

"讲故事",给观众带来前所未有的惊喜体验。2017 年 6 月,广州市杂技艺术剧院携《笑傲江湖》登陆新加坡,参加由其承办的"2017 广州文化周·岭南杂技亮狮城"海上丝绸之路精品剧目巡演活动,在嘉龙剧场连演 4 场,其后,2017 年 12 月,又在香港沙田大会堂进行了 4 场演出,受到两地观众的热烈追捧。

深圳,这座年轻的城市,从一个历史上没有杂技团的城市,到拥有 8 个民营杂技、魔术团队,现在已成为国内杂技艺术发展的重镇。特别是深圳杂技苦练内功勇于突破,重视形式与技术的创新,注重传统技艺与高科技手段的融合,艺术创作不断推陈出新,国际大赛硕果累累。2017 年 1 月 11 日,深圳福永杂技艺术团的《蜜语——双拐》夺得意大利金马国际杂技节比赛"金马戏圈"金奖。比赛中,队员们凭借高超的技艺和完美的展现技压群雄,完美地诠释了蜜蜂采蜜以及人类劳动的含义。他们用东方文化的凝重神奇、高空芭蕾的诗境大美、空中顶的高难技巧,瞬间震惊和征服了所有评委、观众乃至罗马教皇,现场热烈的掌声经久不息。

2017 年 11 月,深圳福永杂技艺术团创作的全国首部原创杂技曲艺剧《年轻的心》,于深圳西乡会堂进行首演。该剧将杂技艺术与新曲艺艺术相融合,跌宕起伏的剧情中,穿插了曾荣获第 11 届古巴 CIRCUBA 国际夏季杂技节比赛的杂技《头顶倒立》、荣获文华奖第 9 届全国杂技比赛银奖的杂技《单手顶》,以及荣获摩纳哥第 17 届"初登舞台"国际杂技比赛最高奖——金 K 奖的杂技《晃圈》等,获得专家、观众的一致好评。

2017 年,深圳竭力世界魔术文化有限公司打造的原创亲子魔术剧《贰拾玖的秘密》和原创亲子魔术互动秀《罗宾奇妙魔术店》独辟蹊径,将趣味魔术、科学教育、互动体验、亲子教育等融合在一起,创造了演出现场神奇又欢乐的气氛。

(三)比赛交流,培育新人

通过举办赛事、艺术节等活动并创新活动内容,培养更多观众、影响更多青年人投入到这项事业中,才能让杂技艺术经久不衰、代代相传。中国杂技家协会在杂技艺术类赛事中做了许多尝试和研究,比如在金菊奖赛事上对杂技、魔术、滑稽进行分类,以期推动杂技事业的繁荣。大湾区杂技界也在不断地进行活动内容和传播形式的创新与探索。

2017 年 6 月 23—25 日,由广东省文学艺术界联合会等部门主办的"同心起航,筑梦未来"庆祝香港回归 20 周年粤港魔术交流大会,在深圳欢乐谷举行。两地魔术师举办了魔术剧——《贰柒玖的秘密》、近景魔术展演以及"魔术走向世界"、专家论坛等活动,参加人数超过万人,网络收视率达 700 多万人次。

2017 年 7 月 24—26 日,由广东省文学艺术界联合会指导,东莞市清溪镇文广中心、广东高校魔术联盟承办的广东首届全国大学生魔术邀请交流展演暨 2017GMA 第 7 届广东高校魔术交流大会,于东莞市清溪镇举行。在为期 3 天的交流活动中,进行了高校魔术舞台比赛、魔术大师讲座、魔术沙龙、道具商大赛、魔术道具卖场等一系列魔术交流活动,为全国高校大学生提供了一个相互学习的平台,推动了魔术人才队伍建设。

2017 年 12 月 20 日,由中国杂技家协会滑稽艺术委员会、广东省杂技家协会主办的"丝路笑语"——2017 中国·广东滑稽交流大会暨正佳国际小丑节揭开帷幕,来自中国、美国、日本、俄罗斯、乌克兰等国内外的百余位滑稽艺术家同台献艺。国际小丑节让中国观众体会到世界文化的多元,也让艺术家们体会了中国群众文化的包容。

2018 年 2 月,深圳国际魔术节在新春之际举办,而第 2 届"金魔环"深圳(国际)青少年魔术交流大会是其中一项重要活动,向全球 8—40 岁的魔术爱好者开放,邀请全球最资深的魔术评委,对选手们作出最权威和最公正的评审。交流大会分为青少年魔术比赛、讲座进社区、国际魔术道具展、魔术大师专场表演等。这些丰富多彩的活动,生动地启发了魔术表演爱好者对杂技和魔术艺术的新认识、新理解。更值得一提的是,深圳国际魔术节创新传播方式,邀请了中央、广东、业内文化和魔术吧等 16 个不同平台进行直播和新闻媒体的宣传报道,全球线上线下有 200 多万人次观看或收看了深圳国际魔术节各项活动,形成了魔术节"日日有活动,全月都精彩"的热潮。

（四）对接市场，闪耀海外

杂技表演艺术不受语言、地域及意识形态的限制，具有鲜明的民族特色，这是杂技优于其他艺术门类的突出特点，又因其在演出市场上流通方便，已成为市场化程度很高的艺术门类，因而，杂技表演既是包括奥运会开幕式、亚运会开幕式、央视春节联欢晚会在内的重大演出中不可或缺的节目，同时也是对外文化艺术交流的排头兵。大湾区杂技工作者积极参与国际艺术交流合作，不断增强在国际杂技界的话语权，锐意进取、奋发有为，努力在国内国际两个市场上推动中国杂技艺术繁荣发展，实现社会效益和经济效益的双赢。

组建于 2001 年的深圳福永杂技艺术团近年来发展迅速，在"走出去"开阔视野、加强国际杂技艺术交流的同时，也历经市场的摔打、考验，成长为具备自我生存和自我发展能力，以杂技、魔术艺术为特色的民营艺术团体。该艺术团现有演职人员 200 多人，各种杂技、综艺节目 100 多个，是深圳目前规模最大、节目品种最全、总体实力最强的专业杂技艺术院团。2017 年 5 月，借助第 13 届中国（深圳）文博会，福永杂技艺术团的大型杂技秀《丝路飞花》在福永文体中心会堂首演，整场演出从源远流长的传统文明一直延伸至灿烂的"一带一路"文明，剧情展现了丝路文明、科技发展、创新理念，以深圳为起点，从中国南海出发，让杂技艺术与"一带一路"沿线国家同行，共享世界文化的繁华。剧目丰富的内涵、高难度的技艺，直接促成了《丝路飞花》赴俄罗斯驻场演出 100 多场。

中国风格是中国艺术独特的文化"胎记"。深圳福永杂技艺术团扎根于中华文化的深厚土壤，汲取中华传统杂技艺术精华，坚持走民族文化经典再造的路子，大胆尝试用杂技编排中国经典名著如杂技《西游记》，并积极开拓国际国内多元化市场，致力于用杂技讲述中国故事、用中国故事占领更广阔的国际国内舞台，以鲜明的中国精神、中国风格、中国气派铸造了国际文化市场的"中国品牌"。近年来，福永杂技艺术团在韩、俄、德、法、美等 20 多个国家和地区进行商业演出，杂技演出出场费已从最初的每场 3000 元上升至 5 万元，精品节目每场近 20 万元。2017 年广东省演出行业白皮书的数据显示，福永杂技艺术团的大型杂技秀《丝路飞花》全年演出共计593场，总营业收入达3500万元。

此外，福永杂技艺术团还积极探索"文化＋旅游"的产业发展模式，实施深圳"海上田园"升级发行项目——深圳"海上国园"国际杂技魔术文化创意产业园建设，通过打造"酷海湾"杂技秀剧场、"太阳石"魔幻剧场和"唐诗梦"全息投影舞台等三大特色剧场，促进游客二次消费，提升城市文化休闲质量和水平。

应该说，粤港澳大湾区杂技界的马戏、魔术、滑稽事业和产业运营已具有相当规模，长隆马戏承办的中国国际马戏节已经具备世界性影响力，深圳欢乐谷的魔术和滑稽产业营运水平已走在全国前列。借助文化产业平台，粤港澳大湾区的杂技事业定会走向繁荣兴盛，必将进一步提升中国杂技艺术的影响力。

2017—2018年，大湾区曲艺、杂技工作者风雨兼程，在各地曲协、杂协的指导下主动适应新常态，打开新思路，探索新方法，立时代之潮头，发时代之先声，满怀激情地促进曲艺和杂技艺术的传承、发展与繁荣。粤港澳大湾区的曲艺、杂技艺术在丰富人民群众精神文化生活、弘扬时代主旋律、凝聚社会正能量、提升中华优秀传统文化影响力等方面，作出了积极贡献，但在前行的征途上仍有一些不足亟待面对和解决，例如：部分地市缺乏经费和政策的支持，精品创作匮乏，曲艺、杂技传播的手段和方法与时俱进的创新性不够，曲艺、杂技理论研究有待深入，曲艺、杂技艺术资源信息化建设滞后，曲艺、杂技艺术教学方法标准化、系统化尚未形成等等。只有着眼于大湾区曲艺、杂技艺术的长远发展，制定曲艺、杂技发展规划，统筹整合大湾区各地之力协同发展，在新的历史起点与机遇面前，大湾区的曲艺、杂技事业才能吹响集结号，再创新佳绩，谱写粤韵新篇章。

民间文艺的诗意彰显与活态传承

——粤港澳大湾区民间文艺观察

谢振泽　谭燕虹

民间文艺根植于群众,渗透于人们生活的方方面面,是"人文大湾区"建设的重要组成部分。回顾2017—2018年粤港澳大湾区民间文艺的发展,融合、创新、发展,成为其中的关键词。"9+2"城市群在人文地理上同属岭南文化,于历史的长河中见证了中华文化在岭南的孕育和发展。岭南的"非遗"文化、民风民俗、民间工艺悉数散落于各个城市中,而又因地域性差异、中西文化交融等因素,各地呈现百花齐放、绚丽多姿的特点,使彼此交流、绽放不一样的火花,在取长补短的融合中寻求各自的创新与发展。

近年来,广东民间文艺工作紧贴时代脉搏,以人民为中心,不断推动岭南优秀传统文化的保护与传承,创办了岭南民俗文化节、中国(广东)民间工艺精品展、广东省民间歌会、广东省麒麟舞大赛、广东省花灯文化节等一系列品牌活动,在广东全省乃至全国产生了广泛影响;循着"我们的节日"春节、元宵节、清明节、端午节、七夕节、中秋节、重阳节等七大传统节日,民俗传承得到了进一步的挖掘和弘扬;不少沉寂已久、濒临消亡的地域性节庆礼仪和二十四节气习俗等,重新回归民众的视野和生活;古村落保护等民间文化遗产、民间工艺传承与保护工程等行动,进一步普及了民间文化知识、唤醒了民间文化自觉,使民间文艺发展呈现令人欣喜的新气象、新风貌。2018年,广东省首次承办中国民间文艺最高奖——山花奖颁奖晚会。这是对广东民间文艺的鼓舞和鞭策。在颁奖会上,广东分获优秀民间艺术表演奖和优秀民间工艺美术作品奖两朵"山花",云浮民间广场歌舞《禾楼舞》和范安琪的佛山陶瓷《戏曲人物》受到全场瞩目。2019 年 12 月,第 14 届中国民间文艺山花奖颁奖盛典在深圳举行。深圳选送的系列核雕作品《深圳之春》及潮州刺绣《岁朝清供》,获得优秀民间工艺美术作品奖,实现了深圳在该奖项上零的突破。广东已获得山花奖 42 个。

就香港而言,从 1841 年开埠后,西方人口大量涌入,渐成华洋共处之势。历经 170 多年时间的打磨,中西文化在此水乳交融,形成了独特而迷人的多元气质。这种"既中且西"的多元文化体现在城市的每一个角落,也浸透到了每一个普通香港人的生活中,民间文艺更是成为生活的重要组成部分。有数据显示,香港文化中心在 2017 年 6 月就有 60 多场演出,包括粤剧、音乐剧、杂技、戏剧等。英式赛马文化和俱乐部文化继续影响香港人的生活,但同时,香港又将中国传统节日过得有滋有味。农历春节,全家出动到黄大仙祠膜拜求签,争抢头炷香;或到车公庙祈福,转一转风车祈求好运。每逢端午,大澳会举行逾百年历史的游涌仪式,乡民们划着一条龙舟,后面拖着载有神像的小艇沿途焚烧宝烛,其他居民朝龙舟拜祭祈求平安;源于 19 世纪的大坑舞火龙在中秋吸引无数人前往观赏,阵阵锣鼓声中,一条条火龙在闹市的街道上穿梭,火光闪烁。传统文化与西方文化在香港并行不悖。

就澳门来说,从 16 世纪中叶开始,它已经是中国主要的对外港口。贸易活动的兴盛吸引了世界各地的人们前来贸易、居住,一个融合欧、亚、非、美四洲人民的"华洋杂居"的国际城市由此诞生。澳门现存不少中西合璧的文物古迹,具有东、西方风格的建筑物,大都具备"以中为主,中葡结合"的特色。整个澳门约有 1/5 面积是中西文化交流融合的产物。同时,随着中国内地居民不断迁入澳门,中国的传统民间文化也被带入澳门,形成了澳门的主体民间文化。因此,澳门的民间文化是以中国民间文化为主、兼容葡萄牙民间文化的,多元化色彩共融的民间文化。澳门的传统习俗与广东文化相近。例如,在农历春节期间,澳门也会举办大大小小的花市,居民在吃过"团年饭"之后,都会去逛逛。这时候也是澳门居民都去拜神的时间。澳门人多信奉妈祖,因而,子夜一过,众多澳门居民便纷纷前往妈祖庙、观音堂去祭拜,祈求新的一年大吉大利。而农历春节期间,澳门特别行政区政府也会组织举办一系列贺岁活动,比如粤曲演唱、戏剧表演、武术表演等。

一、"非遗"项目的传承与建设

粤港澳大湾区"非遗"非常繁盛,为民间艺术的发展和繁荣创造了良好的条件,提供了坚实的基础。

(一)推进"非遗"保护与传承工作

2018 年 9 月,广东省文化厅组织开展了 2016 年度国家专项资金支持的广东省 10 名国家级非物质文化遗产代表性传承人抢救性记录项目通查验收工作。抢救性记录工程旨在利用现代技术手段,全面、真实、系统地记录并保存代表性传承人所承载的独到技艺和文化记忆,并为他人学习、借鉴和研究非物质文化遗产代表性项目等创造条件。2016 年,广东省共有 10 名国家级代表性传承人被列入抢救性记录名单,涉及 6 个地级以上市、5 个门类的"非遗"项目。传承人年龄最大的 82 岁,最小的 78 岁,平均年龄 79.6 岁。经过近两年的深入调查与系统拍摄,共采集并整理口述文字稿 130 余万字、图片 5.6 万余张、视频近 380 小时、音频近 130 小时,形成了包含文献片、综述片和工作卷宗在内的系列成果。同时,省级"非遗"代表性传承人的抢救性记录工程也在抓紧落实中。鉴于"非遗"传承人年龄普遍偏大,实施"非遗"代表性传承人抢救性记录工程刻不容缓、意义重大。

香港现有 10 个项目被列入国家级非物质文化遗产代表性项目名录。近年来,香港特区政府一直以不同方式支持非物质文化遗产的保护工作,包括确认、立档、研究、保存、推广及传承。在香港,政府扶持推广、民间团体响应和学术机构支持是"非遗"保护的三股主要力量。从 2009 年开展全港非物质文化遗产普查,于 2014 年产生《香港非物质文化遗产清单》,共 480 项。2017 年,香港从这个清单中选出 10 个项目,再加上 10 个香港的国家级项目,组成首张《香港非物质文化遗产代表作名录》(含 20 项)。香港的

"非遗"体系由此形成。香港"非遗"中心一直坚持进行其他项目的调查研究,根据项目缓急等元素制定保护措施,加强"非遗"的研究、保存和推广工作。

2014年3月1日,澳门特区政府《文化遗产保护法》正式实施,为文物保育工作的执行和开展提供了法律基础。从2015年开始,澳门特区政府文化局推动澳门3项国家级非物质文化遗产代表性项目共4名申报者的申报工作。截止到目前,澳门有非物质文化遗产项目15个,其中有6项被列入国家级非物质文化遗产名录。为了进一步启发公众对文化遗产的兴趣,传递文物保护的重要性,澳门特区政府文化局每年都会举行一系列推广文化遗产知识活动。近年来,澳门中华文化产业促进会还与内地多市的非物质文化遗产保护机构签订战略合作协议,其中即包括与广东省的佛山市和珠海市就整合"非遗"资源、建立"非遗"信息平台等方面达成合作意向。

"非遗+"成为"非遗"活化保护的关键词。"非遗"讲究"活态传承"。2018年,粤港澳大湾区·泛珠三角(广东)"非遗"周活动在佛山举行。"非遗"展览+"非遗"民俗巡演,深深吸引了公众的眼球。作为国家级"非遗"项目的佛山秋色传统民俗活动,每年金秋举行一次,已成为佛山市民重要的民俗活动。此次活动以佛山秋色为主线,以粤港澳大湾区和泛珠三角区域的民间艺术及地域风情为特点,集"非遗"展示、巡游表演、民俗活动等于一体。尤其是"非遗"活态展首次引入广东省外的"非遗"项目,邀请了泛珠三角区域9省区和香港、澳门特别行政区的"非遗"项目参加,参展项目达40多个,不仅展示了岭南文化,推进广东省"非遗"保护传承,还加强了粤港澳大湾区、泛珠三角区域民间文化交流。一年春、秋两季的广州国际艺术博览会,在2018年把主题定位于"走进永庆坊,留下城市的记忆"——广州"非遗"展,通过"非遗+生活""非遗+养生""非遗+产业""非遗+展演""非遗+公益"五大展示板块,展现新时代背景下"非遗"如何激活、"非遗"作品如何与生活共融共生。在广州艺博会期间,还举办了粤港澳大湾区文化艺术产业高峰论坛,发布了《广州"非遗"+文化资源交易与合作手册》。

（二）壮大"非遗"传承人队伍

"非遗"传承人是非物质文化遗产的重要承载者和传递者,他们掌握着非物质文化遗产的丰富知识和精湛技艺。随着新时代高度重视传承发展中华优秀传统文化,"非遗"保护工作的力度前所未有,"非遗"传承人队伍日益壮大。2018 年,文化和旅游部公布了第 5 批国家级非物质文化遗产代表性项目代表性传承人名单,共计 1082 人上榜。其中,广东共有 48 人入选,其所在的"非遗"项目包括广东音乐、粤剧、粤曲、木偶戏等。至此,广东的国家级项目代表性传承人共有 132 人,居全国第六位。此外,广东拥有省级"非遗"传承人 729 人。而香港及澳门地区各有 1 人和 4 人入选该名单。截至目前,香港共有 3 人入选国家级"非遗"传承人名单,澳门共有 7 人获选为国家级非物质文化遗产代表性项目代表性传承人。对保护"非遗"文化有突出贡献的个人和团体,给予适当的经济、物质等奖励,有利于激励更多的人参与到"非遗"的保护与传承上来。

（三）加强"非遗"设施建设

2016 年年底,广东粤剧院的粤剧文化体验馆正式开馆;2017 年,以"多彩南粤,魅力'非遗'"为主题的广东省"非遗"保护中心展览厅正式面向公众开放,展厅充分汲取广东"非遗"元素,突出"非遗"的活态性和展示的互动性;同年,广东网上非遗馆也正式开通。粤港澳大湾区各地市充分调动"非遗"项目保护单位和社会力量的积极性,投资建设"非遗"设施。例如,东莞市高度重视"非遗"与科技的融合,与百度、阿里巴巴等平台开展合作,搭建了"非遗"数字化传播平台、"非遗"产品网上交易平台、"非遗"墟市的线上平台等。而佛山市则计划在未来 3 年之内,打造 50 所粤剧特色学校。2016 年,香港成立非物质文化遗产中心,通过多元化的教育和推广活动,包括举办展览、讲座、研讨会、传承人示范和工作坊等,增进公众对非物质文化遗产的认识和了解。

传统村落是乡村的乡土建筑与乡土文化的综合载体,这是千百年来历史铸就的。这些年,在经济全球化、工业现代化、城乡一体化、乡村旅游化的冲击下,就大湾区传统村落而言,可以说面临着严峻的挑战,这是不容忽视的。

二、古村落、古驿道的保护与活化

2017—2018 年,粤港澳大湾区传统古村落保护工作,伴随着国家乡村振兴战略的实施呈现新气象——古村落活化速度进一步加快。

以古驿道带"旺"古村落。广东省内的古驿道资源丰富,每年定期举办南粤古驿道定向大赛。其中,分布在粤港澳大湾区的广州从化古道、珠海中山岐澳古道、罗浮山古道等,成为活化古驿道沿线传统古村落的一个重要途径。惠州市博罗县龙华镇旭日村是明清时期的岭南古村落建筑群,曾入选第一批中国传统村落名录,与罗浮山古驿道相邻。2017 年,南粤古驿道"天翼高清杯"定向大赛(惠州罗浮山站)在惠州拉开帷幕。利用这个机会,组委会通过旭日古村的定向大赛,同时在惠州埔筏村、香溪堡、岚派村、霞角村、双田村、黄坑寨、功武村、墨园村等 10 个特色古村落,于同年不同时间,联动举办一系列定向大赛和徒步穿越活动,使古驿道与古村落有效连接起来。广州市从化区钱岗古村借助南粤古驿道定向大赛的热潮,对古村进行保护性修复利用,村容、村貌和人居条件进一步改善,还建成钱岗村史馆、文史馆、文化活动中心并对外开放,使更多的人通过古驿道定向大赛,发现、了解钱岗村这一富有历史文化底蕴的古村落。

以文化带动古村落保护。广州市黄埔古村于 2013 年入选第二批中国传统古村落名录。2017 年,黄埔古村举办首届文化艺术节,旨在进一步活化古村的文物遗产。目前,黄埔古村内已有广绣、年画、古法装帧、活字印刷、剪纸、漆艺、陶艺、木艺、民族图腾、蜡染、扎染、植物染、通草画研究、珠绣、竹雕、茶文化、香文化、甲骨文、中医养生、太极、国画、油画、皮艺、石头画、音乐类(粤剧、吉他、非洲鼓、陶笛、古筝、钢琴)、摄影等多种非物质文化遗产入驻。

以旅游带动古村落活化。近年来,佛山市着力于古村落的活化工作。到 2016 年年底,已有 30 个古村的活化任务基本完成,其中 13 个成效显著。

两年间,活化项目共 523 个。2017 年,佛山市委、市政府扩大了古村落活化升级覆盖面,实施古村落活化升级延伸计划,计划在 2017—2019 年新增 20 个古村落活化升级。在政府的大力推动下,以千年水乡、古老桥梁、宗祠文化为特色的顺德区逢简古村落,每年接待的游客累计超过 150 万人次;而"广东十大最美古村落"之一的南海区松塘村,每年迎接游客累计超过 80 万人次。旅游进一步带动了古村落的保护,并改善了村民的生活条件。

三、民间工艺的发展与创新

纵观 2017—2018 年粤港澳大湾区民间工艺,机遇和挑战并存。一方面,2017 年 3 月 24 日,《中国传统工艺振兴计划》的出台标志着振兴传统工艺已经上升为国家战略。乘着这一东风,民间工艺迎来了大发展的机遇。2018 年,民间工艺中的玉雕、榄雕、灰塑、剪纸技艺、木版年画绘制技艺等,入选文化和旅游部、工业和信息化部联合发布的第一批国家传统工艺振兴目录。政府大力度的政策支持,为民间工艺的发展提供了良好的土壤。另一方面,民间工艺传承人青黄不接、市场经济冲击、外来文化冲击、资金匮乏等困境,大大阻碍了民间工艺的保护、传承与发展。粤港澳大湾区各地通过出台政策、开展民间活动,为地方民间工艺的传承与发展保驾护航。

(一)民间工艺融入生活

民间工艺源于民间,与人民的生活息息相关。要真正保护好、传承好民间工艺,不仅需要政府部门的政策支持,更为重要的是,在市场经济条件下,让民间工艺真正融入日常生活,成为人们生活中的一部分。例如,刺绣这项民间工艺,如今已经不仅运用到服饰中,还散布在各类装饰品中。随着技术的发展,刺绣还有了不同的表现方式。比如颇受年轻人喜欢的十字绣,就让刺绣有了新的生命力。

民间工艺家到生活中去、到人民中去,积极推进民间工艺与民众生活相结合。2018 年,旨在贯彻落实习近平新时代中国特色社会主义思想,大力传播中华优秀传统文化,由广东省民间文艺家协会、广东省岭南民间工艺研究院发起创办了岭南风物——民间文化大讲堂。大讲堂致力于整合广东全省的优秀民间文艺家资源,开办民间工艺传承的体验与实践培训课程,通过主题展览、民宿游学、参观大师工作室、请大师上门教学等形式,打造以岭南民间工艺为主的民间文化大讲堂平台,让广大市民在家门口就能够体验和学习正确的、自己喜爱的岭南民间工艺知识。如今,大讲堂已开设包括雕刻类、刺绣类、陶瓷类、扎作类等 46 项传统工艺项目的培训体验课目,先后在广东省内多个城市开展形式多样的活动。2018 年 9 月 21 日,广州市珠光街道仰忠社区广府文化学习圈系列活动——我们的传统节日·贺中秋、迎国庆活动,就迎来了一批民间工艺大师。其中包括中国工艺美术大师、国家级"非遗"传承人、省级工艺美术大师、广东省"非遗"传承人等,深入到社区与街坊互动交流。

到生活中去,到人民中去,在人民中去发现优秀传统民间工艺人,是粤港澳大湾区多个城市致力于推动民间工艺传承与发展的又一举措。2017 年,首届东莞全民尚艺节系列活动之"到人民中去——东莞市文联文艺志愿者'欢乐下基层'"在清溪镇举行。在活动中,方贡学、王可逊等 30 名东莞民间工艺家获评"东莞民间工艺能工巧匠",黄素明、鲁才恩等 10 人获评"东莞民间工艺名匠"。这是东莞市文学艺术界联合会在全市范围内首次开展的"寻找东莞传统手工艺能工巧匠"活动,得到了东莞各镇街文联的大力支持和东莞民间工艺家的积极响应。通过这项活动,进一步摸清了当地民间工艺的家底,挖掘出一批具有东莞特色的民间工艺传承人和项目。

(二)互联网为民间工艺插上翅膀

在移动互联时代,保护与传承民间工艺离不开互联网思维。事实上,由于传承者少、推广难等问题,如今,民间工艺面临许多发展难题,甚至是失传的窘境。随着互联网时代的到来,一些民间工艺开始采取"触网"的方式。互联网思维与传统民间工艺相碰撞、相融合,恰恰能产生新的发展模式,为传统民间工艺的弘扬增加全新动力。

佛山石湾公仔又称石湾艺术陶瓷,是一种汉族传统陶瓷工艺品,不仅在广东艺术史上,在中国陶瓷史上也是相当重要的一页。2006 年,石湾公仔更被列入首批国家级非物质文化遗产。至今,石湾陶艺一直是石湾窑赖以维持的经济来源的一脉支流,也造就了不少技艺高超、具有独特风格的陶艺大师。但是,由于缺乏系统全面的推广以及手工艺后继乏人,石湾公仔的发展面临着巨大的瓶颈。

随着淘宝等电商平台的兴起,不少陶瓷艺术大师加入了利用电商平台推广作品的行列,广东省陶瓷艺术大师庞文全就是其中的一员。庞文权在淘宝注册了"美陶世族"网店,短短 3 年时间,已经有将近 3 万的微淘关注粉丝,越来越多的人开始了解并关注传承了 5000 年的石湾陶艺文化。2017 年、2018 年,"美陶世族"网店上有 700 多款不同的作品在售卖,每个月都可以售出数百件作品。"让世界各地的人有机会看到石湾公仔众多名家作品",庞文全对这种推广方式抱以厚望,也希望石湾陶艺能更好地弘扬、传承。

(三)多途径加强交流

切磋交流有利于促进不同地域间民间工艺的长足发展。2017 年、2018 年,随着粤港澳大湾区的概念深入人心,大湾区内的民间工艺互动交流日益频繁,初步显现以互相交流切磋促进融合创新的趋势。

以展览促交流。在 2017 年第 13 届文博会期间,深圳市宝安区携手粤港澳大湾区 11 个城市,以及国内民间艺术代表性城市,共同打造首届粤港澳大湾区民间艺术展系列活动。这项活动邀请了国家级、省市级工艺美术大师和国家级"非遗"传承人、广东省民间艺术大师等民间艺术家 60 余人,参展品类涵盖广东省民间工艺的主要类别,通过展览展示等多种形式与市民互动,增强文化认同,共同探讨岭南文化的传承与弘扬。2018 年 9 月,首届粤港澳大湾区工艺美术博览会在广州开幕,来自粤港澳的百余名国家级、省级、市级工艺美术大师和高级工艺美术师参会,展出近万件独具特色的工艺美术精品。此次博览会突出"名家+精品"的理念,展品包括肇庆端砚、石湾公仔、粤绣、广彩、玉雕、牙雕、手拉朱泥壶、古典家具等;一些工艺美术大师现场表演看家绝活,吸引了众多市民观看。2018 年 11 月,致力于推动粤港澳大湾区文化融合项目的"工艺源流·艺术语言"交流活动在佛山举行。活动现场,还特设了佛山、香港艺术家交流活动报告展示——佛山+香港手绘陶碟作品展。数十位香港艺术家来到佛山,与当地工艺美术师交流,感受泥巴与釉彩在炉火中燃烧和升华后生成的奇异艺术。

以培训班促交流。2017 年 9 月,由广东省文学艺术界联合会、广东省民间文艺家协会主办,华南师范大学继续教育学院承办的广东省民间文化技艺大师(民间工艺类)传承培训班正式开班。这是旨在培养年轻的民间工艺家,做好民间传帮带和传承发展工作的学习培训活动。此次培训班以"艺术素养与创新能力提升"为主题,结合目前广东省民间工艺创作现状和学员需求,创新教学组织方式和培训模式,将专题讲座、学员交流、现场体验与参观学习相结合,让参加培训的学员切实提高艺德水平、艺术眼光与美学修养,加强了不同地区、不同领域民间工艺家的互动与交流。2018 年 11 月,广东省中青年民间工艺家雕刻艺术高级研修班在广州美术学院举办。此次高级研修班的学员,为广东省内 21 个地市的文联、民协,以及广东文艺职业学院、广东省岭南民间工艺研究院推荐的 50 名从事民间雕刻艺术的中青年工艺家。在为期 7 天的学习中,工艺家们系统学习了具有前沿性、实用性的民间工艺培训课程,有效提升了广东省一线民间工艺从业者、教育者的理论和技艺水平,明晰了民间工艺的传帮带责任,提升了保护民间文化遗产的自豪感和责任感。

以走访联动促交流。2017 年 12 月,为庆祝香港回归祖国 20 周年,来自香港民间艺术团体"逸舞飞扬"舞蹈团、香港文舞汇艺术团倾唱团、香港儿童古筝团、"我们"俱乐部等的 37 位代表到访广州,与广州大学音乐舞蹈学院开展百川汇海——中西文化交流系列活动。香港交流团通过游览沙湾古镇、大师班交流论坛、粤港澳大湾区青年文化艺术共融与发展论坛等系列活动,与广州青少年共同探讨了中华文化艺术的成果和发展前景,并在活动中展演了精彩纷呈的创作精品,拉近了两地青少年的距离,促进了大湾区的文化交流。2017 年 7 月,深圳市福田区民间艺术国际友好城市巡展——袁曼君剪纸展览在日本野县饭山市文化交流馆举行。除了展览之外,还安排了 3 场互动交流活动,把中国民间传统剪纸艺术传递给日本的中小学生与爱好中国文化的市民。这是自2012年日本饭山市与深圳福田区结成友好关系后,民间文化交流互动的又一活动。

(四)"对接"当代年轻人

民间工艺的传承与发展,最终都要落到青年一代的肩上。然而,现实的情况是,年轻人普遍对传统手工艺"不感冒"的现状仍未得到有效缓解,一些传统技艺仍面临后继无人或传承断档的困境。惠州市文化部门就在一次调研中发现,随着时间的推移和社会的变迁,惠州每年都有传统技艺和民俗文化消亡或濒临灭绝。而在广东其他地方,尽管广绣、木雕等濒危技艺经过抢救已经起死回生,甚至成为"90后""00后"的兴趣爱好,可是,传承人的流失率依然高达80%—90%左右。传统民间工艺如何"对接"年轻一代,让年轻人与传统民间工艺擦出"火花",真正从"原生态"走向"新生代",是当前促进民间工艺发展无法回避的难题。

民间工艺进校园、进课堂。2018年,惠州市开展柏塘传统花灯进校园活动。年初,博罗县教育局创建首批博罗县初中美术实验工作室,确定首批为10所学校。柏塘中学位列其中,成立了初心民间工作坊,聘请当地扎花灯和编竹篾的手艺人走进学校授课,创建"无边界课堂"。扎花灯手艺走进校园,不仅能让年轻一代学习传统民间手艺,还充实了在校学生第二课堂的内容。通过创建"无边界课堂"的方式,让一些面临失传的传统民俗得到传承。2018—2019年,广东省民间艺术家积极开展民间艺术进校园活动。民间艺术家、"非遗"传承人走进校园,走进课堂,进行了剪纸、广绣、木版年画、花灯、通草画等传授示范。民间艺术家把广东的优秀民间艺术带进校园,带进课堂,融入课程,让学生们了解、学习、体验、感悟更多的优秀民间艺术。

"对接"年轻人的口味。为了吸引更多的年轻人参与学习民间工艺,不少民间工艺大师探索出不少行之有效的做法。为了让年轻人了解什么才是真正的广绣,广绣传承人梁秀玲先后创办了工作室和刺绣艺术馆,以此作为广绣的传承基地。而梁秀玲的儿女也受她影响,开始进行广绣的创作,尝试将动漫、抽象图案等时代元素与广绣传统技艺相融合,努力发掘广绣作品的创新空间,让广绣与现代青年人的喜好更贴近。广东省政协委员、广东轻工职业技术学院艺术设计学院教授沈卓娅,向媒体展示了她所在学校学生的作品——"书灯"。这本"书灯"从外观上看是一本合起来的书,封面上有岭南特色的剪纸花纹。在书脊的下半部分延伸出一个插头,接通电源以后,打开书本,温暖的灯光就从灯笼般的书页中透出,变成了一盏伴读的"书灯",从而把传统文化与现代技术结合起来,兼具文艺性与实用性,深受青年人喜爱。

四、民间艺术的新时代魅力

民间艺术是劳动人民创造的精神财富,有其丰富的文化艺术内涵,因受环境影响,带有浓郁的地方特色。粤港澳大湾区地处珠江三角洲经济中心,在科技迅猛发展、经济全球化、传播媒介大众化的趋势下,大湾区民间艺术的发展受到剧烈冲击。这种冲击走向了两个极端,其一是日渐式微并逐步走向消亡,其二是融入时代而迸发鲜活魅力。

综观 2017—2018 年粤港澳大湾区民间艺术的活动开展、理论研究、产业发展,可以窥见:广州、佛山、中山、珠海、东莞、惠州、江门、肇庆等市的民间艺术日趋活跃;深圳、香港、澳门因其作为移民城市,本土居民在晚近数十年以来已基本进入城市,滋养民间艺术的乡村土壤不复存在,因而,许多流传久远的民间艺术项目日渐式微并逐步没落。所幸的是,深圳、香港、澳门当地政府高度重视民间艺术的传承,对部分已经没落的项目通过研究、口述、视频等方式进行抢救,意义十分重大。

(一)岭南春色别样情

粤港澳大湾区的春天因了民间艺术活动的开展,成为中华大地上别样的春天。临近春节及农历正月期间,各古村落的民间文艺活动十分纷繁,彰显了浓郁的年味和民间艺术的独有魅力。

佛山是著名的醒狮之乡。俗话有云:无醒狮,不佛山。佛山的醒狮文化与武术相结合,精彩绝伦。醒狮,是融武术、舞蹈、音乐等为一体的传统民间文艺。佛山醒狮属于中国狮舞中的南狮，被认为是驱邪避害的吉祥瑞物。每逢节庆，或有重大活动，必有醒狮助兴，长盛不衰，历代相传。春节期间，佛山家家户户张灯结彩，等待醒狮队走村串户拜年、贺岁，以祈求家门平安、风调雨顺。2017年、2018年春节期间，佛山市黄飞鸿纪念馆每天都举行醒狮会演，吸引数以百万的群众前去观赏。2018年央视春晚上，佛山有两支醒狮队在零点时刻上台表演；2019年，佛山醒狮再次登上央视春晚舞台。

惠州市惠东县吉隆镇是广东省的舞龙之乡。2017年、2018年元宵节，20多条草龙舞动和穿行在吉隆的城乡，欢乐闹元宵。每年12月，当地民间艺术传承人即就地取材，用稻草制作草龙。做草龙的稻草颜色接近金黄色，每根的长度几乎一致，细看之下也很难发现有特别不美观或发黑的地方。因草龙的狂野与原始，当地的舞草龙活动吸引了大量游客，引人入胜。

江门新会的木版年画是民间庆祝春节的一种传统艺术形式。木版年画多以写实与装饰、写人与写景相结合的简明而夸张的手法，表现欢乐、幸福和吉祥等题材。印制年画要经过数次套色，先用模板把人物线条勾勒出来，接着用附件来印制人物的头饰、衣服的金边、身上的挂件等细部。

中山、东莞、肇庆城乡的春节一派热闹景象，飘色、粤曲、醒狮、舞龙等民间艺术形式在各个乡村尽情欢腾，庆贺春节。广州、深圳已然高度城镇化，但在现代都市的传统村落里，春节期间也是热闹非凡，举办粤曲展演、飘色、醒狮等民间文艺活动。

春节期间，香港、澳门都会举办民间文艺巡游活动。通过邀请不同的艺术团体在市集演出，把传统的民间艺术与创意艺术融入街头，并加入流动表演环节，与众同乐，让现代都市焕发出无穷的传统艺术文化魅力。

（二）理论研究硕果丰

民间艺术是活跃群众文化生活的重要方面，作为在特定历史条件下诞生的产物，其传承的关键在于人才。随着城镇化的进程，民间艺术的受众群体逐渐老龄化，范围逐渐缩小，如何培养后备人才以及群众对民间艺术的热情这一问题变得愈发突出。粤港澳大湾区各个城市都高度重视民间艺术的理论阐析和普及传播，通过民间艺术基础理论的拓展，既是对民间艺术本源、发展、特征、规律、价值等认识上的传统因循,又因地制宜和与时俱进地对新颖理念进行阐释,因而,形成了有别于其他理论研究的鲜明个性。

2017 年,广东省社会科学界联合会与中共惠州市委宣传部联合编写了《龙门农民画简史》,填补了长期以来龙门农民画理论体系研究的空白,为全国农民画理论支撑体系的建设作出了开拓性贡献。2018 年,中共龙门县委托广东南方软实力研究院编写了《龙门农民画初级教材》。这套教材已通过广东省教育厅中小学教材评审委员会的评审,进入校园、进入课堂,推进了民间艺术在青少年当中普及与传承。

2017、2018 年度,广州、深圳、佛山、中山等市政协文史委、社科联、文联、地方志办公室都组织编写了有关当地民间文艺的理论图书。这些理论作品对当地民间艺术的各种价值进行了分析研究,建立起民间艺术的价值理论体系,这是对民间艺术理论的一种有益拓展。

2019 年 8 月,由广东省文学艺术界联合会、广东省文艺研究所联合主编的《人文湾区·岭南三秀》正式出版发行。该丛书旨在弘扬大湾区人文精神,凝聚人文大湾区文化共识,增进大湾区各城市民间文化交流互动。"岭南三秀"指粤剧、岭南画派和广东音乐。这三种艺术形态,是大湾区各城市中底蕴深厚的民间文化代表性门类,至今仍然散发着创新的活力。

香港、澳门的理论界更加具有抢救民间艺术的理论自觉和文化自觉。香港中文大学的中国文化研究所、汉学文化研究中心,仅在 2017 年度就开展了《粤剧与竹棚戏台》《元朗十八乡:花炮会景巡游》《天后诞》等 11 项民间艺术研究。澳门的民间社团繁多。依托澳门基金会雄厚的资金支持,澳门历史学会、澳门文物关注协会、澳门学者同盟等社团在 2017 年、2018 年开展了一系列的民间文化研究,部分重要成果编印成书,有的还被澳门大学《南国人文学刊》刊载。

(三)产业发展有作为

民间艺术是传统社会生活的积淀,有着悠久的历史与厚重的文化。面对工业化社会迅速发展的大趋势,民间艺术与现代文化产业及当代社会呈现张力性共存。民间艺术的表现形式多样,比如广绣、剪纸、木雕等,都从不同侧面展现了传统文化的底蕴。但是,伴随着现代工业社会的发展,生产、生活方式发生了根本性改变,民间艺术赖以生存的土壤也发生了深刻变化,呈现式微的状态。因此,为提振民间艺术的发展活力,传统民间艺术开始商业化发展之路。比如广绣,入选第一批国家非物质文化遗产名录后,广州市政府积极帮助广绣生产单位开拓市场:一方面主导建立有形市场,为产业发展提供有效依托,通过市场来集聚人气、寻求商机;另一方面,借鉴苏绣、湘绣的经验,促进刺绣产业与其他行业尤其是旅游业的进一步融合,将广绣产业基地和展览馆等作为文化旅游点之一,成效十分明显。

2017年、2018年,民间艺术在产业发展方面有所作为,但要发挥更大作用还有巨大空间。产业经济是国民经济的重要支撑,民间文艺在旅游、文创、科技等方面的融合市场需求巨大,拓展力必须进一步加强。通过考察,当前,大湾区民间艺术产业发展存在以下若干制约因素。

其一,分散经营不利于产生规模化效应。大湾区经济繁荣,产业兴旺,市场经济日臻完善,民间艺术产业分布相对分散的生产经营者往往处于劣势。民间艺术的经营人员处在相对分散的状态,彼此间缺少行业的协作力与凝聚力,不能实现产销一体化,这导致产业化发展迟缓。再以广绣为例,广州、佛山从事生产与经营的企业虽然超过100家,但呈零散分布,大部分经营单位分散、生产能力差。这种不成规模的经营状况,导致产品在研发、创作以及销售等环节出现不同程度的脱节,再加上是纯手工制作,制作数量相对有限。这一相对分散的经营状态,导致订单量减少,在无形中减少了销量,容易产生恶性循环,不能适应市场经济发展的需要,不利于市场的开拓。

其二,市场信息把控不到位,未创建高效销售网。传统民间艺术在实施产业化进程中,积极探索产业化发展模式,实施了诸如前店后厂的模式。这与家庭作坊相比,虽然有了一定程度的改善,但还是沿用老思维,等着客户找上门来购买。传统民间艺术中有些是纯手工制作,这使得艺人并没有太多的时间去开展销售。更重要的是,民间艺人不具备主动销售的意识,也不关心市场动态,不能去积极联系客户,尽管已经存在业务关系上的客户,仍然导致民间艺人处在相对被动、消极的境地。

其三,生产与需求之间存在脱节现象。进入新时代,伴随着传统民间艺术品逐步发展成为高雅艺术品,当前真正对民间艺术品产生兴趣的是生活在城市的人,呈现出知识与品位。虽然当前开展传统民间艺术创作的不尽是农民,但是因为民间艺人长期在底层社会生活,与高品位顾客接触的机会并不多,生活环境制约了民间艺人的创作思维。所以,民间艺术的创作主体难以考量欣赏者的真正喜好,只能借助中介力量对作品种类的实际需要来加以把握,这样就容易出现生产与需要的脱节。

　　粤港澳大湾区的建设,必将促进文化事业朝着更加融合、更加繁盛的方向发展。民间艺术作品是能给人带来深层次享受的商品,当然,还需要借助文化品牌来不断提高知名度。要实现民间艺术的产业化与市场化,还必须着力创建品牌,通过市场机制与行政手段,凸显民间艺术的特色,强化推介与包装,做大、做强民间艺术文化品牌,逐步形成无形资产。

聚焦湾区文艺事业,高扬粤派批评旗帜

——粤港澳大湾区文艺评论观察

郑焕钊　　徐晨喆

　　粤港澳大湾区是由香港、澳门两个特别行政区,以及广东省的广州、深圳、珠海、佛山、中山、东莞、惠州、江门、肇庆九市组成的城市群。建设粤港澳大湾区战略的提出和实施,使得文艺评论的"粤派"视角逐渐转换为"湾区"视角。

一、粤港澳大湾区各地文艺评论概况

　　从文艺评论组织来看,目前,广东省主要有广东省评论家协会以及广州市文艺评论家协会(2008 年成立)、深圳市文艺评论家协会(1995 年成立)、珠海市文艺评论家协会(2017 年成立)、佛山市文艺评论家协会(2004 年成立)、中山市文艺评论家协会(2009 年成立)、东莞市文艺评论家协会(2006 年成立)、江门市文艺评论家协会(1997 年成立)7 个市级评论家协会,惠州和肇庆的市级文艺评论家协会还在筹办之中;香港特别行政区的文艺评论家组织,主要分布于中国文学艺术界联合会香港会员总会(简称"香港文联")下设的香港文联文艺理论家协会、香港电影评论学会、国际演艺评论家协会(香港分会)等较有影响的组织;澳门特别行政区主要是澳门文艺评论家协会。

（一）广东省文艺评论概况①

广东省评论家协会。广东省评论家协会原名为广东省文艺批评家协会,成立于 1994 年 11 月,是由广东省文艺批评家组成的专业性、学术性人民团体,也是广东省文学艺术界联合会的团体会员。广东省文艺批评家协会团结广东全省的文艺批评家,发挥联络、协调、服务职能,出作品、出人才,繁荣和发展广东省的文艺批评事业,致力于开创广东省文艺批评事业的新局面。至 2017 年,广东省文艺评论家协会共有会员 565 人,其中,40 人为中国文艺评论家协会会员,地级以上市评协团体会员共 14 人。

在文艺研讨方面,2017 年以来,广东省文艺评论家协会举办了"大家流芳"第 1、第 2 届文艺终身成就奖文艺名家(艺术类)系列研讨会,结合纪录片、艺术家传记、作品集的"1+3"标配,完成了"扬时代之光"——杨之光艺术研讨会、"为人民的文艺"——林榆粤剧艺术研讨会、"快活的蝙蝠"——刘斯奋文艺成就研讨会、萧殷文学研讨会暨萧殷文学馆开馆等研讨会。

在人才培训方面,广东省评论家协会举办了系列培训活动。比如,2017 年 9 月及 10 月,先后组织在广东省的中国文艺评论家协会会员至广西南宁和辽宁沈阳,完成两期集中培训。2017 年年底,开办了"新时代文化思潮与艺术表达"广东全省文艺评论骨干专题研修班,同时举办了"海外华文文学与文化认同"及"民族文学与民族志"两场研讨活动,广东、云南、山东、广西、四川及港澳地区高校的 20 多位专家学者参加研讨,对广东全省的 40 多名文艺评论骨干进行了集中培训。

此外,2017 年,广东省文艺评论协会完成了对湛江市、韶关市、珠海市 3 个广东省文艺评论基地创建点的实地考评,与广州图书馆合作开办了 16 场文艺名家公开课,与广东广播电视台南方生活广播合办了 104 期"好听周末——诗人在线"评论节目,播出 208 次,惠民约 20 万人次。

广州市文艺评论家协会。广州市文艺批评家协会成立于 2008 年 7 月

---

① 此处仅列举部分协会。

25 日,成员主要来自高等院校、科研机构、机关及企事业单位。广州市文艺批评家协会以弘扬本土特色的文艺批评为宗旨,以文艺批评促进文艺发展为目的,以加强协会品牌建设为突破口,探索具有岭南风格的批评方法和批评模式。目前,已经形成了"论坛"和"论著"两大重要品牌,近年来着力开拓文化与城市的关系研究,较好地发挥了协会的带头作用,促进了广州全市文艺批评界对于文化发展的关注,为广州的世界文化名城建设作出了自己的贡献。

深圳市文艺评论家协会。深圳市文艺评论家协会成立于 1995 年 11 月,是全国同级城市文联中成立较早的市级文艺评论家协会。作为深圳学术文化的一个重要组成部分,深圳市文艺评论家协会致力于加强文艺理论建设,开展积极、健康的文艺批评,追踪并研究文艺创作和文艺理论研究的态势,培养高素质文艺评论队伍。协会会员以高校和媒体为主体,广大会员特别是学院派会员潜心学术研究,出版评论和研究专著 140 多部,40 多名会员获国家级和省级奖项 90 多个。研究方向涉及各个文艺门类,在部分研究领域取得了一定的话语地位。近年来,通过举办文学深军新势力——深圳青年作家北京研讨会(两批)、"生成中的深圳摄影流派"北京研讨会、《胡经之文集》北京大学座谈会、邓一光深圳题材作品北京研讨会、深港水墨双年展香港研讨会、曲艺深军北京座谈会、深圳儿童文学作家群北京研讨会等研讨会,以及连续举办 5 年的深圳儿童文学沙龙、连续参与 10 年的深圳校园文学系列研讨推介等活动,汇集了全国一流的文艺评论家,对深圳的文学、摄影、美术、影视、曲艺等文艺门类的作品进行深入研讨和阐释,向社会和读者推介深圳的文艺成果,夯实深圳文艺理论的学术根基。在深圳市文艺评论家协会的推动下,文学深军、书法深军、深派曲艺、深圳摄影流派等得到了全国文艺界的认可,新都市戏剧和都市水墨画等研究也不断成熟。

中山市文艺评论家协会。中山市文艺批评家协会成立于 2009 年 1 月。该协会编辑出版了中山市文艺评论集《艺境的追寻》,会员个人出版评论专著约 10 部。协会致力于开展文艺研究、举办文艺研讨会,具有重要意义和深远影响的,有由广东省文艺批评家协会主办的 2009 中山诗群作品研讨会,以及由《中国作家》杂志社、广东省文艺批评家协会主办的 2011 华侨华人文学作品研讨会。同时,协会坚持为本土有一定艺术成就的文艺家举办作品研讨会,先后举办了朱东黎、郑万里、吴大勤、李智勇、罗欣荣、梁厚祥等人的多场作品研讨会,已成为协会的"特色品牌活动"。

2018 年 9 月 15 日,由中共中山市委宣传部支持、中山市文学艺术界联合会指导、中山市文艺评论家协会主办的 2018 年度第 1 期文艺理论高级培训班,在中山市文联文艺家活动中心开班。这次高级培训班,邀请了两位重要嘉宾现场授课,分别是广东省作家协会副主席、秘书长,广东文学院院长熊育群,著名严歌苓研究学者、中国社会科学院文学研究所《文学评论》编辑部编辑刘艳。中山市文学艺术界联合会党组书记、主席陈旭,中山市文艺评论家协会主席阮波,以及培训班学员等 40 余人参加了此次活动。

(二)香港地区文艺评论概况

中国文学艺术界联合会香港会员总会下设香港文联文艺理论家协会,立足于促进内地文艺与香港及国外华人文艺家交流。在"一国两制"、"港人治港"、高度自治的背景下,香港文联在发展先进文化方面,肩负着桥梁和纽带的重要作用。

在文学评论方面,主要有香港文学馆等组织。2009 年,一群当地文学工作者成立香港文学馆倡议小组,发起联署、举办论坛并向西九文化区管理局提交建议书,争取建立一座颇具规模的香港文学馆。该小组认为,除了具备展览和收藏珍贵的当地文学数据的功能,文学馆还必须同时发挥教育、交流、推广、研究、翻译、出版等多元和互动的作用,为香港文学的整理和发展创造更理想的条件,确立香港文学在华语地区以至全世界的地位。这个小组后来改组为香港文学馆工作室,持续举办文学活动,为成立文学馆累积经验、做好准备。几年来,支持成立文学馆的声音日益壮大,参与者的人数和热情与日俱增,成为一个持续发展的文化运动。2014 年 3 月,该工作室更进一步,成立香港文学馆并开设名为香港文学生活馆的长期活动场所,促进作家、读者和文学工作者的交流,培育文学社群感,还以此为基础,迈向实现一座整全的香港文学馆的目标。此外,《文学评论》(香港)、《香港文学》等刊物也致力于推动香港文学评论事业的发展。其中,《香港文学》创办于

1985 年 1 月,是香港文学评论最重要的发表平台,也是迄今为止在香港存在时间最长且影响广泛的纯文学刊物。在其发展历程中,经历过一次主编的更换:香港作家刘以鬯于 1985 年 1 月创办该刊并任主编,直到 2000 年 9 月,由香港作家陶然接任总编辑。根据内地徐诗颖的统计,《香港文学》在陶然接任总编辑以后至 2017 年的 17 年间,香港文学批评栏目共发表文章 391 篇,其中直接谈论香港文学的有 386 篇,含香港籍作者发表的"谈论香港话题"文章 161 篇(约占总篇数的 42%)、发表的"非香港话题"文章 54 篇(约占总篇数的 14%)。翻看这 17 年的《香港文学》,内地学者的人数要多于香港学者,但香港籍作者发表学术论文的数量并不逊色于内地作者,较为集中在高等院校,包括有名望的香港学者黄维樑、梁秉钧、陈国球、叶辉、梅子、何福仁、许子东等人,还有中青年学者李嘉慧、黄淑娴、黄劲辉、蔡益怀、吴美筠、伍宝珠、邝可怡等人。

在电影评论方面,香港电影评论学会于 1995 年 3 月正式成立,为香港首个由影评人组成的文化组织,亦为国际影评人联盟(FIPRESCI)成员之一。该学会的宗旨是团结志同道合的影评人,维护电影评论的独立自主性,从文化和艺术的评论角度推动香港电影,对香港电影成就作出肯定的评价。学会于每年年初均举行香港电影评论学会大奖评选大会,由会员经 3 轮讨论和投票,评出过去一年的最佳电影、最佳导演、最佳编剧、最佳男演员、最佳女演员 5 个大奖,以及年度推荐电影,透过理性的交流和讨论,表彰香港电影及电影工作者的成就。从 1995 年举办第 1 届开始,一直未有间断。并且,出版年度《香港电影回顾》,辑录大奖讨论,以及会员对香港电影现象及个别电影作出的精到分析,以多元角度的影评总结全年的香港电影成绩。学会于 2007 年 12 月开始出版季刊"HKinema",每期设独立专题,是一份由香港电影评论学会负责编辑、出版,获香港特区政府艺术发展局资助,以电影为主题的杂志。同时,学会致力于出版高质量电影读物,对香港电影作专题性的重点检阅,多年来,已有《王家卫的映画世界》《经典 200——最佳华语电影二百部》《群芳谱——当代香港电影女星》《电光影里斩春风——剖析武侠片的肌理脉络》等专题书籍出版,提高了观众对香港电影的重视及欣赏水平;并出版《电影通识行:给中学生的 4 节模拟课及其他》,推广电影通识教育。

在演艺评论方面,国际演艺评论家协会(香港分会)[International Association of Theatre Critics(Hong Kong)]具有重要的作用。国际演艺评论家协会于 1956 年成立,为联合国教育、科学及文化组织下辖团体。其宗旨是集合戏剧工作者与评论人,作不同的学术、文化交流。随着不断发展,该协会关注的范畴扩展至各类型的表演艺术、电影、电视以及视觉艺术。1992 年,香港分会成为国际演艺评论家协会第 5 个亚洲分会。香港分会自成立以来,致力于推动艺术评论,举办各类艺评活动,出版刊物,并参与国际会议及海外交流计划。创办初期,香港分会只能维持简单而基本的运作,但始终坚守专业路线,除邀请国际知名演艺评论家担任讲座嘉宾外,还多次委派代表参与母会举办的国际评论工作坊及国际评论会议。此外,在 1994—1996 年间,香港分会配合当地各个主要艺术节,举行国际艺评会议。从 1998—1999 年度起,香港分会首次获香港特区政府艺术发展局拨批的一年行政资助,大大增强了行政能力,稳步发展。过去多年间,香港分会一直获得香港特区政府艺术发展局的一年行政资助,会务得以积极发展,并与当地以至亚洲区内各演艺团体、各位艺术家建立了稳定的伙伴关系。官网资料显示,截至 2015 年,香港分会在各式媒体发表的艺评和导赏文章累计超过 1400 篇、160 万字,读者累计超过 100 万人次,参与作者超过 400 人;超过一半为新进艺评人,为当地文化和艺评发展注入源源不断的动力。此外,香港分会与香港电台合作制作深度演艺评论广播节目《演艺风流》,累计超过 350 集,邀约评论嘉宾近 300 人,听众人次累计达 50 万人,是透过当地媒体普及艺评文化的重要平台。每年出版多种演艺书籍和刊物,累计超过 40 个项目、280 万字,是当地唯一积极整存和研究演艺资料的组织。至 2015 年,香港分会已出版超过 110 套书籍、刊物。

(三)澳门地区文艺评论概况

近年来,澳门的文艺评论取得了颇为丰硕的成果,呈现出百花齐放的学术研究局面。从澳门作家、作品的评论到以往澳门文学创作成果的梳理,从澳门文学建设的学理思考到澳门文学学术研究的深度掘进,从对澳门文学家、评论家的个案讨论到澳门文学、文化发展的宏观探索,都达到了一定的水准与高度。尤其是以澳门文艺评论家协会和澳门大学中文系为主要阵营的研究者群体,对于建构澳门文艺评论的独特学术地位用力甚勤,显示了澳门文艺批评与文艺学术研究的强劲学力。《澳门日报》文学副刊《镜海》于2011年年初开始,重点推出了"澳门文艺评论组合"栏目,开创了澳门文艺评论、研究界的新阵地,还较为全面地展现了澳门文艺评论与研究的实绩,更为今后澳门文艺评论的学术建构之路奠定了基础。

澳门文艺评论家协会成立于2011年11月,现任主席为朱寿桐,副主席有廖子馨、汤梅笑、戴定澄、庄文永、李宇梁、龚刚、傅天虹等人。近年来,澳门文艺评论家协会积极推动澳门文学馆的筹建,还与澳门特区政府文化局合作,开展首批50位澳门文学家传记的撰写与整理项目。此外,还围绕"澳门文学的形象"开展讨论。在推动文艺评论人才培养方面,澳门文艺评论家协会与澳门高等教育辅助办公室合作,通过澳门高校写作比赛这一平台,倡导学生阅读并引导学生创作评论,极大地提升了澳门高校校园的阅读和创作风气,提高了学生的人文素质,这势必对未来澳门文学的建设与发展有着深远的影响。

二、聚焦大湾区文艺主题评论,引领大湾区文艺对话融合新格局

(一)粤港澳大湾区文艺研讨活动

一是粤港澳大湾区文学评论方面。(1)粤港澳青年文学研讨会在广州暨南大学召开。2017年5月20—21日,借由粤港澳大湾区概念的提出,粤港澳青年文学研讨会在暨南大学举办,来自海内外的40多位专家学者出席。此次会议由中国文艺评论(暨南大学)基地、广东省文艺评论家协会、广东文学院、花城出版社联合主办,以粤港澳大湾区城市群规划建设的提出以及香港回归20周年为背景,融合区域交流、多元包容、互学互鉴的文化理念,推动粤港澳青年文学创作、研究、出版等相关板块之间的对话与互动,打

造大湾区文学。这次会议,主要围绕促进粤港澳文化交流的常态化、作家代际的划分及沟通、地域流动与作家创作的关系、粤港澳文学创作的差异性与共通性,以及文学创作的世界性、民族性与本土性等话题展开。参会专家充分肯定了粤港澳三地的文艺作品出版、传播和接受对于促进文化认同的重要作用,并提出要促进粤港澳文化交流的常态化,构建多元包容的文学生态。(2)2017—2018年度,两届粤港澳大湾区文学发展峰会在深圳顺利召开。首届粤港澳大湾区文学发展峰会于2017年12月21日召开。来自内地和港澳的数十位著名作家、评论家、专家学者,在深圳论证和探讨粤港澳大湾区文学观念的形成和发展。与会的专家学者普遍对大湾区文学的新观念,给予了热情而充分的肯定,并对大湾区文学的论证,以及如何运作这个跨世纪的文学工程提出了各自的宝贵建议。2018年9月26日,以"推进城际合作,共建文学湾区"为主题的第2届粤港澳大湾区文学发展峰会在深圳举行。会上,广东省作家协会副主席、深圳市作家协会主席李兰妮宣读了《粤港澳大湾区文学合作发展倡议书》,呼吁粤港澳三地的11个城市积极开展文化交流合作,携手建设人文大湾区,为大湾区建设贡献力量。香港作家联会会长、香港特区政府艺术发展局艺术顾问潘耀明,中国作家协会全国委员会委员、澳门基金会主席吴志良,广东省文艺评论家协会主席林岗,广东省作家协会副主席、广州市作家协会副主席张梅,珠海市作家协会主席卢卫平,佛山市作家协会主席张况,江门市作家协会主席张启雄,东莞市作家协会主席陈启文,惠州市作家协会主席陈雪,肇庆市作家协会主席钟道宇,中山市作家协会副主席徐向东,深圳市作家协会副主席、网络文学委员会主任梅毅等嘉宾围绕峰会主题,就如何深化大湾区文学合作发展和建立长效合作机制展开热烈交流研讨。下一届粤港澳大湾区文学发展峰会将在澳门举行。(3)首届粤港澳大湾区文学研讨会暨葛亮文学创作研讨会在暨南大学举行,成立粤港澳大湾区文学工作坊。2018年11月4日,由广州文学艺术创作研究院、广州市作家协会、广州市文艺评论家协会、暨南大学中国文学评论基地、暨南大学华文文学与华语传媒研究中心联合主办的首届粤港澳大湾区文学研讨会暨葛亮文学创作研讨会,在暨南大学举行。广东省作家协会主席蒋述卓、中国出版集团副总裁潘凯雄、广州市作家协会主席张欣、澳门大学中文系主任朱寿桐、广东文学院院长与大湾区代表性青年作家葛亮等文学名家共同启动了粤港澳大湾区文学工作坊。大湾区青年作家代表葛亮、蒲荔子、阿菩入驻工作坊。粤港澳大湾区文学工作坊将根据大湾区历史、地理及文化特点,服务和促进大湾区文学创作、文学交流、文学阅读,团结大湾区文学力量,促进大湾区文学发展,同时立足大湾区,实施国际写作计划,邀请国际名家与大湾区产生互动,促进"一带一路"文学交流,成为促进大湾区文学创作和交流的重要平台。

作为工作坊的项目之一,《粤港澳大湾区文学地理丛书暨手绘文学地图集》在现场启动。花城出版社总编辑程士庆介绍,计划邀请作家对大湾区 11 座城市的文学地标和遗存进行书写。广东文学院院长熊育群认为,粤港澳大湾区的文学是中国文学里面从没有出现过的一个现象,这个工作坊的成立将能够为中国文学的发展助一臂之力。澳门文艺评论家协会主席朱寿桐表示,粤港澳大湾区文学工作坊将会成为粤港澳文学创作、文学研究和文学学术发展的一个新的生长点。中国出版集团副总裁、文学评论家潘凯雄认为,大湾区文学将为人们提供新的中国经验以及新的体验方式、观察视角和思考模式。

二是粤港澳大湾区电影评论方面。(1)广州大学举办粤港澳大湾区电影发展战略高端论坛。2017 年 11 月 8—9 日,粤港澳大湾区电影发展战略高端论坛在广州大学举行,旨在顺应国家文化战略要求,发展区域文化特色,打造学术精品。在广州大学新闻与传播学院的大力支持下,由广东省广播电视艺术学重点学科与《当代电影》杂志社联袂打造,吸引了来自北京、香港、澳门、广州等多地的电影专家学者、部门负责人和业界人士。中国艺术研究院影视所副所长赵卫防以题为《港味美学及两地电影的融合与发展》的学术报告开启论坛。主题报告环节中,广东省广播电视艺术学重点学科负责人戴剑平首先带来了《"八问"粤港澳大湾区电影》,围绕"粤港澳大湾区电影发展战略"这一新的概念、体系和思路,提出了八大问题,即:"为什么提出粤港澳大湾区电影""怎样理解粤港澳大湾区与大湾区电影的定位""粤港澳大湾区电影可能涉及的政治与文化要素""粤港澳大湾区电影可能涉及的商业与传播要素""粤港澳大湾区电影可能涉及的语言与审美要素""粤港澳大湾区电影的机制与体制""类型的不平衡发展是粤港澳大湾区电影的一种现象吗""国家战略发展转型是怎样的新思路"。珠江电影集团副总裁黄昌宁,广东省电影家协会副秘书长邵力,广东省新闻出版广电局传媒处处长李志强,香港特区政府电影发展局委员、浸会大学教授卓伯棠,澳门科技大学电影研究院助理教授田媛分别作了报告。(2)2018广东电影年会暨粤港澳大湾区电影产业峰会在佛山举行。为迎接国家即将出台的《粤港澳大湾区发展规划纲要》,广东省电影行业协会主办的2018广东电影年会暨粤港澳大湾区电影产业峰会,于2018年3月28日在佛山市召开,年会的主题是"深度融合,创新发展"。广东省的电影制片、院线、影院、设备商、高等院校等各方面的代表近450人欢聚一堂,共商粤港澳大湾区电影业发展大计,其代表性及规模在各省份的电影界是罕见的。中国电影基金会理事长张丕民、中国电影家协会分党组书记张宏、中国电影科学技术研究所党委书记栾国志、中国电影发行放映协会副会长陈连宝、广东省新闻出版广电局副局长刘小毅、广州市文化广电新闻出版局副局长任天华等人,出席了这次年会。此次年会围绕发展大湾区电影产业有利于中国电影"走出去"、发展大湾区电影产业的优势和难点、大湾区如何吸引和留住电影人才等主题,展开深入的讨论。

在此次年会上,由广东省电影行业协会牵头,联合广州、香港、澳门、深圳、珠海、佛山、东莞、中山、江门、惠州、肇庆的电影协会和企业共13家单位,共同筹组粤港澳大湾区电影产业联盟。发起单位代表共同签署了《粤港澳大湾区电影产业联盟共同宣言》,旨在抓住机遇,凝心聚力,为提振大湾区电影业界士气斗志、营造大湾区电影业界良好氛围、促进大湾区电影业界融合发展作出努力。在这次年会上,广东省电影行业协会联合深圳中洲文化创意产业有限公司(其母公司是中国房地产百强企业)、广东百影汇电影产业有限公司,宣布粤港澳大湾区电影产业中心项目启动,力求打造一个青年电影人创业中心和现代电影全产业链基地。

三是粤港澳大湾区美术评论方面。借"跨海长虹"——陈许港珠澳大桥主题油画展在珠海市古元美术馆展出之机,2018年8月19日,大湾区题材艺术创作座谈暨陈许港珠澳大桥主题油画作品研讨会在古元美术馆举办。这次研讨会由广东省美术家协会、广东省粤港澳合作促进会、广东省文艺研究所、珠海市古元美术馆主办,广东南方软实力研究院协办。

画家陈许是广东省政府文史研究馆馆员、中国美术家协会会员,作品多次入选全国、省、市美术展览并获奖。在港珠澳大桥建设的 8 年时间里,陈许上百次深入大桥建设工地,通过考察在建现场与采访建设者,创作了 40 多幅油画作品。他用源于西方艺术的油画,结合中国画的意象表现形式,以独具个性的写意油画描绘港珠澳大桥建设的全过程,画面雄浑壮阔,极具视觉冲击力,为促进粤港澳三地的文化交流添彩增色。与会的学者专家围绕主题性展览与作者的关系、大湾区背景下美术资源整合、大湾区题材的艺术创作与文化精神等主题,共同探讨了大湾区主题艺术创作的现象与规律,提出了富于启发性的见解,为促进粤港澳大湾区走向世界级人文艺术发展高地作了一次协同创新研究的尝试。

(二)文艺评论聚焦大湾区文艺的界定

2017 年,在首届粤港澳大湾区文学发展峰会上,"粤港澳大湾区文学"的概念被提出来。它作为一个全新的文学概念,涉及从学理到实践的诸多问题。湾区原本是个经济概念,国际上的湾区城市通常都是文化中心。多民族、多国别人口聚集,带来多元文化,并不断创造新的文化。世界上的不同文化、不同文明,在此相互碰撞融合。比如,旧金山湾区是美国最大的移民聚集地,也是文化多元之地,被称为美国的"民族大熔炉",硅谷的诞生与这种多元、包容的文化有着不可分割的关系。基于深厚的区位、历史、人缘等关系,粤港澳三地已形成岭南文化与中原文化、海洋文化与内陆文化、移民文化与海外文化、商业文化与精英文化良好交融共生的关系。作为一种事实上既有文化同源,又充满差异的文学形态,"粤港澳大湾区文学"是一种客观的存在,但长期以来被分隔在"广东文学""香港文学""澳门文学"的范畴中被讨论,因而,在很大程度上限制了对大湾区文学所具有的独特文学特质的思考,更难以从中产生出一种创作的自觉。"粤港澳大湾区文学"概念的提出,不仅从理论上推动了相关文学经验、审美经验和文化经验的可能性的探讨,更将给创作实践和文化交流带来可能与挑战。在近两年来的各种学术会议和评论研讨活动中,来自大湾区以及国内其他地方的重要评论家对这些问题进行了专门的讨论。

一是"粤港澳大湾区文学"的概念,首先带来中国文学视野在宏观的历史时间(乡村文学到城市文学)和空间视野(从中原中心到华语文学中心)的转换。早在19世纪与20世纪之交,梁启超就从世界性的视野讨论广东的中心位置。与此相仿,复旦大学教授陈思和从中国地图的视角指出,深圳、香港和澳门都处在中国的最南面,但是,如果把"华文文学"这个概念引进来,我们的文学地图就变了,粤港澳大湾区在地理上就是一个桥梁,也是一个中心位置。从边缘转向中心,一个很重要的理念就是把华文文学作为文学发展的重点,使粤港澳三个地方都能够发挥不同的功能。这将促使中华文化的发展发生根本性变化,并将从整体上影响到中国文学以及国际文学的发展。北京大学中文系教授陈晓明则从城市文学发展的角度,来思考粤港澳大湾区文学所具有的引领意义。他指出:"大湾区文学的提出是很有创造力、有当代性的一个概念。大湾区是城市化程度最高的一个地区,也是经济最富有活力的地区;是改革开放的示范区,也是未来中国发展的引领区域。可以从它和未来城市发展相关的意义上来创建新型文学的设想。大湾区文学的特点之一,是它的多元性和多样化。粤港澳地区本身的文化有一脉相承的基础,同时也有不同的文化滋养。如此丰富多元的文化结合在一起,形成一种新的互动。"

二是"粤港澳大湾区文学"的概念还打开了粤港澳文学既同源又差异、动态融合的丰富空间,为新的审美和文化可能性提供了崭新的视野,也提供了重新发现和创造文学特质的可能性。中国文艺评论家协会秘书长庞井君指出,粤港澳在位置地理上相毗邻,但在社会制度、文化习惯上又不完全一样。将这三个地方融合到一起展开文学共同话题的探讨,这是一种创造性的思路。在梳理区域文学传统的基础上,能够从不同地区和不同作家作品的艺术性、思想性、哲学性层面看到文学的可能与未来努力的方向。香港岭南大学中文系教授许子东则从多元性的角度,指出大湾区文学这个概念给文学思考带来的可能性。比如,"一国两制"是国家文学生产机制之外当代中文的一个标本,它有利于保护香港、澳门的文学。又如澳门、香港、广州三地和深圳不一样:前三者是同一个粤语文化,母语和方言为主;而深圳是一个移民城市,深圳文化不只是岭南文化,不只是广东文化,它跟粤语文化的互动冲撞是一个非常有意思的现象。中国出版集团副总裁、文学评论家潘凯雄从体验方式和思维模式的角度提出:"大湾区文学这个概念对作家来说既是一种挑战,也是一个巨大的机遇。其经济生态会给人与人的关系、人的思维方式带来变化,从而给文学、文化带来变化,这可能是未来大湾区文学最值得关注的地方。"香港作家葛亮的观点与此相似,他认为,粤港澳大湾区的概念体现了更大的视野和文学发展的可能性。而广东作家王威廉则从大湾区具有中西文化交流的独特历史及其内蕴的复杂文化脉络的角度指出,由于香港和澳门与西方有着长远的文化交融史,在相当长一段时间里,香港一直是内地跟西方交往的重要通道,因此,珠三角在中国是一个传统话语和现代话语集中碰撞最激烈的地方。如今,内地与香港相互之间还是一种内涵不断变动的想象。粤港澳青年文学要寻找到一种更开阔的创作道路以及新的历史维度,那就应该正视这片地区复杂的文化生态语境,并将这种复杂性呈现在作品中。中山大学教授谢有顺从书写主题的角度认为,就文学的角度来说,大湾区文学超越了地理学和社会学意义上的概念,开创了审美和艺术的空间,会有更多的书写主题。广东省文艺研究所副所长卢瑜指出,大湾区作为一个新兴的经济、文化概念,也具备了艺术创作母题所蕴含的丰富元素,比如时代精神、中西艺术融通、区域文化的传承创新、人与自然的和谐共处、人文艺术的跨界融合等等内容。

三是"粤港澳大湾区文学"的概念因其所具有的开放性视野,不仅能够打破文学发展的既有格局,还能够推动相关的研究和接受阅读的新空间,从中打开新的精神空间。潘耀明从自己从事几十年香港文学建设的经验说明,香港和澳门有些相近的文化命运,都迫切需要以一个崭新的文学格局扩大各自的文学疆域,而大湾区文学为此提供了契机。香港城市大学博士生余文翰从研究与阅读的角度指出,与其将大湾区文学视为对粤港澳三地文学的整合,不如说是放大了人们看待三地文学的视野。在它的框架下,不再就香港文学而研究香港文学,而是从它与广东文学、澳门文学的差异入手,从它在广东和澳门的传播、影响入手,又或者从澳门文学、广东文学对香港的想象入手,等等。换句话说,大湾区文学扩大了视域,开放了原本各自独立的空间,在相互平等的前提下从事跨区域、跨文化的研究,并帮助读者建立起了解、欣赏"他者"的能力。

四是由于大湾区内地9市基本都属于粤语方言区,而粤语文化也曾风靡全国,因此,有学者从粤语方言的角度,对大湾区文学展开讨论。黄子平就提出了粤港澳大湾区文学中的方言的可能性问题。他认为,随着粤港澳大湾区文学概念的推出和不断发展,融合了各种当地方言和外来语言的新文学必将会给人们带来新的观看世界的视角和方法。很多过往产生于粤港澳大湾区的文学案例,甚至是那些不成功或被遗忘的经验,都可能重回视野。

(三)"大湾区文艺"的精神特质与文化渊源

随着粤港澳大湾区国家战略的提出,与之相关的大湾区文化、大湾区文学、大湾区艺术、大湾区电影、大湾区题材等概念也相继被各种场所使用。因而,在讨论"大湾区文学"概念带来的文学审美与文化经验新的可能性的同时,也需要深入地理解、廓清大湾区文学艺术的内涵,尤其需要把握其精神特质、揭示其文化渊源。广东省作家协会秘书长、广东文学院院长熊育群认为,当前对大湾区的传统历史和文学急需梳理,不能只围绕着大湾区这几十年来的发展来谈文学,"要有机打通大湾区的历史与现代,才能获得比较深刻的认知"。

广东省文艺评论家协会名誉主席黄树森则从4个源点的角度,为大湾区文化的讨论提供视野:第一个源点是澳门和珠海,即以澳门为起点的中西文化走廊的始发地,形成东西两种文化的碰撞和交汇;第二个源点是珠江口,事实上,唐宋以来至今,中国经济、文化的走向,就沿着东海、南海一直通向广东珠江口;第三个源点是现代化,作为现代化要素的市场经济和人文精神从民国直至现代,就是在广东发端;第四个源点是香港,由香港进入珠三角并向内地延伸。大量文献证明,中国现代化的发展最早源于广东。这就决定了广东文化自唐宋以来直到21世纪,在中国的地位非常重要。通过梳理大湾区文化的形成与交融,为大湾区经济发展和将来在世界各大湾区有特别的位置作出贡献,这是非常有意义的探索。

暨南大学中文系副教授郑焕钊从概念内涵的角度指出,就理论研究的角度,我们需要厘清"大湾区题材艺术""大湾区文化""大湾区艺术"作为一个专门的概念内涵的问题,从而使对于大湾区题材创作的讨论能达到更为深入和专门的层面。对大湾区文化概念的界定,需要遵循3个维度——历史维度、现实维度和未来维度。从历史维度上,需要探讨大湾区文化的历史脉络与精神原点。从现实维度上,需要思考大湾区文化与大湾区的当下实践之间的关系。而从未来的维度上,需要立足于人类命运共同体的新的全球化趋势,凝练大湾区的时代精神。而"大湾区艺术"的概念,是从"大湾区文化"概念的讨论中产生的。两者相比之下,艺术更强调个体性、差异性和创造性,因而,"大湾区艺术"概念的内涵提炼,既需要立足于现实的历史实践中的艺术精神,也需要扎根于大湾区艺术的实践土壤。陈许以港珠澳大桥为对象的系列艺术创作,是大湾区题材艺术创作,甚至是我们界定大湾区艺术的一个重要研究个案。

澳门城市大学助理教授张志国则从电影的角度,讨论大湾区文艺"跨国叙述"的文化特质。他指出,从既有的粤港澳视频中,结合粤港澳独特的历史背景,"跨国叙述"应作为粤港澳电影共同的优势特色之一继承并发展。无论是在港澳,还是在广东,中西文化的交流极为深入,移民现象最为剧烈,例如海外华侨中粤语华人为数众多,而"自梳女"群体仅在广东才有。由澳门土生葡人作家飞力奇小说改编的电影《大辫子的诱惑》反映的中西文化冲突与融合的主题等等皆隐含着"跨国叙述"。因此,"跨国叙述"的独特思维及想象模式可以作为粤语电影的重要表征之一。

(四)构建大湾区文艺的交流与发展机制

粤港澳大湾区既同源同根,又处于两岸三地三种不同的政治制度中。百年来,因为历史和政治的原因,三地在文化认同、身份意识和交流机制等方面,存在一定的现实困难。因而,借助大湾区文艺的交流互动构建文化共同体,是大湾区文艺互动融合的重要目标。而如何搭建粤港澳大湾区文艺交流的对话平台、构建合作发展机制,则是其中最为关键的问题。围绕这个问题,两岸三地评论界人士也进行了讨论。

从搭建对话平台的意义的角度,广东省作家协会主席、暨南大学中国文艺评论基地主任蒋述卓认为,受岭南文化和海洋文化影响,粤港澳无论是在文化根源还是在地理条件上都紧密相连。在文化同根同源的基础上搭建文化对话的平台,让粤港澳的文学工作者聚集起来交流各自的创作经验,对于推动粤港澳区域文学互动具有重要意义。香港作家、香港浸会大学人文及创作系副教授唐睿结合自身文学经验指出,类似《虾球传》之类的文艺作品曾是一代人的集体记忆。他在成长过程中不断听到广州的一些地名,比方说西关、沙面,并对它们积累了很多的想象。后来读中学的时候,他拿着一张地图来逛,寻找西关和沙面,就有朝圣的感觉。因此,广东在香港其实意味着一个极为重要的记忆形象,说明大家都有很好的对话基础,完全可以更深入地讨论粤港文化的发展,关键是建立一个有效的沟通机制。

而如何构建这一机制,既能够保证对话交流的有效,又能够充分尊重三地多元文学的丰富活力?中国社会科学院研究员杨匡汉就立足文学生态的角度,指出大湾区在构建文学骨架方面,要互鉴互学,取长补短,多做交流工作。广东可以提供更广阔、更良性循环的平台,在此基础上建立健康的文学生态。大家在创作、批评方面可能有不同的意见,但要坚决保卫彼此发表不同意见的权利。只有先建立多元宽容、生动活泼的文学生态,大湾区的文学才能真正互联互动。香港岭南大学人文学科研究中心研究员郑政恒肯定了大湾区文学提供对话框架的重要意义,但他也警惕地指出,需要客观看待它面临的局限,因为香港文学、澳门文学、珠海文学、深圳文学等都处于大湾区,但它们的文学价值显然存在不可同日而语的分量差异,这可能导致强势的一方缺乏协同行动的兴趣。

由于电影涉及资本、技术和产业合作等更为复杂的情况,构建大湾区电影合作交流的发展机制面临的困难也将更大。珠江电影集团副总经理黄昌宁尖锐地指出,粤港澳大湾区建设面临的最大难点是制度上的差异,例如三地不同制度的协调、多个城市之间利益的协调、湾内和湾外的协调等问题。为此,粤港澳大湾区电影产业的融合发展,需要进一步解放思想、深化改革,形成合力、求同存异,才能为创造国际一流的营商环境和内外资企业公平竞争环境扫除障碍。中国电影家协会分党组书记张宏为大湾区电影产业发展的合作机制提出几方面建议:一是开发电影衍生品,与制造业和旅游业紧密联系起来。电影主题乐园是一篇可做的大文章,广东在这方面有巨大的市场。二是优化电影教育培训。广东每年有六七十万大学生毕业,如何通过和大湾区的影视公司合作,把人才留下来,是值得探讨的课题。三是推动广东电影"走出去"。广东有 1.1 亿人口,其中粤语人口有七八千万,还有 1.2 亿粤语人口在海外,这些都为广东电影向全球辐射打下了基础。

(五)粤港澳大湾区文艺的文化功能

大湾区文艺的文化功能,首在凝聚人心、推动文化"走出去"。广东省文艺评论家协会副主席、秘书长梁少锋指出,粤港澳地区具有良好的相互交流的传统。随着国家"一带一路"倡议的推进,作为古代海上丝绸之路的起点,粤港澳大湾区作为一个整体的新形象再次呈现出在中外文化交流中的重要性。广东的文艺界和文艺家要配合国家的战略发展,大力挖掘、整理和宣扬岭南优秀的传统文化,不断丰富和弘扬岭南的文化精神,把握新时代文化发展的机遇,发挥文化引领的支持作用,在增强大湾区文化软实力、共建繁荣和谐的人文大湾区的历史征程中发挥积极的作用。广东南方软实力研究院常务副院长谢镇泽指出,世界知名湾区均以文化立湾,以文化的魅力、软实力的因素来吸引人才和投资。而粤港澳大湾区基于深厚的地缘、史缘、亲缘等关系,整个大湾区的文化呈现出更强的多元性和包容性。巩固粤港澳"文化共生",着力提升大湾区发展的归属感和参与感,围绕促进大湾区多元文化融合共生,培育务实、开放、包容、创新的大湾区文化精神,是当下文化界、艺术界、理论界的重要任务,也是大湾区软实力建设的必然需要。澳门基金会主席吴志良指出,构建粤港澳大湾区文学的意义在哪里? 一个是民族性的:利用大湾区建设,我们可以通过文学建立一个新的纽带,拉近三地的距离,讲好共同的故事,推进人心的相通,最后扩大整个精神家园的空间,因为我们的文化源头是一样的,有一个共同的祖先。另外一个是国际性的:中共十九大报告指出,中国已经步入新时代。在这个新时代,文学应该怎么走? 粤港澳大湾区是不是可以做一个新时代的探索者,作为代表中国文学走向世界的一个先锋队? 广州大学教授龙其林认为,粤港澳大湾区的世界级区域规划,对于粤产电影具有里程碑式的意义。伴随区域板块的打造,资本大量进入,必然带来影视文化的增殖,让粤产电影有了接轨香港、重现辉煌的可能。华南理工大学张陆园则指出,在建设粤港澳大湾区的时代背景下,粤港澳大湾区影视文化"走出去",要打好"一带一路"、粤港澳大湾区、岭南文化和港澳四张牌。

三、"粤派批评"为大湾区文艺评论
提供发展基础

晚清以来,广东各个时期都有一批在全国产生一定影响力的粤派批评家。诚如陈剑晖指出的,"他们视野开阔,思维活跃,敢为人先,走在时代前列":黄遵宪关于"诗界革命"与梁启超关于"小说界革命"的倡导,开创了一个时代的风潮,在全国产生了广泛的影响;20 世纪二三十年代,黄药眠在《创造周刊》上发表了大量文艺大众化、诗歌民族化的文章,产生了很大影响;钟敬文则研究民间文学,被视为中国民间文学的创始人;黄秋耘勇猛向上,慷慨悲歌,疾恶如仇,高举着"写真实"与"干预生活"两面旗帜,大声呼吁"不要在人民疾苦面前闭上眼睛";而梁宗岱通过中西诗学的贯通,建立起现代性与本土经验相融汇的诗歌理论批评体系。新时期以来,"粤派批评"涌现出不少在全国有一定知名度的批评家。例如在广东本土,"30 后"有黄修己、饶芃子、黄树森、黄伟宗,"40 后"有谢望新、李钟声,"50 后"有蒋述卓、郭小东、陈剑晖、程文超、金岱、林岗、宋剑华、徐肖楠、江冰,"70 后"有谢有顺、申霞艳、郭冰茹、张均、胡传吉等人。如果以籍贯来看,还有洪子诚、陈平原、黄子平、温儒敏、陈思和等文学史学人、批评家。在百年中国文坛上,"京派批评""海派批评"以及 20 世纪 80 年代崛起的"闽派批评"已是大家公认的文学现象,而"粤派批评"是否构成一个流派? 假如成立,"粤派批评"的整体特征是什么? 在当下提出"粤派批评"的意义又是什么? 这些问题共同构成近年来广东文艺评论的一个突出问题。

2016 年 2 月 28 日,古远清在媒体发表文章《让"粤派批评"浮出水面》,

"粤派批评"的概念首度浮现于大众媒体。同年5月,文学评论与20世纪中国文学史生成研讨会在暨南大学举行。借此之机,《羊城晚报》推出《"粤派批评"一说成立吗?》的报道,策动对这一话题的大讨论。6月28日,中国作家协会《文艺报》以一个整版篇幅的长篇报道《"粤派批评"批评实践已嵌入历史》,对发端自南方的这场讨论从理论上作出学术回应。由此,广东文艺评论界成功地在全国亮出一面旗帜。"粤派批评"这个概念提出以来,引发了文艺界和学术界的广泛关注与热烈讨论。2018年,广东在高扬"粤派批评"旗帜方面,主要做了如下工作。

(一)出版"粤派评论丛书"

"粤派批评"概念的提出,以20世纪以来的批评实践为根基。出版"粤派评论丛书",以实际的评论实绩,为"粤派批评"概念的形成与粤派评论的发展构建支撑。正如蒋述卓指出的:"'粤派评论'作为一个实践在先、命名在后的批评范畴,并非主观臆想、闭门造车的结果","'粤派评论'丛书,更多的是描述一个客观的文学事实","它不是一个具有特定文学立场、主张和追求趋向一致性和自觉集结的理论阐释行动"。"粤派评论"丛书勾勒了从晚清时期的梁启超、黄遵宪开始,直到改革开放以来"粤派批评"的历史发展脉络和共同特征,包括从晚清到五四运动、20世纪二三十年代、新中国成立后17年、20世纪八九十年代、21世纪以来"粤派批评"几个重要的阶段,呈现了"粤派批评"发生、发展和演变的历程。

"粤派批评"虽具有地方身份标识,却不是局限于一地之见的文艺理论家、批评家群体,因而,"粤派评论丛书"的选编在范围上,既有历史,也有当下,既有名家,也有新苗,既有文学批评,也有各门类的艺术批评。在批评群体的选择上,既包括长期生活、工作于粤地的批评家;也包括虽不是粤籍,但在粤地工作超过10年的批评家;还包括出生、早年受教育于粤地,后到外地求学、工作,从事学术研究和批评并关注广东文化的批评家。

这套丛书分为"文选"和"专题"两大板块:"文选"板块包括"大家文存""名家文丛""新锐批评""新世纪粤派评论"四个层次,梳理广东百年来的批评文脉,精选了35位最有代表性的粤派批评家,每人出版一本代表性文论集。"专题"板块则从文学批评史的角度,论述粤派评论从晚清到21世纪以来的发生、发展和演变。该丛书初步计划在3年内出版50本,使之成为一张在广东打得响,并在全国文艺版图中占有一席之地的文化名片。

至2018年3月,"粤派评论丛书"已由广东人民出版社出版18本。其中,"文选"板块包括《梁启超集》《康有为集》《黄遵宪集》《黄药眠集》《钟敬文集》《萧殷集》《黄秋耘集》《梁宗岱集》《刘斯奋集》《黄树森集》《饶芃子集》《黄伟宗集》《黄修己集》《谢望新集》《李钟声集》等15种,"专题"板块包括《中外粤籍批评》《"粤派批评"视野中的"打工文学"》《"粤派"网络评论》3种。

(二)总结"粤派批评"的历史经验与精神特质

2018年1月13日,由中国文艺评论家协会、中国文学艺术界联合会文艺评论中心、广东省文学艺术界联合会共同主办,《中国文艺评论》杂志、广东省文艺评论家协会、羊城晚报报业集团共同承办的"粤派批评"与当代中国文艺学术研讨会在京举行。中国文艺评论家协会主席仲呈祥、广东省作家协会主席蒋述卓、广东省文学艺术界联合会党组成员双南征出席会议,会议由中国文学艺术界联合会理论研究室主任庞井君与中山大学教授林岗主持。与会者围绕当代中国文艺格局中的"粤派批评"、"粤派批评"的时代担当及其内涵发展、"粤派批评"的学术维度与文化品格等主题,进行了交流与探讨。与会专家认为,"粤派批评"本身已经超越了地域的局限,成为中国文艺评论事业的一支生力军。全面总结研究"粤派批评"的历史经验与现实精神,恰当地描述其在当代文艺建设中的地位与作用,具有特别意义。

(三)提炼本土创作新经验

进入21世纪,诸多青年作家和高校毕业生前往广东,比如"70后"作家魏微、"80后"作家李傻傻。2010年之后,本土与外来青年作家的数量都迅速增加。"70后""80后""90后"作家,数目之多难以列尽。比如,小说界的黄惊涛、黄金明、盛慧、马拉、旧海棠、王威廉、蔡东、陈崇正、陈再见、温文锦、郭爽、皮佳佳、王哲珠、欧阳德彬、周朝军等人,诗歌界的冯娜、杜绿绿、谢小灵、安然等人。这些作家都有着很大的影响力,各自的风格也不相同。他们基本都生活在珠三角城市,作品的现代感都很强,还在探求着新的变化,开启了广东文学新篇章。尽管"粤派批评"家不少,但其中真正对本土最新文学创作情况保持关注的批评家还是太少,更缺少能真正影响作家的批评家。这种现状需要改变,尤其是青年一辈。广东有如此多的青年作家,建立起一支能与这些青年作家共同成长、能理解作家,也能批评作家的强有力的批评家队伍尤为紧迫。正是在这一意义上,以陈培浩、李德南、郑焕钊、唐诗人、苏沙丽、徐威、廖令鹏、彭贵昌、高旭、管季等人为代表的"80后""90后"评论家,自觉地关注本土文学创作的新力量和新经验。尤其以李德南、陈培浩和唐诗人为代表,以"同代人的批评"为姿态,以较为崭新的批评视野,在国内重要的批评刊物和报纸上,对王威廉、陈崇正、冯娜、郭爽等青年作家的作品进行深度的批评和推介,成为推动本土新生文学发展的重要力量。自2017年以来,以见言读书会〔原属民间自发的读书会,于2018年被纳入中国文艺评论基地(暨南大学)〕为阵地,集结了一批青年文学评论家、作家、诗人和文学刊物编辑,持续性地开展对本土文学的批评,形成评论家、作家和编辑互动的良好批评生态,并以其崭新的文学经验和对时代的理解、新锐敢言的批评姿态、平等开放的讨论氛围,成为广东文学批评的一股新生力量,讨论的成果受到较大关注,还相继在《文艺报》《华夏》《羊城晚报》等刊物、报纸上发表,目前已经成为广州地区颇具影响力的青年批评品牌。

正是出于对这股新生力量的发现,2018年8月12日于南国书香节期间,暨南大学中国文艺评论基地、《羊城晚报》"粤派批评"陈桥生工作室和广州图书馆共同举办了"新现实与新思维:我们时代的文学介入——粤派青年小说家、批评家对谈"活动。与会青年小说家有王威廉、陈崇正、陈再见、郭爽、温文锦、欧阳德彬、王哲珠、周朝军、路魆、陈润庭,青年批评家有陈培浩、李德南、郑焕钊、苏沙丽、唐诗人、廖令鹏、彭贵昌、徐威、高旭、管季。20位青年批评家、作家集体亮相南国书香节,呈现了粤派文学新势力的整体面貌。这项活动围绕粤派青年批评家谈文学新现象与批评新思维与粤派青年小说家谈科技新现实与文学新感觉等主题,就当下文学有什么新现象和新潮流、"80 后""90 后"开始进入主流文坛了吗、岭南文学或"粤派批评"应该如何发扬光大等问题，进行了集中的讨论。就粤派青年批评家谈新文学新现象与批评新思维，与会青年批评家从当下批评面临的科技和资本带来的新的文学现实出发，倡导批评的新思维、新方式。陈培浩指出，时代飞速发展，技术元素催生很多文学新现象，但所谓新批评的"新"，不是简单地用新理论，而应该是一种对有效性的重新发现。李德南认为，新技术日益繁荣，迫使创作与批评不得不去应对，创作和批评都不能缺乏现实感，"科技新现实已经是今天的主要现实，作家和批评家只有面对这个现实，才能更好地理解这个时代"。郑焕钊认为，"80 后""90 后"的青年作家和批评家都是"改革开放同代人"，因之，批评家须激活自身处于改革开放数十年来社会变革的经验，以之作为评价作品的重要资源，不应单凭现成理论本身去操作。唐诗人指出，网络文学、侦探小说、科幻文学、儿童文学等类型文学纷纷崛起，类型文学与纯文学之间的互动构成新的文学现象，评论家要充分意识到它们带来的文学经验。彭贵昌认为，批评家要打破对"80 后""90 后"青年作家创作的"标签化"印记，真正认识他们创作的多元经验。而在粤派青年小说家谈科技新现实与文学新感觉主题讨论中，作家们表示，科技发展促使他们寻找文学新感觉，但独立的思考与文学实践使他们并没有陷入"为科幻而科幻"的局面。他们更希望通过对高科技现实的感知来穿透人性，完成文学的终极追问。王威廉认为，我们已生活在"准未来"的时代，未来已来，但"还没有均匀分布"。作家应抓住这样的新现实来回应，这才是真正的现实主义。陈崇正指出，青年作家如果想写出与前人不同的作品，可能需要从现实与虚拟中间走出一条新路，在两个"王国"的边界线上生长出可能性。郭爽对普通人生活的"科幻感"感兴趣，她的小说处女作关心的就是技术让人可以将灵魂或者精神集聚在不同载体里的现象。她说，科学技术的进步常常让人模糊了虚实之分。她想在小说中尝试让读者与自己一起走过虚拟，去抵达一种真实。王哲珠则旗帜鲜明地认为："科学的发展已经深入人的本身，影响到人的心灵，甚至有可能让人类重新定义生命价值，重塑人的内涵。我觉得，这是最大的现实。"欧阳德彬认为，科幻以及奇幻的类型写法，是拓展当今文学视野和格局的出口。特别是科技超速进步的便利背后的危机感,更给人深层次的思考,青年作家要勇于进行写作试验。陈再见觉得,没必要将科技太"神圣化",任何科技发明都是为了满足人性的需要,小说从来就是在写人性,文学最终要面对的问题还是更加人性化的东西。作家要避免为浮像所困,而应该顺着科技深入到生命的本质。路魆坦陈自己的创作有点"逆潮流",在一些小说中有意"屏蔽"掉现代的通信和交通工具,在极端封闭的同时却混搭进超前的科幻意识,以触及更哲学的主题。在陈润庭看来,各种新科技必然是现代生活的新景观之一,要警惕单纯作技术层面的展现。

近年来,广州多位重要作家主动征用科幻元素展开创作探索,比如黄惊涛在 2016 年出版的长篇小说《引体向上》、王十月在 2018 年出版的长篇小说《如果末日无期》、黄金明在 2018 年出版的小说《地下人》、王威廉在 2018 年发表的《野未来》《后生命》《幽蓝》《地图上的祖父》《城市海蜇》、陈崇正在 2018 年出版的小说集《折叠术》、郭爽在 2018 年出版的小说集《正午时踏进光焰》等。他们的新作将科技现实作为文学写作的主题,探寻科技现实下的文学经验,表现出了全新的文学面貌,是一个值得关注的新现象。面对这一情况,2018 年 12 月广州国际文学周期间,广州国际文学周组委会与见言读书会合作主办了科技现实与新南方写作讨论活动,邀集以上几位作家中的黄惊涛、黄金明、王威廉、陈崇正,并邀请对相关问题有关注的青年评论家申霞艳、李德南、郑润良、郑焕钊、唐诗人等人,围绕科技现实与新南方写作,共同探讨传统文学与科幻写作的相关问题,追问文学在科技时代处于什么位置,思考作家如何面对这个科技化的现实和未来,回应当前文学界的现实主义讨论,也发出关于科技伦理问题的见解。讨论活动率先提出"新南方写作"的概念,力图以之作为理解、阐释当下粤派文学新经验的一个有效术语。

后　记

千里之行，始于足下。目前，粤港澳大湾区文化艺术繁荣发展的新愿景，与现实中的进展相比照，还存在一定的落差。当然，问题不在于这"落差"有多大，而在于我们将以怎样的路径和方式，尽快弥补这一"落差"。这时，就需要相对理性的"第三只眼"，来审视现状、思考未来、建言献策。2017—2019年，广东省文学艺术界联合会组织学界、艺术界的力量，组成了涵盖文学、戏剧、电影、电视、音乐、舞蹈、美术、书法、摄影、曲艺、杂技、民间文艺、文艺评论、网络文艺（学）等部类的文艺研究团队，前往大湾区各地走访调研，分别与文化社团、文联机构以及文艺家座谈交流，把脉现状。通过实地调查访问，课题组获得了大量第一手资料，为这本《粤港澳大湾区文化艺术观察报告》成书打下坚实的基础。

参与本书撰稿的作者，大多是在相关领域从事专业研究的中青年才俊，普遍具备扎实的研究功底与良好的艺术素养，因此，他们的"观察"与评价，可以为粤港澳大湾区文化艺术的发展，提供一种更具建设性的眼光。我们希望课题组的调研成果，能够为大湾区文化艺术的繁荣发展提供更为系统、更有价值的研究案例与趋势判断；与此同时，也期望在一个更长的时段上，利用这个平台汇聚、培养和推送一批南粤本土的文化艺术评论人才，支持他们立足大湾区，放眼全国，乃至海外，进行文化艺术研究的探索，形成一个更具有文化自觉、文化担当的文化艺术评论群体。

　　广东省文艺研究所、广东南方软实力研究院、广东青年社会科学工作者协会全程参与本书编写,组织推荐写作人选,在此深表谢意!

编　者

2021 年 10 月

责任编辑：侯　春
封面设计：汪　阳
版式设计：岳秋婧

图书在版编目（CIP）数据

粤港澳大湾区文化艺术观察报告/广东省文学艺术界联合会 编. —北京：
　人民出版社,2022.1
ISBN 978－7－01－022007－9

Ⅰ.①粤…　Ⅱ.①广…　Ⅲ.①文化艺术-调查报告-广东、香港、澳门
　Ⅳ.①G127.65

中国版本图书馆 CIP 数据核字（2020）第 055600 号

粤港澳大湾区文化艺术观察报告
YUEGANG'AO DAWANQU WENHUA YISHU GUANCHA BAOGAO

　　　广东省文学艺术界联合会　编

人 民 出 版 社 出版发行
（100706　北京市东城区隆福寺街 99 号）

环球东方（北京）印务有限公司印刷　新华书店经销

2022 年 1 月第 1 版　2022 年 1 月北京第 1 次印刷
开本:710 毫米×1000 毫米 1/16　印张:17.75
字数:260 千字

ISBN 978－7－01－022007－9　定价:70.00 元

邮购地址 100706　北京市东城区隆福寺街 99 号
人民东方图书销售中心　电话（010)65250042　65289539